ウクライナ侵略を考える

「大国」の視線を超えて

加藤 直樹

はじめに

私がウクライナという国について学び、考えるようになったのは、2022年2月24日以降のことだ。門外漢もいいところである。本来であれば、こんな本を書く資格はないのかもしれない。それでもなお、無理を押して書いたのは、いま侵略されているウクライナの人びとに対して、本来であれば彼らの側に思いを寄せるべき人びとが、むしろ歪んだ認識に立った非難や冷笑を向けている状況があるからだ。「いや、その認識はおかしい」と急いで言わなくてはいけないと思ったのだ。

ウクライナについての本を書くことになるとは、2年前まで想像もしなかった。

私は日本や東アジアの近現代史については、それなりに関心を持ってきた。自分にしかできない仕事もあるだろうと思い、いろいろと書いてもきた。過去に執筆したり、翻訳したりした書籍や文章は、ほとんどが日本、朝鮮、中国の近現代史に関わるものだ。ウクライナという国について何かを考えたことは、生まれてから2021年まで、総計1時間もなかったと思う。もちろん、知識もほとんどなかった。

「ウクライナ」という文字が鮮烈な印象を持つものになったのは、多くの方と同様、2022年2月24日のロシアによるウクライナ全面侵攻以降のことだ。

1　侵略されたウクライナへの「嘲笑」

プーチンがあからさまな侵略戦争に踏み切ったことには、もちろん大きな衝撃を受けた。だがその直後に受けた衝撃の方が、はるかに大きかった。侵攻直後から、いつもは侵略や植民地主義に反対していたはずの人たちが、SNS上でウクライナの批判をし始めたのだ。ロシアではなく、ウクライナの批判である。いや、批判というよりは、冷笑、嘲笑、憎悪、蔑視であった。


「ゼレンスキーが挑発したせいで戦争になった」

「ウクライナはネオナチに支配されている」

「銭ンスキー」

「60歳までの出国を禁止するような連中に共感は100%ナシ！　ワッハハ」

「ウクライナが大日本帝国に重なって見える」

「ウクライナの避難民はどうして身なりがよいのでしょう」

「ウクライナ軍がクーデターを起こしてゼレンスキーを排除すればいい」

「非暴力に徹したプラハの春とは大違い」


こんなツイートも見た。プロフィールに「反戦・反核・反差別」を掲げる人のものだ。地方都市で市民運動に参加しているらしい。

「米国・NATOにそそのかされ軍備増強したらまさかの開戦。武器だけもらってロシア叩きしたら廃墟と死人の山。なんて惨めなウクライナ。戦争回避出来なかった国家の末路はこんなにも悲惨で惨めなものなのか。トマホーク押し売りされてる日本の未来かもなぁ……ということで軍拡反対。戦争反対戦争やめれ！」

これにはゾッとした。「戦争反対」とは言っているが、侵略された国の被害に対して、「廃墟と死人の山」「悲惨で惨め」と言う。この冷たさはなんだろう。教訓めいたことも言っているが、道端に座る野宿者を指さして「勉強しないとあんな人になってしまいますよ」と子どもに諭す親と何が違うのか。なんと浅ましく、人間としての共感が欠如した「反戦・反核・反差別」だろうか。

彼らは反戦平和を唱え、護憲のための野党共闘を論じ、日本の植民地支配への反省を語りながら、侵略されたウクライナの人びとに共感を寄せるどころか、冷笑、嘲笑、憎悪、蔑視を向けているのである。心のどこかが深く傷つけられた気がした。

しかも多くの人が、やたらとウクライナの事情に詳しいようであった。私は社会問題にも国際情勢にもそれなりに関心を持っている方だとは思うが、ウクライナに興味がある人が日本にこれほど大勢いるとは全く知らなかった。実際、侵攻前にSNS上でウクライナが話題に上るのを見たことは一度もなかった。ところが全面侵攻が始まると、彼らは「マイダン」「ヌーランド」「ソロス」

「コロモイスキー」といった聞いたこともない単語を操り出しながらウクライナを語っている。疑問を投げかける人には「これを観ろ」とばかりに得体のしれない動画のリンクを張り付けてくる。

そんな人、見たことないという読者も多いだろう。もちろんこれは、SNSならではの現象である。つまり、私がＦａｃｅｂｏｏｋでつながっている政治信条が近い人びと——憲法改正に反対し、自衛隊の海外派兵に反対し、日本の右傾化を危惧している人たち——の界隈での現象ということだ。しかし、だからこそ私が受けた衝撃は大きかった。

さらに念のために補足しておけば、憲法改正に反対し、自衛隊の海外派兵に反対し、日本の右傾化を危惧している人たちの中でも、これが圧倒的多数というわけではない。また、こうしたロシアの侵略擁護論が決して左翼やリベラルといった人びとの間だけでなく、右翼や保守派——つまり憲法改正に賛成し、自衛隊の海外派兵に賛成し、日本の右傾化を推進している人たち——の中にも広がっていることも知っている。ふだん在日韓国・朝鮮人への差別運動にいそしんでいるヘイト活動家たちが「ウクライナに平和を」と題してロシア擁護のデモを行ったりもしたようだ。「スピリチュアル」や反ワクチンの世界にも多いらしい。こうした混沌とした傾向は、欧米でも同じであるようだ。

それでも、もともと侵略を肯定している右翼や保守派などはともかく、進歩派や市民運動の中で侵略を擁護する人びとが続々と現れたことは、私にとって信じがたいことだった。なぜこれまで侵略戦争を正しく批判してきた人たちが、先頭に立ってプーチンの侵略を擁護するのか。

2　歴史の主体としてのウクライナの人びとを知る

この時点では、ウクライナのことをほとんど知らなかった。それでも私の思想的原則に照らしたとき、彼らの主張が歪んでいるということだけははっきりしていた。侵略と抵抗をめぐる考え方、被害国側の民族主義や内部矛盾との向き合い方、何が事実で何がそうではないかを判断する手続き、そして侵略という犯罪の被害者・被害国がもつ当事者性との向き合い方——思想と原則の問題として、ロシアの侵略を擁護する主張は事態の「本筋」を見誤った議論としか思えなかったし、私が数十年間、何度も間違いながらもどうにか育てて来た信条を、正面から否定するものだと思った。

全面侵攻直後には盛り上がったロシア侵略抗議のデモはすぐに鎮静化していった。「ウクライナにも非がある。どっちもどっち」といった、侵略擁護の議論が水を差したのは間違いないだろう。そのうちに、ロシア擁護論者以外はSNS上で誰もウクライナについて語らなくなった。

私はこうした成り行きに失望し、やりきれない思いを抱いた。それ以降、その憤りを原動力に、私はむしろウクライナの歴史や現状について集中して学び始めた。これまで培ってきた、確かなことと不確かなことを見分けていく術を活用した。ネットに流布する動画や胡乱な解説、正体不明なアカウントが洪水のように供給する煽情的で真偽不明な情報ではなく、まずは専門的な研究者が執筆した書籍や論文を読んだ。もともとウクライナについての日本語の資料は少ない。古い論文を入手するために国会図書館にも通った。

そうしてウクライナの歴史や政治についての確かな像が見えてくると、メディアで評論家などが書いているものについても、内容が確かなものと歪んだ記述に満ちたものの区別ができるようになった。根拠薄弱な、場合によっては悪意をひそませた文章が平然と流通していることが見えてきた。名のある知識人たちまでが、そうした情報を横流しして、とんでもなくいい加減なことを放言している。

一方で次第に、私の中で、侵略擁護論に対する単なる反発を超えて、ウクライナという国とそこに生きる人びとに対する関心が育ってきた。

最初のきっかけは、テレビニュースで見た、原発をロシア軍の侵入から守るために道路を数百人の市民が塞いでいる映像だった。組織されない一人ひとりの市民の群れが、自発的にロシア軍の前に立ちはだかる光景に圧倒された。そのとき、侵略を擁護する人びとが語る「ウクライナはネオナチ国家」という認識は、まるで間違っているのではないかと直感した。その後、ウクライナの人びとが侵略への抵抗の中で発揮する主体性、自発性、創意が報道を通じて次々と伝わってくるなかで、その印象は強くなっていった。極右全体主義が支配する国では起きないはずの現象だからだ。

そして、ウクライナの左翼活動家による「西側左翼へのキエフからの手紙」（サイト「週刊かけはし」掲載）というタイトルの文章を読んだとき、私はようやく、ウクライナの人びとの歴史に触れることができたと感じた。

著者のタラス・ビロウスは、恐らく30歳。東部ドンバス地方に生まれ、キーウに暮らす歴史研究者であり、「社会運動」という名のグループで活動する活動家だった。

「私は今、砲撃下にあるキエフでこの文書を書いている」と始まるこの文章は、領土防衛隊（志願した市民で構成される後方軍部隊）に志願する前に彼が世界の人びとにあてて訴える内容だ。

彼はこの文章で、「西側」の左翼運動や知識人がウクライナ人の主体性を不当に無視していることを非難し、ウクライナ人左翼の視点に立って情勢を分析している。その分析内容は一言一句、私にとって納得のいくものだった。

しかし、ビロウスの情勢認識については後ほど紹介するとして、ここでは文章の後半で語られている彼の家族の歴史を紹介しようと思う。

「私はドンバスで、しかしウクライナ語を話す民族主義的な家庭に生まれた」とビロウスは語り始める。ドンバスとは、ウクライナ東部のドネツク州、ルハンシク州のことである。炭鉱や重工業の集中する地域だ。ロシア系住民も多く、独自のアイデンティティをもつ。２０１４年にはロシアの支援を受けた親ロ派の分離主義者たちが２つの「人民共和国」樹立を宣言して両州の一部を占領し、以来、政府軍との間で局地的な戦争が続いてきた。

ビロウスの父は、そうした地域にありながら、ロシアではなくウクライナの民族主義に立つ右翼であった。独立後の経済的苦境の中、かつての共産党幹部たちが資本家に早変わりして財産をため込んでいくさまへの反発が、彼を右翼にしたのだ。

父は反ロシアであると同時に反米でもあった。

「私は今も、２００１年９・11に関する彼の言葉を覚えている。彼は、ＴＶでツインタワーが崩れ落ちるのを見つめる中で、その犯人たちは『ヒーロー』だと語ったのだ」

「彼は今はもうそう考えていない――彼は今、米国人がそれらを故意に爆破した、と信じている」

父は、自分を切り捨てた世界と権力者たちへの怨恨を抱いている。父を語るビロウスの筆致は、悲しげだ。

２０１４年、マイダン革命から始まった激動は、クリミア併合を経て彼の故郷ドンバスで爆発する。分離派の蜂起は、瞬く間に流血の戦いに発展した。

ビロウスの父は分離派と戦う右翼民兵「アイダル軍団」に身を投じる。母は避難し、祖父母は「ルガンスク人民共和国」の支配下に置かれた村にとどまった。

「祖父はウクライナのユーロマイダン革命を厳しく非難した。彼は、彼の言うところでは『ロシアに秩序を回復した』プーチンを支持している」。

政治的混乱が家族と故郷を引き裂く中で、しかしビロウスは新しい信念を得る。

「戦争は私の中の民族主義を抹殺し、私を左翼へと押しやった。……私は民族にとってのではなく人類にとってのより良い未来のために闘いたい」

ソ連へのノスタルジーでもなく、民族主義でもなく、民主的な新しい社会主義を。普遍的な人間性の実現を。社会主義と言えばソ連時代が想起されるウクライナで、それは少数派の道だった。

「ポストソビエトのトラウマを抱えている私の両親は、私の社会主義の考えを理解していない。私の父は、私の『平和主義』について上から目線で親切ぶっているが、われわれは、私が極右のアゾフ連隊解散を訴えるピケットポスターをもって反ファシスト抗議行動に出た後、ある種棘のある会話を交わした」

2014年の混乱は、ビロウスの家族を3つに引き裂いた。プーチンを崇拝する祖父母と、極右の父、そして新しい世代の左翼としてのビロウスである。

「そうであってもわれわれ全員は、互いに話し合い（政治に関するものではないとしても）、助け合い続けようとしている。私は彼らに同情的であろうと努めている。何と言っても私の祖父母は、彼らの全人生を集団農場で働いて過ごしたのだ。私の父は建設労働者だった。彼らにとって人生は優しいものではなかった」

彼の家族は、ソ連時代の抑圧的な農民生活とソ連崩壊後の経済崩壊を生き抜いてきたのだ。私はビロウスの物語を通じて、ウクライナという国の歴史的な、そして重層的な傷に触れた思いがした。

その上でビロウスは、ウクライナ民衆の主体性を世界に訴える。別の文章で、彼はこう宣言している。

「社会主義者であり国際主義者である私は、もちろん戦争を嫌悪している。しかし民族自決の原則は、プーチンの残忍な侵攻に対するウクライナ人の抵抗を正当なものとした」

「私たちは抵抗の必要性を疑わず、私たちがなぜ、何のために戦っているのかをよく理解している」

「絶対多数のウクライナ人は抵抗を支持しており、単なる受動的な犠牲者にはなりたくないと思っているのだ」(「ウクライナ人社会主義者として抵抗する」、サイト『週刊かけはし』)

確かにこの国は傷だらけだが、私たちはその傷にもがきながらも、それを克服し、自分たちの国をつくっていこうと決意している。プーチンに尊厳を奪われ、独立を奪われるわけにはいかない——私はビロウスの訴えをそう受け取った。

それは私にとって、東アジア諸国の近現代史の中から聞き取った様々な声を思い起こさせるものだった。ウクライナ人は、CIAの操り人形でもなければネオナチの悪魔集団でもない。プーチンの救いを待つ哀れな人びとでもない。彼らは、彼ら自身の歴史の主体なのだ。私はこのとき、抽象的にではなくそう思える手応えを感じ取った。

その後、私はウクライナの知識人や活動家たちによる多くの文章を読んだ。中でもマイダン革命からロシアの全面侵攻に至る8年間の左翼運動内部の議論を集めた『ウクライナ2014～2022』という論説集は、歴史の暴風のただなかで苦闘する人びとの息遣いが聞こえてくるようであった。ウクライナでは、ソ連時代の苦しさや親ロ派を連想させる左翼は人気がなく、少数派だ。しかしだからこそ、彼らの文章にはウクライナが抱える幾層もの問題が映っており、それと格闘するウクライナ社会が透けて見える。その意味で貴重な案内なのである。

こうして私は、この2年間、ウクライナについて学んできた。日本の専門的な研究者と良質なジャーナリストの文章を読み、ウクライナから届く断片的な声を聞き取ろうとした。ウクライナの人びとのツイートも読み続けた。そこには、死が身近である侵略下の日常のありようと、その中で彼らが抱く怒りや悲しみがあった。自国と世界の現状についてのさまざまな思いと批評があった。彼らは、あやつり人形でもバカでもない。

3　私の原則は「反侵略」

冒頭で私は、この本を書いた理由を、侵略されているウクライナの人びとに対して歪んだ非難や冷笑を向ける議論への怒りだと書いた。その怒りは、次のような思想的立場から発している。

第一に「反侵略」である。これはバイデンや日本政府を含むその同盟者が主張するような「民主主義対専制主義」とか「西側の団結」とは関係ない。「日本の国益」といった立場からのウクライナ支持や日本の伝統的「仮想敵国」であるロシアへの敵意でもない。当然、ウクライナ戦争を奇貨として日本の軍事強化を進めようと考える人たちとも違う。

かつての日本の朝鮮・中国侵略であれ、ソ連のアフガニスタン侵攻やアメリカのベトナム戦争、イラク戦争であれ、大国の軍事侵略に反対するというのが私の原則だ。往々にして大国は「民主化」や「人権」といった進歩的な言葉で侵略の大義を説くが、そうした大義によって侵略は正当化できない。私は、「侵略者も侵略される側もどっちもどっち」といった相対化を拒否する。侵略された人びとが抵抗するのは当然である。

第二には、他国・他民族への蔑視に対する嫌悪である。ウクライナの人びとへの冷笑は、それが口先で「平和主義」を装おうとも、内実は、「先進国」「豊かな国」から困難な運命を背負う新興国に向けられた蔑視そのものである。それは近年、ロシアの現政権が煽ってきたウクライナに対する植民地主義的な視線への同一化という形をとっているが、もともと日本の進歩派がもっていた新興国への蔑視が現れているにすぎない。

第三には、他国の人びとを歴史的、政治的主体として尊重し、敬意をもつべきということだ。私は、ウクライナについて学ぶ中で、歴史の中で発揮されてきた彼らの力にたびたび驚かされ、心を動かされた。2年前まで全く知らなかった国に、多くの魅力的な人びとがいることを知った。どこの国の人びともそうだが、ウクライナの人びとも尊敬に値するし、歴史的に形成された困難の克服に取り組むその言葉は耳を傾けるに値する。ウクライナの運命を選択するのは彼らであって、私たちではない。

もちろん、日本に住む私たちが現状をどのように評価し、どのように関わるかは、私たちの領分であるし、そこに関わる日本国の選択を決めるのも私たちの議論である。しかしその際も、ウクライナの人びとへの敬意や健全な他者感覚をもって考えるべきだ。

再度強調しておけば、私は完全な門外漢である。その分、事実関係については、なるべく確かな書籍や報道、研究論文に頼って理解するように努めた。それを常識的な判断で補い、不確かなトリビアルなことに深入りせず、「本筋」から離れないように考え、書いたつもりである。

その上でしかし、ロシアのウクライナ侵略を相対化する議論の根底にある思想的な問題を掴み出すために、場合によっては素人が書けるぎりぎりの線まで踏み込まざるを得なかった。そのため、専門の方から見れば、マルコポーロによるジパングについての記述のように、おかしな部分もあるだろう。読者の皆さんにも、その点は留意していただきたい。

建て付けの悪い本なのは自覚している。それでも、皆さんの思考にとってのたたき台になれば幸いである。

ウクライナ侵略を考える　「大国」の視線を超えて　●目次

第3章 「ロシア擁護論」批判②——それは民族蔑視である…80

第4章 「ロシア擁護論」批判③——それは「平和主義」の傲慢である…104

第5章 「ロシア擁護論」批判④——それはどこから来たのか…137

第1章 「ウクライナ戦争」とはどのような出来事か

1 中国民衆の抗戦意志を軽視した日本軍

日本の中国侵略が本格化したのは、1931年の満州事変以降だ。日本軍はこの年9月18日、奉天（現・瀋陽）郊外の柳条湖で南満州鉄道の鉄路を自ら爆破しておいて、「暴戻なる支那兵が満鉄線を爆破し、我鉄道守備隊を襲撃した」と宣言。満州全域を電撃的に占領した。

その過程で日本軍は、日本人僧侶襲撃事件をでっち上げるなど、さまざまな謀略を駆使して「日本人居留民が中国人に襲われている」というストーリーを広め、侵略を正当化した。そして6年後の1937年には、北京郊外の盧溝橋での衝突を奇貨として中国への全面的な侵攻に踏み切ったのである。ここからは吉田裕『天皇の軍隊と南京事件』の記述に沿って経緯を見てみよう。

当時の近衛内閣は、「今次事件は、全く支那側の計画的武力反日なること最早疑の余地なし」と宣言。「支那側が不法行為はもちろん、支那側の排日侮日行為に対する謝罪を為し、今後斯かる行為なからしむ為の適当なる保障を為すこと」を求める声明を発表する。

これに対して中国国民党政府の蒋介石総統は、「日本にたいして和平か戦争か最後の関頭にいたった。これは中国の存亡だけでなく、世界人類の禍福にかかわる問題である。戦争にいたれば、徹底的な犠牲を払っても徹底的に抗戦するという決意によってのみ、最後の勝利を得ることができるのだ」と宣言。中国が譲れない最低限の立場として「中国の主権と領土の完璧性」などを挙げる談話を発表した。

日本の軍人たちは、「三個師団か四個師団を現地に出して一撃を食はして手を挙げさせる」ことができるだろうと考えていた。中国の抗戦能力を非常に低く見ていたのだ。その背景には、国民党政府は弱体で中国は統一性を欠いているので抵抗はできないだろうという思い込みがあり、中国民衆の抗日ナショナリズムへの無関心があった。

だが、こうした日本人の認識が全くの誤りであったことは、この年の8月23日、日本軍の上海上陸に始まる「第二次上海事変」において早くも明らかになる。

日本軍が上海に軍を上陸させたのは、上海さえ陥落させれば、首都・南京まで行かなくても中国は「手を挙げて来るだらう」と考えたからだった。

上海に向かう輸送船の中でも、初めての戦争に不安な顔をする初年兵たちを、すでに戦闘経験のある兵士たちは「相手が支那ならそんなに大したことはない」と安心させたという。

だが、上陸した日本軍を待ち受けていたのは、トーチカとクリーク（水壕）を網の目のように張り巡らした堅固な陣地だった。

「日本軍の予期に全く反して中国軍の戦意はきわめて旺盛であり、陣地を固守しながらしばしば果敢な逆襲をくりかえし、また小人数の遊撃隊が戦線の奥深く潜入して日本軍の後方を攪乱した」

中国軍は、かつての弱兵ではなかった。ドイツや英米の支援を受けて軍を近代化し、ドイツの軍事顧問団の作戦指導を受けていた。

だが中国軍の強さは、そうした装備の近代化のみに還元できるものではなかった。日本軍の「第十一師団戦闘詳報」は以下のように伝えている。

「(中国軍は) 将校以下従来対支戦法等に記載せられし所に反し勇敢にして、殊に遊撃隊に属するものの如きは単独或は二、三人を以て能く我軍重囲の中にありても抵抗を持続し、死を恐れざるやの感を抱かしむ」(原文はカナ)

中国軍の士気は非常に高かった。吉田は「こうした中国軍の激しい抵抗の背景には中国民衆の軍に対する積極的な協力があった」と書いている。地方財閥を支持基盤とする当時の蒋介石政権は、労働運動を弾圧する反動的な政治を行っていたが、それでも日本軍の侵略に対しては、人びとは国民党の軍を支えて戦ったのである。「戦闘が始まると同時に中国民衆、とりわけ近代産業を中心にした労働者は、義勇軍への志願、軍事輸送への協力、負傷兵の救護、募金や公債の買入れ運動、日本船の荷揚げ拒否、前線の慰問など、さまざまな形をとっていち早く抗戦に参加した」と吉田は指摘する。

こうした民衆の支持と協力こそが、中国軍の強じんな抵抗を支えていた。

10代の学生たちは、避難所や野戦病院でボランティアに参加した。看護から慰問、事務作業まで。もっと危険な活動にも飛び込む者たちもいた。「第十三師団戦闘詳報」は、「敵は……婦女子も戦線に加わり、弾薬運搬をしあるのみならず、わが突撃にさいしては、第一線にて手榴弾を投げ、その抗戦意欲は強烈なり」と指摘している。

「一撃」論に立つ日本軍は、これを打ち破るのに十分な兵力をもたず、戦車や火砲も備えていなかった。そのため、日本軍の損害は積み上がっていった。部隊によっては7割が死傷する潰滅的な打撃を受けたという。

吉田はまた、日本軍の士気の低さについて記している。高い士気を維持するには戦争目的が明確で、兵士にとって切実なものでなければならない。だが「日本の場合は、この日中戦争自体が何の大義名分もない侵略戦争であったがために、戦争目的はきわめて不明確なものであった」「自分たちが何のために戦わなければならないのかという戦争の意味づけが曖昧なままに戦地にかりだされてゆく兵士たちの間には、死に対する恐怖心から投げやりで捨てばちな自暴自棄的空気がひろがる」。

吉田は、上海に在勤する日本大使館の一等書記官の回想を紹介している。

「日本軍の士気は低調そのものであって中国軍の方がはるかに高い。捕虜をみても、どうも大和魂は先方に乗り移った感がする。……また蘇州河を引揚げてくる兵士の首には（掠奪した）女用の狐の襟巻、腕には金時計がキラついていた。……私には日本軍に戦い抜く力が溢れているとは思えなかった」

日本軍は兵力の減少分を、高齢で練度の低い予備役の兵士によって穴埋めした。11月中旬、日本軍はようやく上海攻略に成功するが、そのころには、日本軍は貧しい兵站を略奪で賄い、捕虜はもちろん一般人も簡単に殺してしまう荒廃した武装集団と化していた。彼らが補給も休養もないまま中国の首都・南京へと追撃を命じられた末に、あの南京大虐殺が起きることになる。

日本はこうして、「一撃で中国を屈服させるという目算がはずれ、大動員を余儀なくされた」のである（江口圭一『十五年戦争小史』）。

軍民が一体となった激しい抵抗を前に、彼らの抗戦意志を侮っていた侵略軍の思惑が破綻した。戦略も大義もない侵略戦争に動員された兵士たちの士気は低く、自国を防衛しようとする抗戦側の士気の高さには比べようがなかった——。

これはまるで、ウクライナ侵攻当初のキーウをめぐる戦いそのものではないだろうか。

3日で陥落するはずのキーウが陥落せず、それどころかウクライナ軍が押し返していった予想外の展開を、侵攻前から始まっていたＮＡＴＯの軍事支援に求める人もいる。

例えばロシア研究の大家である下斗米伸夫（法政大学名誉教授）は、「２０１４年のロシアによるクリミア併合以降、ウクライナがＮＡＴＯの指導もあり、軍事大国になっていたことをプーチンは見逃していた」（「ウクライナ侵攻再考」『国際問題』２０２２年10月）としている。

ウクライナを「軍事大国」と呼ぶ認識にも首をかしげるが、プーチンがそんなことを「見逃していた」わけがない。常識で考えて、兵器や装備支援の規模といった数値化できる情報は、数百人以上の内通者を抱き込んでいたというロシア側も正確に把握していたはずである。実際、プーチン自身が開戦時の演説で次のように語っている。

「（ウクライナは）ＮＡＴＯ諸国の軍によって強化され、最新の武器が次々と供給されている」

（ＮＨＫサイトの翻訳による）

西側の軍事支援の存在はプーチンも理解していたのである。彼の目に見えなかったのは、兵器の数ではなく、ウクライナの人びとの「抗戦意志」の強さである。そしてそれは、２０１４年以降のロシアの介入こそが育てたものであった。

日本の中国侵略においても事情は同じだった。戸部良一『日本陸軍と中国』は、日本陸軍の中国通たちが、ドイツなどからの最新兵器供与を受けた中国軍の軍備強化についてよく認識していたことを指摘したうえで、こう書いている。

「支那事変勃発当初に彼らがおかした重大なミスは、中国の抗戦力軽視ではなくて、その抗戦意志の軽視であったと言えよう。つまり、日本がその強硬な意志を出兵というかたちで示すならば、冀察政権（華北に置かれた日中の緩衝国的な政権）はもちろん南京の国民政府も日本の要求を即座に受け入れるだろう、と判断したことが致命的な誤りであった」

日本軍が苦戦した理由は、一つには日本軍を迎え撃った中国軍がドイツの支援を受けて最新の兵器を備え、最新の訓練を受けていたことにあるが、それ以上に、その士気の高さであり、軍を支えて活動する市民・労働者の強い「抗戦意志」だったというのである。

中国民衆の抗戦意志は、対華二十一か条要求から始まり、繰り返される出兵、そして満州での傀儡政権の樹立に至る日本の侵略に対する反発が育てたものだった。日本軍が理解していなかったのは、その事実だったのである。

ロシアでも同じである。

「ロシア側には、最初の攻撃でウクライナ国内の親ロシア勢力が立ち上がりゼレンスキー政権は崩壊するとの期待があり、頑強な抵抗が予想できなかった。モスクワの高等経済学院欧州国際問題研究センター所長ワシリー・カーシンは、ロシアが現代ウクライナの体系的研究を怠ってきたことが失敗の一因だと指摘する」（佐藤親賢『プーチン『終わらない戦争』の深層』『世

界』２０２３年12月号）

ではなぜ日本は、ロシアは、侵略相手国の「抗戦意志」を予測できなかったのか。それは相手をありのままに見ることができず、見くびっていたからだろう。植民地主義的な視線の歪みがそうさせるのだ。

日中戦争の展開とウクライナ戦争の展開が似ていることは、その根底に同じ要素があることを暗示している。

２　歴史を補助線に本筋を見いだす

歴史を補助線にすることで、現在進行中のことを理解することができる。私がこの章で考えたいのは、この戦争がもつ歴史的意味であり、歴史的「本筋」である。

ウクライナ戦争が始まって2年が経つ。政治も戦況も、その様相は刻々と変わるし、様々な出来事が日々起きている。そうした中で大事なのは、「本筋」と「枝葉」をしっかりと見分けることだ。枝葉と枝葉をつないで、その結果、「本筋」を見誤ったストーリーを作ってしまうと、必ず歪みが生じることになる。

もともとウクライナという国自体が、日本はおろか世界の多くの国でも詳しく知られていない。その一方で侵略国のロシアが盛んにウクライナの「真実」を発信し、ネット上に大量の情報を流している。だとすればなおさら、常識的な判断力を磨き、世界の歴史から得られた洞察を補助線として駆使することによって、玉石混交の情報の中から本筋を見出す必要がある。

では、ウクライナ戦争の「本筋」をどこに見いだすのか。

私が考える本筋は3つある。

1つ目は、これがロシアとウクライナという2つの国の間の戦争であるということ。

2つ目は、これが大国による小国への侵略であるということ。

3つ目は、これがかつての支配―従属関係を回復しようとする侵略であるということ。

3　本筋①――これは二国間戦争である

まず1つ目。この戦争はロシアとウクライナという2つの国の間の戦争である。当たり前だと言う人もいるかもしれない。だが、戦争に関わっているのがロシアとウクライナ「だけ」ではないことは誰でも知っている。アメリカを筆頭とする西側諸国はロシアに経済制裁を行い、ウクライナに軍事支援を行っているし、イランはロシアにドローンを輸出し、技術者を派遣している。最近は朝鮮民主主義人民共和国（北朝鮮）がロシアに弾薬やミサイルを提供している。

それでも、「まずは」ロシアとウクライナの戦争と見るべきだと私は考える。なぜなら、この両国は戦争の第一の主体であり、あらゆる面で他の国と並べて相対化し得ない当事者性を持っているからだ。

それは事実の次元でそうだというだけでなく、日本の私たちがこの事態にどう向き合うべきかという倫理の次元において、そうなのである。この場合の倫理とは、「正義」とか「是非善悪」ではなく、そうした規範的な判断を行う際の基準という意味である。

第一に、戦争の開始を決定したのはプーチン政権のロシアである。これが一つの主体的選択であることを、私たちは何度でも確認しなければならない。2022年2月、プーチンの前には、ウクライナに侵攻しないという選択と、侵攻するという選択があった。彼は後者を主体的に選んだのである。ある行為を選択し、実行した者には、それに対する責任が生じる。この責任をプーチンとロシア国家に代わって負うことができる人や国は一つもない。

特に侵攻直前までプーチン政権が侵攻の可能性を繰り返し否定し、ウクライナを含む世界の多くの人がそれを信じていたことは、侵攻が切迫した不可避な選択ですらなかったことを逆に証明している。

そして一方の当事者はウクライナの国家と人びとである。この侵略戦争によって被害を被っているのは、第一に彼らである。市民は爆撃や砲撃で命を奪われ、兵士たちは戦闘によって命を落としている。この戦争で焼かれた街は、ウクライナの外には一つも存在しない。この被害事実によって、彼らは当事者である。彼らは、侵略に抵抗することを選択したという意味でも当事者である。

加害／被害において、侵略／抵抗という選択において、ロシアとウクライナという二つの国と同等の当事者性を有している国は、地球上に一つもない。

では当事者であるとは、どういうことか。さまざまなジレンマや利害を絶対的に引き受けるということだ。理不尽な状況の中で、何を守って何を捨てるかを一つひとつ選ぶということだ。それは国家という単位としてそうであるだけでなく、戦争の中にいる一人ひとりにとってそうである。その選択も犠牲も、保証されることのない未来への跳躍も、当事者のみが代金を支払うことになる。他の国も経済制裁を行ったり、兵器を送ったりしているが、そのことが両国政府や両国の人びとがもつ当事者性を薄めることはない。

この戦争を考えるうえで最も大前提となる「本筋」は、ここにある。議論が歪むのは、この当たり前の「本筋」を無視するときだ。あるいは間違った議論に人を誘導するためにこれを相対化することで、議論が歪むのである。

選択によって血を流すのは彼らであって私たちではない。その絶対的な差異を、私たちは議論の倫理的な前提として意識していなければならない。

『世界』2022年12月号に、三牧聖子と板橋拓己という二人の国際政治学者の対談が掲載されている。ここで三牧が、欧州外交評議会の報告書の中で紹介されたヨーロッパ10か国で行われた意識調査の質問を紹介している。ウクライナ戦争をめぐって、あなたは「正義派」か、それとも「和平派」かと尋ねるものだ。

「『正義派』は、この先さらにウクライナ人の命が失われても、ロシアに制裁を与え続け、代償を支払わせるのが最重要だと考える立場で、ヨーロッパ諸国の平均で22％がこのように回答しました。これに対して『和平派』は、ウクライナが領土の一部をロシアに割譲することになっても、早期に戦争終結を目指すことが最重要とする立場で、6月の段階では35％がこの立場だと回答しています。調査を実施した10カ国のうち、イタリアやドイツでは和平派が多く、ポーランドでは正義派が多いなど、国によって温度差が見られました」

こうした三牧の解説を受けて、板橋が「本来は正義と和平が二項対立とされるのは基本的におかしい」と感想を述べている。

私は、「基本的におかしい」のはそこではないと思う。

人命を奪われているのはウクライナの人びとであって、「10カ国」の人びとではない。戦争終結のために差し出されるのも、ウクライナの領土であって、「10カ国」のそれではない。

そもそも領土の割譲とは、ウクライナ人の自決権と尊厳の一部を放棄することであるだけでなく、そこに住む同胞たちを切り捨てることでもある。占領地で拷問や殺害が横行していることはよく知られているとおりだ。だから、ここで「正義」と呼ばれているのも、実際には、失われた領土や人びとを取り戻す「被害の回復」であって、ロシアに「代償を支払わせる」ことではない（もちろん、ウクライナの人びとはそれを望むだろうが）。干からびた抽象的な「正義」の問題のように考えるとすれば間違いだろう。

抗戦を継続しても、停戦して領土回復を事実上あきらめることにしても、どちらに転んでもウクライナの人びとにとっては失うものがある。だからこれは、高度な当事者性をはらむジレンマに満ちた選択なのである。一方、「10カ国」の人びとにとってはそうではない。ザポリージャ州がロシア領になっても、ベルリンの市民にとっては小指の先ほどにも痛くないだろう。

当事者性をめぐるこうした絶対的な差異を考えたとき、他国の人びとが「俺は正義派」、「私は和平派」などとおしゃべりすること自体が「基本的におかしい」のである。

こんなことを念のために言わなければならないこと自体が嫌になるが、あえて念のために言っておけば、私は「ウクライナ人は徹底抗戦すべき」などと主張しているのではない。抗戦を継続するか、どこかで断念して停戦するかは、ウクライナの人びとが選択するということである。

4　本筋②——これは大国による小国への侵略である

2つ目の「本筋」は、この戦争が大国による小国への侵略であるということだ。これもまた当たり前だが、この単純で強固な前提をごまかしてはいけない。この前提をごまかし、相対化することが、議論の混乱を作り出している。

ロシアの全面侵攻が、国連憲章、友好関係原則宣言、侵略の定義に関する国連総会決議に照らして、国際法上の「侵略」であることを否定する人はさすがに少数だろう。問題は、「たまたま先に手を出したのがロシアだった」かのようにこれを相対化しようとする人びとがいることだ。なので、しつこくても、この戦争がなぜ大国による小国への侵略と言えるのかを、具体的に示しておこうと思う。

以下、2022年の開戦時の数字で見ていく。

まずは人口である。ロシアが1億4680万人に対してウクライナは4159万人。3・5倍である。経済規模はどうか。ロシアの国内総生産が1兆2807億ドルに対してウクライナが155億ドル。8倍だ（以上は外務省HPによる）。

軍事力ではどうか。時事通信の記事がストックホルム国際平和研究所（SIPRI）などの数字をもとに示しているところによれば、ロシアの総兵力85万人に対してウクライナが20万人（4倍）。軍事費はロシア約617億ドルに対してウクライナが59億ドル（10倍）。以下、戦闘機7772機に対して69機（11倍）、戦車1万2500両に対して2600両（5倍）。

大変な差である。何しろロシア軍は通常戦力においてアメリカに次ぐ軍事大国なのだ。

これに加えて、ロシアには核戦力がある。これはアメリカとほぼ互角だ。「配備核弾頭」の数はアメリカ1800発に対してロシア1625発、「核兵器」の数でみるとアメリカ5800発に対してロシアが6375発と上回っている（2021年、広島県）。つまりロシアは世界第2の、もしかしたら世界第1の核大国なのである。イギリス、フランス、中国といった国々の核戦力は、米ロ両国の足元にも及ばない。

一方、ウクライナはそもそも核兵器を保有していない。

国際社会における「権力」の大きさも大きな差がある。ロシアは、国連安全保障理事会の常任理事国として、自分に不利益な決議をことごとく拒否できるし、現にそうしてきた。一方、ウクライナが持っているのは国連加盟国193か国の中での1票だけである。

思考実験をしてみよう。ロシアがウクライナを侵略したように、ウクライナがロシアを侵略することは可能だろうか。「いずれウクライナに危険を及ぼすかもしれない」という理由で、「非軍事化」を進めるべくモスクワに空挺部隊を送り込んで政権を転覆させるとか、隣接するベルゴロド州やロストフ州を併合するといったことが可能だろうか。そしてこのロシア侵略を阻止しようとする近隣諸国に対して、「軍事介入したら核攻撃を行うぞ」と脅してこれを押しとどめることができるだろうか。国際社会の非難に対して、安全保障理事会の常任理事国として拒否権を発動できるだろうか。

こうして見てくれば、ロシアとウクライナが、大国と小国として絶対的な非対称の関係にあり、この戦争が非対称な戦争であることは明らかだ（もちろん、人口4000万人のウクライナは世界的にみて小国とは言えないが、ロシアとの関係において小国だという意味である）。

この非対称性は、戦争目的にも表れる。ロシアの戦争目的は、ウクライナの屈服・征服・割譲であるのに対して、ウクライナの戦争目的は、自己保存であり、被害の回復であり、それ以上にはなりようがない。決してロシアを征服・屈服・割譲することではないのである。戦争の「解決」の道筋にも、その非対称性は表れるだろう。

この一点だけでも、「互いに軍事力を使っているからどっちもどっち」などとは言うのは誤りなのである。

以上、「この戦争の当事者はロシアとウクライナであること」「この戦争は大国による小国に対する侵略戦争であること」という2つの「本筋」を確認してきた。いずれも、それを理解するのにトリビアな知識をほとんど必要としない、当たり前のことである。

それでも私がそれを強調しなければならないのは、その当たり前を歪んだロジックでごまかす議論が横行しているからである。先の下斗米の引用にもあったが、最近は「ウクライナは軍事大国だ」という言い方があるようだ。「ロシアほどの軍事大国の征服を阻止しているから軍事大国だ。だからこれは一方的な侵略ではない」というわけだ。上記の具体的な非対称性を当たり前に理解していれば、それが歪んだ詐術的な言説にすぎないことが分かると思う。

5　本筋③——これは支配―従属関係の回復を目指す侵略である

3つ目の「本筋」は、この戦争が大国の侵略一般ではなく、かつての支配―従属関係の回復を目指す侵略と、それに対する抵抗という歴史的文脈をもつということだ。これは、最初の2つとは違って、理解するには歴史的な判断が必要になる。少し説明しよう。

ロシアの革命家レーニンは、1919年に次のように書いている。

「大国民族、抑圧民族にたいする不同権民族、従属民族の——大ロシア民族のような民族にたいするウクライナ民族のような民族の——憤りと不信が、何世紀ものあいだに蓄積されてきた」

「何世紀ものあいだ、大ロシア人は、地主と資本家の圧政のもとで、大ロシア的排外主義の恥さらしな、いまわしい偏見を吸収してきた」（「デニーキンにたいする勝利にさいしてウクライナの労働者と農民に送る手紙」）

かつて、ウクライナはロシア帝国の一部とされていた。そこでは、今で言う意味でのロシア人は「大ロシア人」と呼ばれ、ウクライナ人は「小ロシア人」と呼ばれていた。レーニンは、「大ロシア人」を大国民族、抑圧民族と呼び、ウクライナ人をこれに対する「従属民族」として、その関係を批判している。抑圧民族としての大ロシア人が、ウクライナ人などの従属民族に対して、偏見をもって見下していたというのである。

ウクライナ語は14世紀までには形成されている。少なくともそれ以降、独自の言語と文化を持つ人びとが今のウクライナ地域に住んでいた。この地域には17世紀以降、選挙で選ばれるコサックの頭領（ヘトマン）が統治する政治的共同体（ヘトマン国家）も存在していた。

だが18世紀にはロシア帝国に完全に自治権を奪われてしまう。そのもとで、ウクライナ農民の農奴化も進んだ。そして19世紀以降、近代的な意味でのウクライナ・ナショナリズムが覚醒すると、これを危険視したロシア政府によって、ウクライナ語は弾圧される。

「ウクライナ語の自然な発展は阻害された。とくにウクライナの主要部を３００年以上にわたって支配したロシアの度重なるウクライナ語使用禁止令（１７２０年、１８４７年、１８６３年、

1876年、1881年、1882年、1894年、1914年、1933年その他）は、圧倒的であった」

「これら禁止令の結果、ウクライナ語の地位は極度に低下し、学校教育から排除され、ウクライナ語は無教養な人、とくに小農民のことばとなってしまった。ウクライナ語話者は下層階級ないしはロシアに対する反抗者とみなされ、失職することもあった」（中澤英彦「ウクライナにおける言語状況」『ユーラシア研究』2014年11月）

ウクライナの知識人ニコライ・コストマロフは1860年に次のように書いている。

「あの時からウクライナは黙っていた。ウクライナの民族性が軽蔑された。モスカーリ（ロシア人の蔑称）がコサック人に、その頭頂にそり残した房毛から与えた『ホホール』という名前が、馬鹿と同義語になった。ウクライナの詩的な言語は軽蔑と嘲笑の的となった。小ロシア人自身が、自分たちの発音で南の出身であることが分かった時、赤面することも少なくなかった。ウクライナの歴史は、政府の無分別な目的や体裁に合わせて追いやられたり、ゆがめた形で紹介されたりした」（ナターリャ・セメンチェンコ『ウクライナの真実』）

レーニンはこうした状況を指して先のように書いたわけである。

とは言っても、レーニンや彼の仲間たちがつくったソビエト政権が、実際にウクライナ民族の自決権を認めたかと言えば、そうとは言い難い。彼らはロシア革命期に独立を宣言したウクライナ人民共和国を否定し、武力で粉砕した。その後、20年代にはウクライナの文化や言語が認められたものの、スターリン時代に入るとウクライナの文化的政治的自立を目指す言論活動も抑圧されるようになった。

ただし、ロシア帝国は清朝などと同様の多民族の「帝国」であって、その中でのウクライナ人の地位は、例えばイギリス植民地支配下のインド人や、アメリカにおけるかつての黒人奴隷のように集団単位で排除され、下位に置かれるというものではなく、モスクワ中心の支配秩序の下で身分、宗教、民族の多元性を認めるものであった。

それでも、モスクワの支配は被支配者との合意に基づくものではなく、ウクライナ人がモスクワとは違う政治的な主体として自己主張すれば、その言語も文化も容赦なく弾圧された。つまり、「主体」としてのウクライナ民族は認められなかったのである。ソ連においては「ウクライナ・ソビエト社会主義共和国」として一定の領域自治が成立していたが、それはモスクワのソ連共産党の指導下に置かれていた。ロシア史研究者の池田嘉郎（東京大学大学院人文社会系研究科教授）はソ連を「共和制の帝国」と呼ぶ。

ウクライナ研究の第一人者である中井和夫（東京大学名誉教授）は、ロシア帝国―ソビエト連邦時代の両民族の関係を、次のようにまとめている。

「ウクライナ人は帝国中央から『永遠の弟』と見られ、永遠に成熟することのない、独立した存在となる権利をもたない者であった。ロシア人だけが創造的な思想家、詩人、学者、政治家となれるのであった。オリジナルなものはウクライナにあっては不要な悪であり、『民族主義』として容赦なく罰せられたのである」（中井『ウクライナ・ナショナリズム』）

中井は両者の関係を端的に「植民地支配の関係」と形容している。

冷戦が終結し、モスクワの支配が揺らぐと、ウクライナでは国民投票が行われ、90％以上の賛成で独立が宣言された。ウクライナの独立は、そのままソ連の解体に帰結した。

独立したウクライナでは、次第にロシア離れが進んでいった。特に２０１４年のロシアによるクリミア併合と東部への軍事介入は、ウクライナの民族的独立を根底から否定するものと受け取られ、それに対する怒りは、むしろウクライナ・ナショナリズムの高揚を引き起こした。その結果が、今回の戦争で世界を驚かせたウクライナの人びとの激しい抗戦意志の発露である。彼らにとって、これは民族（ネーション）的抵抗なのである。

一方、ロシア側にとっても、この戦争は、ロシアから独立した存在としてのウクライナを否定することを思想上の目的としている。

今回の侵攻が、ゼレンスキー政権を倒すとかウクライナのＮＡＴＯ加盟を阻止するといった政治的目的だけでなく、ウクライナのアイデンティティそのものを破壊し、ウクライナ人の主体性を否定するイデオロギー的性格を持っていることは、様々に指摘されている。プーチン自身やロシアの政権周辺からもそうした発言が繰り返し聞こえてくる。

例えば2014年の軍事介入で「活躍」したロシアの諜報機関将校イーゴリ・ギルキンは、当時、「キエフはロシアの都市であり、ウクライナはロシアの一部だ」と語っていた（佐藤親賢『プーチンとG8の終焉』）。全面侵攻後は、同様の言葉を元閣僚や連邦議会議員からモスクワの庶民に至るまでが口にしている。

その先頭にプーチンがいる。彼のウクライナ観を示すものとしてしばしば引用されるのが、彼の「ロシア人とウクライナ人の一体性」（2021年7月）という論文だ（以下、駐日ロシア大使館FBページの翻訳による）。

この論文は冒頭、「私は、ロシア人とウクライナ人とは一つの民族であり、全体として一つだ、と述べました……これは私の確信なのです」と断言する。

その上でプーチンは、その「一つの民族」を分裂させたとしてソ連のウクライナ政策を批判する。具体的には、「ウクライナ・ソビエト社会主義共和国」を成立させたこと、ウクライナのソ連離脱の権利を憲法で定めたこと、さらにソ連がウクライナ民族主義に融和的だった（とプーチンは考えている）ことが誤りだったというのである。

「まさにこのソ連の国策が、大ロシア人、小ロシア人、ベラルーシ人から成る大きな意味でのロシア人ではなく、ロシア人、ウクライナ人、ベラルーシ人という3つの分立したスラブ人がいる状態を、国家レベルで定着させたのです」

「今日のウクライナは完全なるソ連時代の産物なのです。また今日のウクライナの大部分が歴史的ロシアの土地で形成されていることも、私たちは知っていますし覚えています」
「1991年以降、その領土も、そしてさらに重要なことにそこに住んでいた人びとも、一夜にして国境の外に放り出されてしまいました。そして今度こそ本当に、歴史的祖国から引き裂かれてしまったのです」

ウクライナ人は「大きな意味でのロシア人」の一部であり、ウクライナ国家はソ連時代の人工的な産物であり、その領土の大部分は、本来はロシアの「歴史的領土」だというのである。これは明らかに、「ウクライナ」の存在の否定であり、他者としてのウクライナ人の主体性を否定し、「小ロシア人」を再びロシア帝国内に回収しようとする欲望である。

2月24日の開戦演説でも、プーチンは以下のように言っている（NHKサイト翻訳）。

「問題なのは、私たちと隣接する土地に、言っておくが、それは私たちの歴史的領土だ、そこに、私たちに敵対的な『反ロシア』が作られようとしていることだ」
「私たちの問題、私たちの関係を誰にも干渉させることなく、自分たちで作り上げ、それによって、あらゆる問題を克服するために必要な条件を生み出し、国境が存在するとしても、私たちが一つになって内側から強くなれるように。私は、まさにそれが私たちの未来であると信じている」

ウクライナはロシアの「歴史的領土」であり、この戦争がロシアの思い通りに終われば、「国境が存在するとしても」ロシアとウクライナは一つになるというのである。

ロシア国営メディアであるRIAノーボスチに4月3日に掲載された文章「ロシアはウクライナに対して何をすべきか」は、もっとあけすけな主張を展開した。

そこでは、●ウクライナで国民国家を建設することは不可能であり、必然的に「ナチ」に行きつく、●ロシアの勝利の後は、「ナチ」はインフラ再建のための強制労働に従事させる、●現在のウクライナ人のかなりの部分も「ナチ」の協力者であるから、思想的抑圧と検閲により一世代以上の期間にわたって再教育しなければならない、●「ナチ」から解放された領土には「ウクライナ」という名前は残らない――などといった、おぞましい主張が連ねられている。

この文章は、同時期に明らかになったブチャの虐殺とともに、ウクライナの人びとに衝撃を与えた。ウクライナの作家ユーリィ・アンドルホヴィチはこう書いている。

> 「われわれは存在すべきではないのだ。4000万の人口をもつヨーロッパのこの国は存在すべきではないのだ。われわれの言語は存在すべきではない。われわれの記憶は存在すべきではない。わたしたちは『非ナチ化』される――全員、最後の一人のウクライナ人まで。私たちは『非ウクライナ化』される――それは私たちから生きることを奪う」（「ブチャの後で」『現代思想』2022年6月臨時増刊号）

ロシアのウクライナ侵攻は、一つの国家、一つの国民（ネーション）の存在とアイデンティティを根底から否定するイデオロギーに基づいて行われている。占領地でウクライナの知識人たちが連行され、殺害されているのも、子どもたちがロシアに連れ去られているのも、学校教育のロシア化を進めるためにロシアから多くの教師が送り込まれているのも、そうしたイデオロギーの存在によって初めて理解できることだ。

これに対するウクライナの抵抗は、存在と尊厳をかけたものにならざるを得ない。

ゼレンスキーは、8月24日のウクライナ独立記念日の演説で「独立したウクライナの自由な民よ」と呼びかけ、ロシアの侵攻が始まった２０２２年2月24日から始まる抗戦について、独立のための「二度目の国民投票」だと表現している。

「もう一度、決定的な選択が生じたのだ。しかし、今回独立に対して『賛成』を示すのは、回答用紙においてではなく、魂と良心の中においてだった。投票所へ行くのではなく、軍事委員会、領土防衛部隊、ボランティア運動、情報部隊へ行く、あるいは単に強固かつ勇敢に自分の場所で働くことが必要だった。全力で、共通の目的のために」（ウクライナ国営通信『ウクルインフォルム』日本語版）

中井和夫も、この戦争はウクライナの「独立運動」なのだと語っている（ＮＨＫサイト「ロシアに消された文字『Ｇ』とウクライナ独立の３００年」）。すでに退官し、近年はほとんど論文や書籍の執筆もない中井だが、1999年に彼が書いた文章の一節が、今の事態の「本筋」を説明している。

「ウクライナ民族は歴史的に見て、自分たちの国民国家を形成することに失敗してきた。しかし実はロシア民族もまた同様なのである。ロシア人は常に大帝国の臣民であった。最初はロシア帝国、そして最近はソ連邦の。彼らは何よりも帝国の建設と維持を使命としていた。ウクライナ人が目指していたのは帝国ではなく国民国家の建設であった。ここにも両民族の重要なアイデンティティの相違がある」(『ウクライナ・ナショナリズム』)

この一節の延長線上に、この戦争の歴史的意味がある。91年以降、もがきながらも国民国家を形成しようと歩んできたウクライナの独立をロシアは解体しようとしている。「帝国」の回復のためには、「ウクライナ」の否定が必要だからである。「非ナチ化」とは、要するにロシアと別のナショナルな主体となろうとするウクライナ人の意思を消滅させるということだ。

この戦争を、プーチン政権の「帝国」の回復という欲望によるものとして捉え、これを世界史の趨勢への逆行として批判しているのが歴史学者の木畑洋一である。

木畑は、『20世紀の歴史』(岩波新書)で、20世紀とは人類の多数にとって資本主義と社会主義の確執ではなく、第一に帝国・帝国主義が解体され脱植民地が進む時代であったと総括した。そしてソ連の崩壊についても、ソ連を盟主として東欧圏に広がった非公式帝国構造の解体だったとしている。

木畑は、こうした歴史観に立って、ロシアの全面侵攻を「人類が克服しようとしてきた帝国支配の衝動を、ロシアが新たに見せている」ものとして批判する（「歴史の針を巻き戻すプーチンの戦争」『法と民主主義』２０２２年5月号）。

「ウクライナがソ連から離れて独立国となったのは、この過程（ソ連による非公式帝国の解体）の一部であった。脱植民地化によって独立した多くの国々同様、これ以降ウクライナは主権国家として他に従属することがない存在となったのである。／ロシアによるウクライナ侵攻は、このような脱植民地化後の世界の状況から時計の針を巻き戻そうとする動きに他ならない」

6　まとめ――ウクライナ戦争とは何か

ウクライナ戦争とは何か。その「本筋」はロシアとウクライナの二国間戦争であり、大国による侵略戦争であり、かつての抑圧民族と従属民族の衝突である。それはロシア側にとっては他者としての、主体としてのウクライナを否定し、かつての支配―従属関係に戻そうとするものであり、ウクライナ側にとっては自国の独立を守り、ウクライナ人としての主体を破壊されないための抵抗である。

このことは、両者のナショナリズムの評価にも当然、関わってくる。隣国の他者性を否定して再び「帝国」に呑み込もうとするナショナリズムと、これに抵抗してすでに独立を認められた国民国家を完成しようとする側のナショナリズムを、同列に、同様に見ることはできない。

こうした本筋に立てば、なぜ冒頭に示したような日中戦争との相似が現れるのか、すっきりと理解できるはずだ。

この「本筋」に何度でも立ち戻りながら、付随する「枝葉」のディティールを検証していく姿勢を堅持することで、枝葉と枝葉をつないでしまう歪んだストーリーに巻き込まれずに済むだろうと考える。

第2章「ロシア擁護論」批判①
——それは大国主義である

第1章では、ウクライナ戦争をどう見るかについて、私が考える「本筋」を提示した。日々変わっていく現在進行形の出来事について、しかも玉石混交の、場合によっては真偽不明の情報まであふれる中で考えるときは、トリビアルな事象に振り回されずに本筋を掴むことが重要であり、本筋を掴むためには歴史的視点が必要である。

1　思考の歪みをどう見抜くか

それに加えて、ウクライナについて今の日本で考える上では、常識的な判断力を鍛えることが非常に重要だと考える。なぜか。

私たちがさして知識がないことでも、おかしな話について「どうもおかしいぞ」と感じることができるのは、私たちに常識的判断力があるからだ。例えばニセ科学的な商品や怪しげな投資の話などが持ち掛けられたときに、私たちが「どうもおかしいぞ」と気づくのは、私たちが科学や投資について高度な知識を持っているからではなく、相手の言っていることの根底につじつまの合わなさがあることをうっすらとでも感じとる常識的判断力があるからだ。それは無自覚のうちに、論理に対するセンスや基本的な科学や歴史の知識、経験に基づいた人間観などに裏打ちされている。

さて、戦争が始まるまで、ウクライナという国について私たちの多くは無知に等しかった。そうなると、専門家の意見を聞くしかない。ところがこの2年間、専門家であるはずの人たちが「どうもおかしいぞ」と感じさせる主張を説くことが多かった。例えばロシア研究者だったり、外交の専門家だったり、あるいは戦争と平和について考え行動してきた進歩的知識人だったりといった人たちが専門的知見や思索に基づいて語っているはずの言葉の中に、「何かがおかしい」と思わせる主張を見ることがしばしばあった。

こういう場合、もちろんきちんとした勉強をすることで、きちんとしていない話を見抜くことが望ましいだろうが、それと同時に常識的な判断力をフル活用することが重要だ。

なぜか。専門家は、専門の外でおかしなことをいうことがあるからだ。ここで言いたいのは、専門外のことには無知な、いわゆる「専門バカ」のことではない。専門分野のことであっても、その専門的知見が歪んだ思考の枠組みの上に載せられている（あるいは組み込まれている）ことがあるということだ。この「思考の歪み」そのものはたいていい、専門性とはあまり関係がないので、常識や論理をもって検証すればそのおかしさに気づくことができる。

分かりやすい例を挙げよう。２０１１年の福島第一原発事故の直後、週刊誌で原子力関係の専門家がこんなコメントを寄せていたのを覚えている。「福島原発から漏れ出た放射性物質の量はたいしたことはない。日本の人口1億数千万人で割れば、1人当たりの被ばくは微々たるものである」。この主張のおかしさが分かるだろうか。放射性物質は福島原発の周辺に放出されたのであって、北海道から沖縄までの日本全国に均等に広がり、1億人に均等に薄く分配されたわけではないのだから、そんな割り算は成り立たないということだ。この専門家の話のおかしさに気づくには、放射能の知識はほとんど必要ない。地理と算数が分かれば十分である。

このように、専門家や知識人の発言であっても、それを載せている前提となる思考の枠組みが歪んでいれば、出てくる結論はおかしなものになる。私たちは、常識的判断力を鍛えて「思考の歪み」に対するアンテナを敏感にさせていれば、それを見ぬくことができる。

もちろん、全くの無知ではそれも限界がある。一定以上の知識は必要だ。多い方がいいのは間違いない。確かな知識と常識的判断力を組み合わせることができればそれに越したことはない。だが、ウクライナのことでは専門家さえおかしなことを言うのだとすれば、どこから確かな知識を得ればいいのか。

私が選んだ方法は、ネット記事や動画などの不確かな情報にはなるべく触れず、まずは専門的なウクライナ研究者による論文や書籍をなるべく多く読むことであった。特に、大学の専門的な研究者が書いた論文や書籍を読んだ。

もちろん、大学の研究者の間でも考え方には幅がある。だが、その「幅」こそが、この場合は重要なのである。というのは、その幅の範囲から外れる主張は、学術的な検証に耐え得ないものであると言えるからだ。

たとえば、１９３７年に日本軍が南京で虐殺した中国の市民や捕虜の数について、歴史学の世界では、それが何万人であったかについては議論の「幅」がある。しかし「数千人だった」「ゼロだった」という主張は、アカデミズムの世界には存在しない。だとすれば、そうした主張を行う文章の信憑性は極めて低いと判断していいだろう。「根拠薄弱」あるいは「錯誤」、さらには「虚偽を含む」のではないかと疑うのが合理的だ。

ウクライナについても同じである。アカデミズムの世界における議論や記述を押さえておけば、どの言説がアカデミズムの認識の「幅」の範囲内にあって、どの言説が範囲外の、信用度の低い説明なのかを判断できる。

私は特に歴史から固めていった。というのは、現在進行中の、あるいは近過去の出来事も、必ず、より長いスパンの歴史の一部だからである。歴史を押さえていれば、まともな説明とまともでない説明を区別する判断ができる。大きな歴史の流れとの間で齟齬をきたす主張や説明は、多くの場合、やはり何かが間違っているのだ。

ただし、要注意なのは、ロシアについての専門家はそのままウクライナの専門家というわけではないことだ。もちろん、ウクライナのこと「だけ」を研究している人は日本では皆無に近い。たいていはロシアや旧ソ連圏の研究者がウクライナについても研究している。それでも、ウクライナのこと「も」専門的に研究している人と、単にロシア／ソ連圏について研究しているのでウクライナのことも書いているというだけの人とでは、確かさの水準が全く異なる。後述するが、ロシア研究者には、モスクワから見たウクライナ像を内面化してしまっている人も少なくない。

また、近過去のことになるほど、細かい話になるほど、専門的研究がまだ緒についていない部分が多くなる。そうしたことについては、全国紙の特派員によるルポや記事を注意深く読むことで手当てする。全国紙の特派員は客観的な事実報道を目的としているし、政治的な目的があるわけではないので、故意に歪めて書くことはないからだ。もちろん情報そのものが政府などの情報誘導に影響されることはあるし、記者自身の無自覚なバイアスもあるだろう。それでも何らかの政治的意図をもって故意に歪んだ説明をする文章よりははるかに害がなく、頼りになる。

さて、そうした作業を経て、ここから私が始めたいのは、私が最も「どうもおかしいぞ」と思った議論についての検証である。一言で言えば、「ロシア擁護論」としか言いようがないものである。序章で書いたように、2022年2月のウクライナ全面侵攻以降、むしろ侵略したロシアの側を擁護する言論が左翼運動、あるいは市民運動界隈で広がったことは、私にとって大きな衝撃だった。ここからは、こうした「ロシア擁護論」について考えてみたい。

2　「ロシア擁護論」の定義

その前に、「ロシア擁護論」を定義しておく必要があるだろう。それなしでは、「ロシアを悪として感情的に糾弾しない冷静な議論を『ロシア擁護論』と呼んで攻撃しているだけだ」などと一蹴されて終わりになってしまう。

参考になるのは、スラブ・中央アジア研究の宇山智彦による「なぜプーチン政権の危険性は軽視されてきたのか」（サイト「スラブ・ユーラシア研究センター」2022年4月）という文章だ。彼はその中で、こうした傾向について取り上げている。

宇山はそれを、「論理的なつながりや釣り合いを欠いた話でありながら、ウクライナや欧米の非を言い立ててロシアの責任を相対化させる議論」と整理してみせる。私はこれを、そのまま「ロシア擁護論」の定義として使おうと思う。「論理的なつながりや釣り合いを欠いた」とは、論理の歪みや視界の歪み、事実に反することを含むものとしていいだろう。つまり、ウクライナやアメリカの問題を指摘することそれ自体ではなく、その中でも、①論理や事実に照らして歪んだ論法によって、②ロシアの侵略責任を相対化する議論――を「ロシア擁護論」と呼ぶということだ。

念のために言っておけば、ここで言う「ロシア擁護論」の「ロシア」とは、ロシアという国やロシア人一般を指すものではない。正確を期すのであれば「ロシア・プーチン政権のウクライナ侵略について擁護したり相対化したりする議論」ということになる。

宇山はその背景に、「対立が起きている時には両方に程度の差はあれ必ず非がある」「どっちもどっち」という「確証バイアス」を見ているが、私はそれだけではないだろうと思う。本書の第2章から第5章では、ロシア擁護論とは何か、それはどこから生まれてきたのかを、思想的に考えてみたい。

ロシア擁護論は左翼や市民運動だけでなく、極右やレイシストの間にも広がっているし、さらには ロシアとの何らかの利益関係を持つ政財界関係者の間にも広がっているが、そうした人びとについては、ここでは取り上げない。そもそも侵略自体を肯定する右翼や、国際的な正義や人間性より自らの利権の方が大事な人びとへの批判は、また別の思想的課題となるからだ。

なぜ侵略したロシアではなくウクライナの側に非があるかのように語る議論、あるいは「どっちもどっち」として侵略の責任を相対化するような議論が、侵略戦争を否定していたはずの人びとの側から出てくるのか。そこにはどのような誤りや歪みがあるのか。侵略者擁護の根底にある思想性はいったい何か。さらに言えば、そうした傾向は、どこから生まれて来たのか。それを考えてみようということだ。

結論から言えば、私は「ロシア擁護論」の根底にある思想的問題を、①大国主義、②民族蔑視、③日本的平和主義の傲慢の3つに見る。

この第2章では、まずは「大国主義」の問題をあぶり出していこうと思う。

3 「モスクワには責任がない」という主張の衝撃

2022年2月24日にロシアの全面侵攻が始まると、その数日後には、私が入っている左翼系のメーリングリストに「ウクライナ危機の責任は、モスクワではなく、ワシントンとキエフにある」というタイトルの文章が出回った。著者はカルロス・マルティネスという人。「no cold war」という反戦団体の活動家だという。原文は、戦争が始まった2日後に中国の国営放送「CGTN」のサイトに掲載されたものだ。

モスクワに「責任がない」とまで言うのはさすがに驚いた。「同感です」という日本の活動家のメールがいくつも続いたので、さらに驚いた。

マルティネスはこの文章の中で、NATO（北大西洋条約機構）がリビアやユーゴスラビアで見せたような対外的な攻撃性を指摘し、その東方拡大が「ロシアの安全保障の問題」となってきたこと、特にウクライナが「NATOへの加盟を叫び続け」ることによって、「NATOの侵略からロシアの国境を守る」必要が出てきたことこそが、全面侵攻の原因であるとする。そこから彼は、「ウクライナ危機の責任は、モスクワではなく、ワシントンとキエフにある」という結論を出すわけである。

さすがに「モスクワに責任なし」とまで断言する文章はほかでは見ないが、NATOの東方拡大を推し進めてきた米欧こそがこの戦争を引き起こした主犯なのだという議論は、左翼や平和運動の中でむしろポピュラーであり、主流と言ってよい。あからさまにそう言っていなくても、それを前提にしないと成立しないような議論はしばしば目にする。

この「NATOの責任」論も、歴史的経緯に基づくようでいて前提に「思考の歪み」がある。だが正しい部分も含んでいるので、まずは歴史的経緯に踏み込んでそれを腑分けしてみよう。

NATOはもともと、東西冷戦が始まった際にソ連に対抗する集団防衛体制として1949年にアメリカと西欧諸国によって創設された。これに対抗して1955年にはソ連と東欧諸国による

「ワルシャワ条約機構」が結成される。この両者がにらみ合うのがヨーロッパにおける冷戦のかたちであった。

1989年に冷戦が終結し、91年にはソ連が解体する。同年にはNATOに対抗するワルシャワ条約機構も解体した。NATOが想定していた「脅威」は消滅したのである。ところが、にもかかわらずNATOは解体しなかった。それどころか、それまでソ連やその同盟国であった国々を加えながら東方に拡大する。

東方拡大は、1999年にポーランド、チェコ、ハンガリーの加盟で始まり、2004年にエストニア、ラトビア、リトアニア、スロバキア、スロベニア、ルーマニア、ブルガリア、09年にクロアチアとアルバニア、さらに17年にモンテネグロ、20年に北マケドニア（旧マケドニア）の加盟として進んだ。現在、構成国は30か国である。

加盟国が増えただけでなく、NATOは、それまでの相互防衛的な性格を超えて域外への展開も辞さない軍事同盟となった。まず、1990年代の旧ユーゴ内戦への軍事介入である。NATOは人道的危機を止めるためとして95年と99年の2回、セルビアへの爆撃を行った。爆撃は、国連安保理決議もなしで行われた。NATOはまた、紛争終結後の平和維持活動も担っている。

2001年9月のアメリカ同時多発テロに際しては、NATOはこれを加盟国アメリカへの攻撃とみなし、アフガニスタン攻撃を自衛権の行使として認め、この攻撃に対する協力をNATO条約第5条に基づく集団的自衛権の行使と認めた。アメリカの攻撃にお墨付きを与えたのである。さらに、タリバン政権が崩壊すると現地の治安維持や反政府勢力の掃討作戦を担うISAF（国際治安支援部隊）をNATOが担うこととなった。

2011年には、NATOはリビアへの爆撃を行う。カダフィ政権の民主化運動弾圧によって生じた人道危機に対して、市民の保護を名目に掲げて、半年間、爆撃を続けたのである。人道危機には対処が必要だとしても、独立国家に爆撃を行うことは、国連憲章に照らして認められるものではない。こうした軍事介入によって、ついにカダフィ政権は崩壊する。

このように攻撃的な性格を持つようになったNATOの東方拡大が、ロシアに脅威を与えたのは確かだろう。ロシアとNATOの関係は、徐々に敵対的なものになっていった。

こうして見てくれば、NATO東方拡大は確かに、ロシアとアメリカ・西欧諸国の対立を高め、ヨーロッパの安全保障環境を悪化させてきたと言えそうだ。

しかし「NATOの責任」論は、それを「追い詰められたロシアは自衛のためにウクライナへの侵攻に踏み切るしかなかった」という結論まで飛躍させるものだ。「窮鼠猫を噛む」ということだ。

だが、この議論は前提に「思考の歪み」をはらむと私は考える。

4　大国ロシアの責任を不問にする

第1の歪みは、この構図の中には、ヨーロッパの安保状況をつくってきた能動的な主体としてのロシアの姿が全く存在しないことだ。NATOが膨張し、攻撃的になる一方で、ロシアは2022年2月まではひたすら静かに受け身であり続けたのだろうか。

ＮＡＴＯと対峙するロシアもまた、もう一つの大国である。強大な通常戦力と世界第1位、第2位の規模の核戦力を持ち、国際的にも国連安保理の常任理事国という特権を持っている。２つの大国勢力がにらみ合って緊張を高めてきたとして、一方だけが緊張の原因ということがあるだろうか。一方のみが主体的、能動的に行動し、一方はそれに対して没主体的、受動的に反応しているだけということが常識的に言って考えられるだろうか。窮鼠猫を噛むというが、ＮＡＴＯが猫で、ロシアは哀れで小さいネズミなのだろうか。

事実はそうではない。もう一つの大国ロシアも、反対側から緊張を高めてきたのである。

前出の中井和夫『ウクライナ・ナショナリズム』（１９９８年）でも、それは指摘されている。中井は、ソ連解体から2年後の１９９３年にはすでにロシア連邦の周囲を勢力圏として支配下に置こうとする「大ロシア主義」が復活したことを指摘する。ロシア外務省は、旧ソ連を構成した国々を「近い外国」と呼び、ロシアがこれらの国に対して特別の利害関係をもっていると繰り返し発言するようになった。かつて東欧諸国を抑えつけ、ハンガリー動乱やチェコ事件のような介入を正当化した制限主権論＝ブレジネフ・ドクトリンの復活である。翌年には、エリツィン大統領自身が、国際社会がそれを認めるよう国連総会で迫った。中井は次のように指摘する。

「独立してしまったかつてのソ連の周辺共和国をもう一度ロシアの政治的・軍事的・経済的影響下に組み込み、ロシアの『宗主国』としての立場を内外に認めさせようとする立場は、国民のあいだに復活してきた『大ロシア』の意識、帝国再建の願望（独立した周辺に対する侮蔑と怒りの感情）と密接につながっている。（略）それはロシアの周辺諸国をバッファ（緩衝地帯）として、事実上ロシアの国境をソ連時代のソ連国境まで拡大しようとするものである」

そしてそれは、言葉だけでなく実行を伴っていた。１９９０年代なかば、ロシアは沿ドニエストル地域のロシア人保護を名目にモルドバに軍を駐留させ、タジキスタン内戦にロシア軍を派遣し、ジョージア（グルジア）に至っては内戦への介入を通じて強引にロシア軍駐留を実現した。95年4月には、ロシアのコーズィレフ外相が、「近い外国」に住むロシア人の保護のためには武力行使もあり得ると公言した。同年1月、チェコのハヴェル大統領はチェチェン情勢に関連して、「チェコがなぜＮＡＴＯ加盟を求めるかがいまやよく分かるだろう」と述べている。

中井は、こうしたロシアの「帝国再建の願望」と、それに裏付けられた行動こそが、東欧と旧ソ連諸国をしてＮＡＴＯ加盟へと走らせたとしている（ベラルーシだけは逆に自らロシアの「近い外国」となる道を選んだ）。

こうした見方は、中井の独創というわけではない。私の手元にある杉本稔編『西洋政治史』は大学テキストとして編集されたものだが、「東側諸国自身がＮＡＴＯ加盟を望んだのである。その理由としては、例えばＮＡＴＯを民主主義や人権保障を促進する組織としてみなしていたことや、過去にソ連あるいはロシアに侵略された経験をもつことがあると言われる」と指摘している。

つまり、ＮＡＴＯを東方に拡大させたのは、周辺諸国に脅威を与え続けたロシア自身であるということだ。

ウクライナもまた、そうした文脈でNATO加盟を望んだ。2002年には当時のクチマ大統領がNATO加盟の希望を表明する。2008年にはNATO首脳会議でウクライナとジョージアの将来の加盟が宣言された。これはブッシュ政権が西欧諸国の懸念を振り切って強引に実現したものだという。ロシアは猛反発した。

ただし、直後に起きたロシアとジョージアの紛争もあり、ジョージアとウクライナのNATO加盟に向けた動きは頓挫した。さらに2014年のロシアのクリミア併合とウクライナ東部への介入によって、ウクライナのNATO加盟は決定的に遠ざかった。

それでも2014年以降、NATOとウクライナの事実上の協力関係が深まっていったのは事実だ。さらにウクライナでは、クリミア併合以降、NATO加盟を求める世論は、むしろ高まってきた。NATO加盟については、14年3月の時点で支持が34%、不支持が43%であったものが、同年11月には支持が51%、不支持が25%となる。以後、一貫して支持が上回り続け、全面侵攻後の22年10月には、支持83%・不支持25%に至った（数字は『ウクルインフォルム』日本語版2022年10月3日付から）。

ここでも、ロシアの脅迫――しかもそれはウクライナの一部の併合という「侵略」の段階に至った――が、かえってウクライナをNATO加盟に追いやった事実を見て取ることができるだろう。この展開に対して、ロシアには大いに責任があるはずだ。

ウクライナの初代大統領レオニード・クラフチュクは、2017年に毎日新聞記者の真野森作にこう語っている。

「私たちがNATO加盟を目指すのは、ロシアが侵略国だからだ。EU入りを目指すのも、ロシアが資源エネルギーなどを道具に圧力をかけてくるからだ。他に道はない。力で勝るロシアからウクライナは逃れようとしている」（真野『プーチンの戦争』）

ウクライナから見れば、ロシアは猫に追い詰められたネズミどころではない。国土の一部であるクリミアを占領され、東部にもロシア正規軍を送り込まれた小国ウクライナが、NATOとの協力関係を強めたのは、防衛的な反応だろう。これを「挑発」と非難し、侵攻の責任を米欧どころか被害者であるウクライナに求める議論は、やはり歪んでいる。

5　被害当事者ウクライナの不在

「NATOの責任」論のもう一つの歪みは、ロシアがウクライナに侵攻した戦争であるにもかかわらず、この構図では、「ウクライナ」が不在だということだ。NATOとロシアにしか関心がないのだ。

ウクライナの左翼活動家で歴史家のタラス・ビロウスの意見を聞いてみよう。

ビロウスは「西側左翼へのキエフからの手紙」（サイト「週刊かけはし」）の中で、「NATOの責任」論を批判している。

ビロウスはNATOの支持者ではない。彼はNATOが冷戦終結後に「攻撃的な諸政策」を行うようになったことを指摘し、その東方拡大が地域の包括的な安全保障体系をつくる努力を無化したこと、国連や欧州安全保障協力機構（OSCE）の役割を骨抜きにしたことを批判している。

しかしビロウスは、西側の左翼が、侵攻後の今に至ってもロシアにとっての「安全保障上の懸念」を擁護するばかりで、ウクライナの安全については全く関心を示さないことを批判する。彼らは「世界で2番目に（多くの）核兵器を所有している」国の不安にばかり共感するが、「ウクライナの安全保障上の懸念をどれだけ頻繁に思い出しただろうか？」とビロウスは問いかける。

さらにビロウスは、「NATOに対する左翼の批判にはこれまで、NATO拡張によりもたらされた変化の主な犠牲者はウクライナだ、ということは現れただろうか？」と問う。

ビロウスが言いたいのはこういうことだろう。

NATO拡大がロシアを追い詰め、今回の侵攻を招いたと言うのであれば、その犠牲者は第一にウクライナではないか。NATOを批判するのであれば、それはロシアの侵略擁護を結論とするのではなく、NATOの拡大によってかえってウクライナをはじめとする狭間の国々が危険になったという主張であるべきではないのか——。

私の言葉で言い換えれば、ビロウスは、NATO批判が米欧対ロシアという二元論となり、その結果、ロシアをNATO拡大の犠牲者として、これに同情したり、果ては侵略を擁護したり、その罪や責任を相対化する歪んだ議論になっていることを批判しているのである。本来であればこの問題は、ウクライナを主役として、それに米欧とロシアを加えた三元論で語られるべきなのだ。侵攻に至る危険な安保環境をつくってきた点では米欧とロシアの双方に責任があり、その破綻の犠牲者が、大国の狭間に置かれた小国ウクライナではないかということだ。

ビロウスは、1994年に成立した「ブダペスト覚書」に言及している。

「ウクライナは、プーチンが2014年に最終的に踏みにじった一片の紙（ブダペスト・メモランダム）と引き換えに、米国とロシアの圧力下でその核兵器を交換せざるを得なかった国家なのだ」

「ブダペスト覚書」とは、ウクライナが独立時にソ連から自動的に引き継いでいた核兵器をロシアに委譲し、その代わりにアメリカ、イギリス、ロシアがウクライナの安全を保障するという1994年の約束である。当時、ウクライナ国内では、核兵器を放棄しても果たして安全を守れるのかをめぐって国論は二分していたが、結局、この3か国の約束を信じて核兵器を自ら放棄した。だが2014年にロシア自身がそれを破ってクリミアを併合し、東部に軍事介入した。ブダペスト覚書に署名したアメリカとイギリスも、若干の経済制裁以上には何もせず、事実上、クリミアの併合を容認するに等しかった。ブダペストの約束は、ウクライナを守ってくれなかったのである。

冷戦が終わったときに、NATOに代わって、1980年代にゴルバチョフが提唱していた「欧州共通の家」構想のような包括的な地域安全保障が成立し、それが成功していれば、ウクライナ戦争も起きなかったかもしれない。

だがそうならなかった責めを負うべきは、ロシアの脅迫からの安全を求めてNATOの懐に殺到した、ウクライナを含む東欧・旧ソ連の小国群ではない。対立的でない包括的な地域秩序を構築し、それを通じて東欧・旧ソ連諸国の不安を解消する方向に進まず、むしろNATOを攻撃的なものに変質させた米欧の責任であり、大ロシア主義的傾向を次第に強め、隣国を威圧して恐怖を与え続けたロシアの責任だろう。

だがこれらは、あくまでウクライナ戦争が「起こり得る環境をつくった」ことへの責任の話である。第1章で指摘したとおり、ウクライナ戦争への直接の責任は、もっぱら実際にウクライナに侵攻したロシアに属している。

当たり前の話である。その当たり前のことを理解するのに、何も国際政治の展開をめぐる難しい知識や議論は必要ない。大人として「責任」という概念を理解していれば、当然そうなる。ある行為の「責任」は、責任能力を持ってある行為を「選択」し、それを「実行」した主体に属する。

原理的にそうだというだけではない。現実としても、核武装大国ロシアには、自国の安全を保障する上で、全面侵攻以外の手段はいくらでもあった。侵攻直前まで、ロシアを擁護する立場の人ほど「侵攻などあるわけない」と主張し、それ以外の多くの専門家も、侵攻はないだろうと見ていたことそれ自体が、「他に手段がなかった」と言えるような切迫した状況ではなかったことを示唆している。

にもかかわらず、ロシアはやむを得ず侵略したのであり、その選択はすべて米欧に強いられたものであり、「アメリカがロシアに手を出させた」などと主張するのであれば、それは歪んだ思考というほかない。「日本はアメリカにはめられて真珠湾攻撃をさせられた」という、おなじみの議論と同類である。「俺がお前を殴るのは、お前がそうさせるからだ」というDV男のロジックにも通じる。

「責任」についての常識に照らして、実際の歴史的経緯に照らして、「責任はモスクワではなく、ワシントンとキエフにある」という主張は、完全に歪んでいる。「侵略の責任は第一にモスクワにあり、次にワシントンにもあるかもしれないが、少なくともキーウにそれを求めるのは論理的に言って間違いだ」というのが正解だろう。

この議論の3つ目の歪みは、ロシアが求める「安全」とウクライナが求める「安全」の違いと、そこにある絶対的な非対称性が隠蔽されていることである。それを説明するためには、「NATOの責任」論の延長線上にある「予防戦争」論について検証しなくてはならない。

6 「主権線」と「利益線」

「NATOの責任」論の延長線上に「予防戦争」論がある。

ロシアの侵攻が、将来予想されるウクライナ軍の、あるいはウクライナ領内から行われるNATO軍のロシアに対する軍事行動をあらかじめ制止するための軍事行動だったということである。もちろん、将来、脅威になるかもしれないから先に攻撃するというのは国際法違反である。アメリカによるイラク侵略戦争がそのいい例だ。ところが今回、「平和運動」の側から、「だからロシアの選択にも一理ある」といった文脈で語られているのを散見する。驚きである。

次の文章などはその好例だ。正確には「予防戦争ではない」と言っているのだが、内容は同じことである。

「ロシアがおかれている立場からして、今回の進攻が自国に対する侵害を防止するための『予防的軍事行動』であったことは否定し得ないだろう。／しかしそれは、国連憲章、あるいは国際法に違反していることは明白である。とはいえ、国際法で認められる『防衛のための攻撃』という性格を有していることも認め得るだろう。このため、国際法で禁止されている『予防戦争』には当たらないだろう」（平和運動研究会代表・大槻重信「ウクライナ戦争と『新世界秩序』構想」『社会主義』2022年7月号、社会主義協会）

違法なのか違法でないのか論旨がふらふらしているが、結論は「違法ではない」ということのようだ。だがこの文章でロシアにとっての脅威として挙げられている具体的内容は、ウクライナ国境がモスクワまで500キロのところにあり、その間に天然の疎外物もないので、格好の「侵攻」ルートになる、ウクライナがNATOに加盟すれば最前線になるだろう——というだけのことなのである。そんな漠然とした不安でも、「防衛のための攻撃」であって国際法違反ではないらしい（ちなみに大槻は、ロシアのウクライナ攻撃については「進攻」という文字を使い、あるかもしれないというNAT

Oのモスクワ攻撃については「侵攻」と書いている)。

だが、そんな論理が通用するのであれば、たいていの先制攻撃は合法になるだろう。例えば、長距離弾道ミサイルをつくっているから脅威だといってアメリカが北朝鮮を先制攻撃するのも合法になってしまう。「国際法」とは、大国の無法な振る舞いを追認するだけのものなのだろうか。

さらに言えば、NATO軍がウクライナを通ってモスクワに進撃するというのは、可能性が極端に低い想定だ。それは、ロシア軍がNATO諸国の領内に進撃する可能性が極めて低いのと同様だ。

実際には、「ロシアの安全保障の問題」と言われているものは、ロシアの勢力圏保障の問題にすぎず、現実的なロシア領内への侵略の可能性の問題ではない。

私がここで思い出すのは、かつて日本が東アジアで行ったことである。

明治期の日本は「主権線」と「利益線」という言葉を使った。前者は国境線であり、後者は、日本の国外だが日本の防衛に密接に関わる地域の外枠線のことだ。具体的には朝鮮半島と中国の間の線を指す。山県有朋は帝国議会で、日本は利益線を防衛する行動をとらなくてはいけないと主張した。この理屈が、朝鮮侵略を、そしてそのための日露戦争を、日本の防衛戦争であるかのように欺瞞させたのである。

呆れたことに、この欺瞞は戦後も生き続けた。司馬遼太郎に代表されるように、日露戦争は日本の「祖国防衛戦争」だという言説がつい最近まで普通に出回っていたのだ。

右翼少年だった中学生の私もそうだった。深く考えることもなく、日露戦争は日本の祖国防衛戦争だと思っていた。とんでもない話であるが、司馬遼太郎もそう言っていたのである。戦後の日本の歴史認識など、その程度のものだった。

日露戦争で、日本の兵士たちが死闘を繰り広げた二〇三高地は日本にあったのではない。中国にあったのである。そして日本の戦争目的は、朝鮮半島の支配権の確保であった。なぜ朝鮮半島の支配が日本の防衛だという理屈になるのかと言えば、朝鮮を敵に取られると、敵軍が目と鼻の先に存在するようになるからだ。日本にとってそれは「脅威」だ。「脅威」をあらかじめ除去するのは「防衛」だというわけだ。こうして日本は、最終的に韓国を併合した。

あるかもしれない脅威から自国を守るために隣国を客体として扱い、その主権を奪うのが「祖国防衛」だという理屈は、大国のみが行使できる傲慢な論理である。

ロシアにとってのウクライナも、「主権線」ではなくて「利益線」である。ロシアは、核という決定的なカードをはじめ「主権線」＝国境線への直接の侵略を防ぐのに十分な軍事的、政治的力量を持っている。国境までNATOが来てもそれは変わるまい。ウクライナがNATOに接近すると「困る」というのは、あくまで利益線＝勢力圏の問題なのである。大国として振る舞うための軍事的・外交的空間を以前より制約されるから「困る」というだけだ。アメリカがキューバや北朝鮮やイランを「不安」に思うのと同列だ。

ロシアの安全保障上の「不安」とは、そのようなものである。帝国存立の不安であり、いわば擬制の不安にすぎない。その不安を解消するために、ウクライナの主権の存在そのものを「解消」しようというわけだ。

一方、ウクライナにとっての「不安」は、自国の主権が奪われるかもしれない、独立そのものが「解消」されるかもしれないという「不安」である。ウクライナには「主権線」しかない。両国が訴える「安全」には絶対的な非対称性があるのだ。

「NATOの責任」論、そしてその延長線上にある「予防戦争」論は、ロシアが求める大国としての「利益線」「勢力圏」の「安全保障」を心配する一方でウクライナの切実な自己保存の不安を無視するという「思考の歪み」をその前提に置いている。これでは、日露戦争を「祖国防衛戦争」と考える戦後日本の中学生と何ら変わらない。

ましてや、ロシアの「不安」に同情し、その擬制の不安の犠牲となるウクライナをロシアへの加害者のように見るのは、度し難い倒錯である。

7 「代理戦争」は誰のためのロジックか

ウクライナ戦争を、ロシアと米欧の「代理戦争」だとする人びとがいる。

これは正しいだろうか。半分は正しく、半分は間違いだろう。

半分は正しいと言うのは、この戦争に代理戦争という一面があるのは間違いないからだ。すでに見たように、この戦争の歴史的背景には米欧とロシアの対立がある。そして、ロシアの侵攻以降、ウクライナに対して米欧は巨額の軍事支援を行っている。そこには当然、アメリカなりの意図がある。

アメリカの目的は、ヨーロッパにおける自国のヘゲモニーを守り、その下でNATO諸国の結束を固めることだろう。おそらくはそれを中国包囲網への動員につなげようとしている。しかしウクライナは、そうした思惑をもった米欧の武器支援によって初めて、ロシア軍の侵攻を押し返す力を得ているのである。

だが代理戦争という規定を過度に強調する議論には、やはり「思考の歪み」がある。

まず、当事国同士の関係を差し置いて「代理戦争」という規定がすべてであるという戦争は、あり得ない。どのような戦争であれ、まずは交戦する国同士の戦争である。当たり前だ。

膨大な武器支援を理由に、代理戦争という規定がすべて、あるいは第一になるというのであれば、ナチスドイツの侵略と戦ったソ連も、日本軍と戦った中国も、代理戦争を行っていたことになる。両国はアメリカなどの膨大な軍事支援を受けていたからである。

特にソ連は、アメリカから1万4000機の航空機と輸送車両40万台、戦車1万3000台を受け取っている。スターリンも「援助なしには戦えなかった」と語ったそうだ（毎日新聞2022年6月8日付）。

ベトナム戦争はどうだろうか。大日本百科全書の「ベトナム戦争」の項（丸山静雄執筆）では、「この戦争には三つの側面ないし三つの性格があった。一つはアメリカの新植民地主義戦争である。これはサイゴン政権を通してベトナムを間接支配しようとしたものである。もう一つはベトナム民族による民族解放闘争で、戦いは南を解放し、北の社会主義を守り、南北を再統一することを大きな目標として戦われた。ベトナムは民族革命と社会主義革命を通して、この戦いを戦った。第三は冷戦の一環としての戦いである」と整理している。北ベトナムと民族解放戦線はソ連や中国などの支援を受けていたわけだが、代理戦争という規定は、ここでは3つ目に挙げられているだけだ。

ウクライナ戦争は、まずはロシアとウクライナの二国間の戦争である。ロシアの戦争目的は、一つにはウクライナを従属下に置くことであり、もう一つにはNATOの接近を阻止して大国としての「利益線」を守ることだろう。その次にようやく、ロシアの行動をヨーロッパにおける自国主導の秩序への挑戦と受け止めたアメリカとロシアの戦争＝代理戦争という面を論じることができる。

ウクライナの人びとが激しい抵抗を見せているのは、これが彼らの存亡をかけた戦いと理解しているからだ。NATOの軍事支援の存在によって、その抗戦意志の強さを説明することはできない。軍事支援を言うのであれば、かつての南ベトナムほど膨大な軍事支援を受けた国はないだろうが、南ベトナム軍はサンダルをはいた解放戦線のゲリラに敗れている。

ウクライナ民衆の徹底した抗戦意志は世界を驚かせた。人びとは領土防衛隊や国軍に志願し、ゼレンスキー政権の呼びかけに応じて火炎瓶をつくり、自動車修理工場からIT技術者に至るまでが、ロシア軍に装備面で劣勢の国軍に対して、創意工夫に満ちたアイデアを通じて後方支援を行った。こうした抗戦意志は、ロシアの侵攻がウクライナの自決権を一方的に踏みにじり、ウクライナ民衆が歴史的に形成してきた民族的尊厳を踏みにじったことへの怒りが生んだものだ。ウクライナの抗戦の動力となっている民衆の主体的で明確な意志を無視あるいは軽視しながら、この戦争の性格を捉えることはできない。

繰り返すが、「代理戦争の側面『も』ある」というだけであれば、「そのとおり」で話は終わりである。しかし実際には、ウクライナ戦争とは第一に代理戦争であると強調する人びとがおり、それどころかそれがすべてだと主張する人びとがいる。そして彼らは、そこから一定の「解決」の方向を示そうとする。問題はそこにある。しみ出して来るのは、「代理戦争」という概念そのものがはらむ「大国主義」の傲慢である。

松岡完『ベトナム戦争』（中公新書）は、その冒頭で、この戦争が持つ意味の多重性を語るにあたって「かつてこの戦争は米ソないし米中の代理戦争と片付けられた」と記している。「かつて」とは、ベトナム戦争が進行中の時代のことだろう。ベトナム戦争はそのころ、東西の「代理戦争」と見られていたのである。

すでに忘れ去られてしまっているが、冷戦時代の局地戦争は、いずれもその渦中では東西両陣営の代理戦争として捉えられるのが常だった。そしてそれは決して根拠のないことではなかった。だがそうした捉え方そのものが、結局は大国の判断を誤らせた。ベトナム戦争はその好例だ。

アメリカが、「ホーチミン率いる共産主義勢力が南北ベトナムを統一してしまえば、共産主義がアジア全域に広がってしまう」という「ドミノ理論」に基づいてベトナムへの介入に踏み切ったことはよく知られている。当時の文脈では、共産主義勢力が政権を取るとは、すなわちソ連・中国という東側陣営が「陣地」を拡大することと考えられた。つまりアメリカは、ベトナムで起きている紛争の本質を、ベトナム人自身が考える文脈からではなく、もっぱら東西両陣営の陣地争い、つまり代理戦争と見たのである。

1954年、「ベトナム国」（後に「ベトナム共和国」）を擁するフランスとホーチミン率いる「ベトナム民主共和国」の間で、ベトナムを南北に分断するかたちで休戦が成立する。アメリカはこれを歓迎し、分断を固定化しようとした。松岡はそれを、米ソがそこに「共通の利益を見いだした」結果と見る。米ソ両国が代理戦争論に立ち、いわばベトナムを山分けしたということだ。それが、アメリカが選んだ「解決」だった。

だが、ベトナムの戦いはそれで決着しなかった。南ベトナムで民族自決を掲げる反政府武装勢力「民族解放戦線」が結成されると、アメリカは分断維持のために軍事介入を行う。解放戦線を一掃するために地上軍を送り込み、北ベトナムに対しても爆撃を行うなど、激しい攻撃を続けたのである。

だがご存じのように、長く熾烈な戦争の後に、結局、アメリカはベトナムから撤退し、ベトナムは1975年に南北統一を果たした。

アメリカはなぜ、小国ベトナムを相手に、史上初となる敗戦を喫したのか。今日では常識となっているのが、ベトナム人の抵抗を「共産主義陣営の拡大」という視点で見た「ドミノ理論」そのものが誤りだったということだ。ベトナム民衆は、民族解放・民族自決を求めていた。そのためにフランスやアメリカの傀儡を拒否したのである。彼らはモスクワや北京のための代理戦争を戦っていたのではなく、彼ら自身のために戦っていたのである。そうした理解こそが最重要だったのに、アメリカはそれができなかった。代理戦争論による視界の歪みによって、戦っている相手が共産主義者である前に民族の独立を求める小国の人びとであるという、最も重要な本質が見えなかったのだ。

思えば、日中戦争時の日本が、蒋介石政権がいつまでも日本に降伏しないのは彼らを援助する英米が後ろについているせいだと考えたのも、抵抗する小国の主体性を見ることができない、一種の代理戦争論だったと言える。その誤りは、ついには英米への宣戦布告に帰結した。

こうした歴史から学ぶべきなのは、代理戦争論は一見、小国の悲哀に同情するようでいて、実際には大国主義の表現だということだ。大国の侵略と戦うベトナムやウクライナのような小国を「代理」におとしめて、その主体を否定しているのだ。そこには、戦争の終結も大国同士で決めようという意図が隠れている。

ウクライナ戦争をめぐる代理戦争論の過度の強調は、やはり思考の歪みであり、その歪みは無自覚な大国主義に由来していると言えるだろう。

ここまでで「NATOの責任」論や「予防戦争」論、「代理戦争」論といった議論には思考の歪みがあり、それがいずれも大国主義の表現であることを明らかにしてきた。そこにあるのは、ウクライナとその民衆の「主体」の否定であり、客体化である。一見、ウクライナの民衆の犠牲に同情してみせながら、主体としての彼らを否定し、その声に耳をふさぎ、大国同士の争いや交渉にのみ関心を向ける。それは彼らが、ロシアやアメリカといった大国の視点に自らを同一化してウクライナを見下ろしているからである。

そうした大国主義を洗練された体系にまで高めているのが、なぜか「冷徹なリアリスト」といった呼び名で左翼や平和運動の中で侵攻後に人気を博した国際政治学者のジョン・ミアシャイマーである。

8　ミアシャイマーの大国主義的世界観

ミアシャイマーは、「ウクライナ危機の主な原因は西側諸国、とりわけ米国にある」と主張する（「文藝春秋」2022年6月号）。NATOの東方拡大やウクライナへの関与がロシアを刺激したというのである。「米国は熊の目を棒でつついたのです。怒った熊はどうしたか。当然、反撃に出ました」。

そもそもミアシャイマーとはどういう人物だろうか。

国際政治学には、国際協調や経済的相互依存がもつ可能性を重視するリベラリズムと、国家間の権力闘争を重視するリアリズム（現実主義）の流れがある。ミアシャイマーは、リアリズムに属する学者である。特に国家が防衛と現状維持に重点を置くと考える防御的リアリズムに対して、国家は機会があれば他国に対する軍事的優位を得たいものだと考える攻撃的リアリズムの流れを代表する。日本でもその代表作『大国政治の悲劇』が翻訳されており、2007年に刊行された版では、「米中は必ず衝突する！」という副題がついていた。

ミアシャイマーの理論体系は以下のようなものだ。

世界にはそれぞれの国家の上に立って仲裁する権威は存在しない。そのため、各国はできるだけ力を増大させることで自国を守るしかない。力とは軍事力、人口、経済力だが、特に軍事力である。他国より大きな力を持っていれば国家の生き残りは保証される。そして、圧倒的な力をもって自国の周辺地域をコントロール下に置くことができれば、最も安全である。こうしてそれぞれの大国の「地域覇権」が成立する。

そして、地域覇権からさらに世界覇権までを握ることができれば、その国の安全は完璧になるが、地球上の陸地が海洋によって互いに隔てられていることなどから、軍事力を自由に展開するには限界があり、世界覇権の確立は不可能である。そのため大国は、自国を取り巻く地域の覇権を確立しつつ、他地域の覇権国が自国の「地域覇権」を脅かさないように警戒し、さらには他の大国の「地域覇権」確立を妨害することで自国の安全を高めようとして無限にせめぎ合う。

「すべての大国の究極の目標は世界権力の分け前を最大化することであり、最終的にこの（国際）システムを支配することにある。実際の例から見れば、これは『最も強力な国家は、自分のいる地域で覇権を確立しようとする』ということであり、同時に別の地域にあるライバル大国の地域覇権を阻止しようとする」（『大国政治の悲劇』）

こうした大国の典型がアメリカである。アメリカは南北アメリカ大陸の支配を確立しつつ、ヨーロッパやアジアの大国がそれぞれの「地域覇権」を確立することを妨害してきたという。

そしてミアシャイマーによれば、冷戦後の世界は、米中ロの3つの大国からなる多極システムとなっている。ドイツや日本などは潜在的な力は持っていても、安全保障をアメリカに頼り、しかも核を持っていないことから「準・主権国家」に過ぎないのだという（ドイツや日本ですら「準・主権国家」と言うのだから、もっと小さい弱い国については推して知るべしだろう)。

さて、ではそのミアシャイマーがなぜ、「ウクライナ危機の主な原因は米国にある」と主張するのだろうか。

そのあたりの説明自体には、特に新味はない。要するにNATOの東方拡大がロシアを刺激したという話である。面白いのは、ミアシャイマーが、東方拡大にアメリカを駆り立てたのが、民主主義を移植しようとする「リベラル覇権主義」のためだったと説明することだ。旧ソ連諸国を民主化し、「ウクライナを西側に引き入れようと推進」(同)したものであって、「ロシアを封じ込めるために設計された戦略ではなかった」(前掲「文藝春秋」)というのである。彼にとって、それはロシアを追い詰めることであり、「ロシアを封じ込める」ことと真逆の行為なのだ。

その結果、追い詰められたロシアが暴発し、ウクライナ戦争が起きたと彼は説明する。それはアメリカにとって不利益をもたらした。本来の主敵である中国に漁夫の利を与えたというのだ。なぜなら、アメリカが軍事的なリソースをアジアとヨーロッパに分散しなければならなくなったし、ロシアを中国の側に追いやったことで中国の力を強めてしまったからだ。

そこから、ミアシャイマーがアメリカが本来取るべきだと考える政策が見えてくる。先に指摘したように、彼は現代の世界を米中ロの3つの大国が並立する三国志のような状況だと見ている。その中で、「ロシアはかつてのソ連のような力はなく、中国に比べれば脅威ではありません」(同)。だとすれば、アメリカの優位を維持するためには、ロシアの「地域覇権」の外に封じ込めの線を引くだけにして介入せず、リソースを中国に集中するべきだったということだ。

要するに、こういうことである。ロシアは彼らの「地域覇権」の外では脅威ではないのだから、ウクライナはロシアの好きにさせてやれ。あまり構うな。アメリカの主敵は中国だ。西太平洋で「地域覇権」を確立しようとする中国の思惑を阻止することに集中しろ。

なるほど非常にシンプルな筋が通っている。説得力がある。だがそれは、アメリカの覇権国としての利益を最大化する立場からはそうだろうという話だ。問題は、なぜ平和を愛し、国家主義や戦争を憎むはずの左翼や進歩派、リベラルの人びとがこれを平和の福音のように歓迎するのかということである。「アメリカは中国との対決に集中しろ」という話でいいのか。

ミアシャイマーの議論において主体として扱われているのは、どこまでも3つの大国だけである。ミアシャイマーの頭にあるのは、彼らがどのように三国志を演じるか、それぞれのプレイヤーにとっての最適解は何かということだけだ。ミアシャイマーがロシアの「地域覇権」尊重論を打ち出すのは、それが覇権国アメリカの利益だと考えるからである。

ミアシャイマーは、「米国が2008年以来、ロシアに隣接するウクライナでやってきたことは、ソ連がキューバでやったことと同じではないでしょうか」（同）とも言っている。この言葉は左翼・リベラルの人びとの間で好意的に引用されていたが、裏を返せば、「キューバはウクライナと同じ」と言っているのに等しい。ミアシャイマーが言っていることを敷衍すれば、アメリカがロシアの「地域覇権」を尊重してウクライナはロシアの好きにさせるように、アメリカの「地域覇権」を毀損するキューバのあり方はアメリカが許さないということでよいことになる。

ミアシャイマーの議論を貫いているのは、むき出しの大国主義である。それはアメリカの覇権の最大化を価値としており、さらにはプーチンの世界観とも共鳴する。「地域覇権」とはつまり、ロシアで言う「勢力圏」のことであり、覇権国以外を「準・主権国家」と規定するその教説は、プーチンがかつてメルケルの面前で語った「主権を持つ国はそう多くない」「ドイツは主権国家ではない」という言葉と重なっている（ただし、プーチンは主権国家を米中ロにインドを加えた4か国と考えている）。

ミアシャイマーの理論は、大国が好きに振る舞う世界を否定する立場からは、対決すべき相手ではあっても共感や賛美の対象ではあり得ないはずなのである。

第3章 「ロシア擁護論」批判②
――それは民族蔑視である

この章では、「ロシア擁護論」の根底にある「民族蔑視」を指摘する。直接の蔑視対象は「ウクライナ人」だが、その蔑視はそのまま、すべての発展途上国に向けられている。中心的に取り上げるのは、近年日本で大人気のフランスの知識人エマニュエル・トッドである。

1 日本で大人気のエマニュエル・トッド

ウクライナ侵攻をめぐって、日本の言論空間で一定の影響を与えているのが、エマニュエル・トッドである。彼は歴史人口学者、家族人類学者だ。「知の巨人」とか「人類最高の頭脳」といった大変な称号が冠されることも多い。以前から人気の論客だが、ウクライナ侵攻後は、さまざまなメディアに登場してはそれについて語っている。

ここでは、ウクライナ戦争を主題とした彼の『第三次世界大戦はもう始まっている』（文春新書、2022年6月）という本を取り上げる。駅の中にある書店で見かけた宣伝文句によれば、「10万部突破！」だそうだ。実際、一時期はどこでも平積みだった。

日本におけるトッド人気は特別らしい。トッド自身が同書の中でこう語っている。

「ロシアのウクライナへの侵攻が始まって以来、自分の見解を公けにするのは、これが初めて」

「自国フランスでは取材をすべて断りました」

「日本は、私にとって一種の〝安全地帯〟なのです」

この本は日本の編集者が彼の語りを翻訳し、編集・出版したものだ。それを踏まえれば、その片言節句を切り取って批判することには慎重であるべきなのは承知している。私がここから展開する批判が、単なる揚げ足取りになっているかどうかは、読者に判断していただければと思う。

さて、私が考えるこの本の問題点はどこにあるか。第1に、ミアシャイマーと同じく大国主義であるということ。第2に、議論が支離滅裂であるということ。第3にウクライナとウクライナ人に対する蔑視に満ちていること――である。特に、第3の民族蔑視が問題だ。

順に検討していこう。

トッドの本もまた、ロシア対アメリカの代理戦争という大国主義的な構図で問題を捉えている点ではミアシャイマーなどと変わらない。実際、ミアシャイマーを引用し、ほとんどその構図をなぞって語っている。要するにNATOの東方拡大がロシアを追い詰めた、この事態に責任があるのはアメリカだということだ。

「今の状況は、『強いロシアが弱いウクライナを攻撃している』と見ることができますが、地政学的により大きく捉えれば、『弱いロシアが強いアメリカを攻撃している』と見ることもできます」という一文に、彼の視角がよく表れている。「地政学的により大きく捉えれば」、ウクライナの存在は、より大きなアメリカの中に溶けて消え去っていくのである。こうした大国主義の視線に対する批判をここで繰り返す必要はないだろう。

2　支離滅裂な論旨

第2の問題点は、議論が支離滅裂であることだ。例えばこんな具合である。

「ヨーロッパで潰滅的な政策を進めているアメリカは、果たしてロシアと戦争をしているのか、あるいはドイツに戦争を仕掛けているのか分からないようなカオスに陥っています」

「ウクライナに対するEUの立場は、非常に曖昧でカオスと化しています。といっても、驚くにはあたりません。そもそもEUがまだ存在しているかどうかすら、怪しいのですから」

「フランスは完全に混乱した国です。国内政策にも対外政策にも目標がなく、できることはただ一つ、ドイツの方針に従うことだけです」

「私は今、怒っています。今回、アメリカは、私の住むヨーロッパで戦争を始めたからです。これによって、私のアメリカに対する敵意は絶対的なものになりました」

むしろこうしたトッドの言説の方が「カオス」である。こういう、鬼面人を驚かすような極端な決めつけが全編にわたって続く。もちろん極論もそれによって本質を浮かび上がらせる批評になっていれば意味がある。だがトッドの決めつけは批評性を帯びていない。むしろ事実認識と思想的判断の線引きを曖昧にすることで、その両方の責任から逃げようとする卑怯な論法にすぎない。「アメリカの戦略家たちの地政学の文献を読むと、果たして彼らは真面目に考えているのか、そうでないのか分からなくなります」とトッドは語っているが、それは彼にこそ当てはまる台詞である。

事実関係を歪めて語っていたり、極端にアンバランスな捉え方を披露する場面も多い。例えばこんな具合である。

「戦争が始まった時、私自身こう思っていました。『ウクライナ人が真のヨーロッパ人かどうかが分かるだろう。ウクライナ人がヨーロッパ人であれば、武器をもって戦わない』と。現在の『ヨーロッパ人』は、ある意味で〝ポスト歴史〟の時代を生きていて、〝戦争は遠い過去のこと〟にしたがっているからです。その意味で、実際に戦ったウクライナ人は、『ロシア人』だったと言えます。この戦争が暴力的な側面を見せているのは、〝旧ソ連圏の内戦〟だからです」

ここで彼が言う「ある意味で〝ポスト歴史〟の時代を生きて」いるヨーロッパ人、侵略者と戦わないで済むヨーロッパ人というのは、西欧主要国の人間を意味しているだけだ。彼の基準では、30年前にソ連支配から解放されたばかりで、歴史の負の遺産と格闘している中東欧諸国は「ヨーロッパ人」ではないらしい。だが、フランス人が戦争しないで済むとすれば、それは、隣にプーチンのロシアが存在していないからにすぎない。ましてや侵攻に抵抗するから「ロシア人」で、だからロシア人同士の「内戦」だというのは、ちょっとついていけない三段跳びの飛躍である。

こんな記述もある。意味が分かるだろうか。

「この地域（西部ウクライナ）こそ、ヨーロッパ、とりわけポーランド人から親近感をもたれていたのです。かつてナチスドイツの側についた西部ウクライナの極右勢力が、実質的にドイツの支配下にあるヨーロッパ、すなわち『「ドイツ帝国」と化したＥＵ』に入りたがったわけです。要するに、『親ＥＵ』と西側メディアで好意的に報じられた勢力の実態は、『ネオナチ』だったのです」

これを読んで納得する人がいたら、その方が不思議である。

ちなみにこの一文の前段で、トッドは「EU加盟」を求めていたのは西部の人びとだけで「ウクライナのわずかな部分しか代表して」いなかったとしているが、ウクライナの歴代政権は90年代のクチマ大統領の時代からEU加盟を目標に掲げており、マイダン革命直後の2014年4月に行われた世論調査では58％の人が加盟を支持している（『ウクルインフォルム』日本語版2023年2月17日記事による）。22年2月の侵攻直前には65％、同年10月には86％が支持している。「わずかな部分」とはよく言ったものである。

事実関係を歪めて、それを踏み台に飛躍する例としては、以下のようなくだりがある。

「2014年2月の騒乱の時、まさにヤヌコビッチ政権が倒される直前に、ドイツの主導で、ドイツのシュタインマイヤー、フランスのファビウス、ポーランドのシコルスキーという三カ国の外相がキエフ（キーウ）にいましたが、これは、ウクライナの極右勢力とヨーロッパが手を組んだかのような振る舞いです。つまり、この時点ですでに、ドイツとドイツに率いられたヨーロッパは、ウクライナの平原で、ロシアを相手に潜在的な紛争状態に入っていたのです」

これなどは、経緯を知らない人には全く意味が分からないし、経緯を知っている人にもやはり意味が分からない記述である。3か国の外相が2014年2月にキーウを訪問したのは事実だ。治安部隊とデモの衝突が激化する中、彼らはヤヌコビッチ政権と野党を仲介することで混乱を収拾しようとしたのである。これにより政権と野党の合意は成立した。しかし広場に集まったデモ隊は必ずしも野党の言うことを聞かなかった。ヤヌコビッチが即時退陣するのではなく「年内に大統領選を実施する」という合意内容に彼らは反発して混乱は収まらず、結局、ヤヌコビッチの逃亡というかたちで決着した。

3か国の外相は確かにキーウにいたが、それを「ドイツに率いられたヨーロッパ」による「ウクライナの極右勢力」と「手を組んだかのような振る舞い」で「ロシアを相手に潜在的な紛争状態に入って」いく行為だったと決めつけるには、それ相応の説明が必要なはずなのである。ところがこの本には、そんなものは皆無である。キーウを「ウクライナの平原」と呼んで活劇風に盛り上げるセンスにも苦笑するしかない。

こうした支離滅裂は、ほかにも挙げていけばきりがない。

「国連総会での対ロシア決議やG20での議論を見ても、世界の大半の国は、むしろロシアの勝利を望んでいるようにも見えます」

国連総会では193か国中141か国がロシア非難決議に賛成している。もちろん、一方で米欧が主導する制裁に対しては、「あなた方の戦争にそこまで付き合いたくない」というのがグローバル・サウスの世論だとは言えるが、彼らが「ロシアの勝利を望んでいる」とまで断言するのは無理だ。

「ベラルーシのルカシェンコ大統領は『ヨーロッパ最後の独裁者』などと言われていますが、ベラルーシの国民は、彼に対してとくに不満は感じていないようです」

2020年、ルカシェンコの大統領選挙不正に抗議する10万人規模のデモが連日続き、激しい弾圧が加えられたことを、トッドも知らないはずはないだろう。こういう表現がどうしてできるのか、その神経が分からない。

矛盾した説明もある。トッドは本書の34頁で、「まずウクライナ人は、『アメリカやイギリスが自分たちを守ってくれる』と思っていたのに、そこまではなかったことに驚いているはずです」と主張している。ウクライナ人は英米が参戦すると思っていたというのだ。長期的にはその裏切りに対して反米感情が高まるだろうとまで語っている。一方、2頁後の36頁では「ロシアも、西側諸国、とくにヨーロッパがこれほど強硬に出るとは予想していなかったはずです」と書いている。

つまり、ウクライナは英米が軍事援助だけでなく参戦までしてくれるだろうと考え、ロシアは参戦どころか軍事援助さえしないだろうと考えていたというわけだ。両国は英米の反応について正反対な予測を立て、それと真逆な結果に共に驚いているというのだ。だが、対立する両国の「願望」が真逆なのは当然だとしても、第三国の動向をめぐる「予測」までが、そこまで極端に真逆なものになるだろうか。そんなことはあり得ないだろう。

実際、ゼレンスキーは侵攻直後から米欧各国に武器援助を声高に求めているが、参戦を求めたり、それに言及したことはないはずだ。英米が参戦してくれるに違いないと考えるほど、ウクライナ人も空想的ではないだろう。一方、ロシアにとっては確かに米欧の強硬姿勢は意外だった可能性もないではない。そのあたりが常識的な見方だと思う。

3　ウクライナ人への強烈な蔑視

こんな支離滅裂な議論が「人類最高の頭脳」の所産なのであれば、人類にも絶望するしかなさそうだ。しかし私がトッドの本の最大の問題と考えるのは、支離滅裂さではなく、そこにあるウクライナとウクライナ人への強烈な蔑視である。

トッドのウクライナへの視点は、次の一文に端的に示されている。

「あくまで冗談ですが、歴史的に〝兄弟関係〟にあるにもかかわらず、ロシア人はウクライナ人を『少し劣ったロシア人だ』と見ているところがあります」

これは決して、ウクライナ人を「少し劣ったロシア人」と見るロシア人への批判として語られているのではない。「あくまで冗談ですが」という一言でも分かることだ。さらに以下に列挙する引用を見れば、それが彼自身の考えでもあることは明白だろう。

「問題は、ウクライナに『国家』が存在しないことです。ウクライナの核家族構造（後述）が生み出したのは、『民主主義国』ではなく、『無政府状態』だったのです」

「ウクライナは、歴史的、社会学的にまとまりを欠いた地域で、何らかの近代化現象がここから生まれたことはありません。……ウクライナにとって『近代化の波』は、いずれもロシアから来たのです……ウクライナは、ロシアという〝中心〟に対して、常に〝周辺〟として『保守的』な態度を示してきたわけです」

「要するに、ウクライナは、『独自の推進力』を持ち合わせていないのです。そうであるがゆえに、みずからの独自性を主張するために、そしてロシアから逃れるために、もう一つ別の勢力の支配下に入る必要が出てきます。そこで、アメリカやヨーロッパに近づいたのです」

「ウクライナは、独立から30年以上経過しても、十分に機能する国家を建設できないでいます」

「ロシアの侵攻が始まる前から、まさに『破綻国家』と呼べる状態だったのです」

「（ソ連崩壊後）ゼロから国家を構築する必要がありましたが、このプロジェクトは完全に失敗したのです。ウクライナはいまや『破綻国家』となっています」

「現在は、ウクライナが崩壊しつつあります」

「おそらくプーチンとしては、『母なるロシア』に回帰させることで、『破綻国家』である『小ロシア（ウクライナ）』の秩序を立て直そうとしたのでしょうが、全くそうはなりませんでした。ロシアが強硬に出るほど、国内に残ったウクライナの人びとは、むしろ『反ロシア』

に自らのアイデンティティを見出し、ナショナリストでニヒリスト（自暴自棄）の武闘派になっていったのです」

「国内に残ったウクライナの人びと」という言葉については説明が必要だろう。独立以来、ウクライナの人口は経済的困難から10数％減少した。移民や出稼ぎで出て行く人も多い。トッドは、その事実をもって、ウクライナで暮らす４０００万の人びとを「国内に残った人びと」という過剰な表現で呼んでいるのだ。そこに悪意、あるいは蔑視の表現を見るのが自然だろう。

引用を続ける。

「『反ロシア』の感情が、むしろ崩壊しつつあるウクライナ社会を方向づける一つの存在様式となってしまいました」

「この戦争が、ウクライナの人びとに『国として生きる意味』を見出させたと言えるかもしれません。実に悲しいことです」

「ロシアとしては、少なくともシリアで生じたようなカオス状態を事前に避けるためにこそ、ウクライナへの侵攻を実行したという背景もあるのに、西側メディアからの糾弾が、むしろロシアに潜在する暴力性をいっそう呼び覚ましてしまうのではないか」

ぞっとするような蔑視であり、悪意である。最後の一文には慇懃に表現されたサディズムさえ感じる。ロシアが侵攻しなければウクライナはシリアのようなカオスになっただろうという主張も荒唐無稽である。現実から大きく乖離した歪んだ認識だ。

トッドは、ウクライナをめぐる歪んだ認識を随所で客観的な説明であるかのように提示している。

「一般的に『無政府状態の国家』では、軍隊が国の主導権を握っています。ですから、ウクライナのゼレンスキー大統領が、現時点でどの程度の権力を握っているのかは分かりません。ウクライナ軍を完全に掌握しているのかどうかも不確かです」

「そもそも、この国は軍が仕切っているのか、大統領が率いているのか、分からないところがあります」

全くいい加減である。私はこの2年間、ウクライナの現代史や政治についての書籍や研究論文を読んできたが、軍が政治勢力として政治に関与したという話はついぞ出てこなかった。実際、オレンジ革命でもマイダン革命でも、ウクライナ軍はクーデターやそれに類する動きを示していない。

トッドはまた、ロシアが戦争でウクライナ東部を手に入れることができれば、次はキーウなどの中部と西部が二つに分裂するだろうと言う。なぜなら、中部と西部の住民は「全く別の〝種族〟だからです。そして、彼らは平和に一緒に暮らすことができなくなり、ウクライナが完全に崩壊するからです」。

「これはあくまで政治フィクションやSFの世界の話ではあるのですが、ウクライナが完全な崩壊を迎えた時に、ポーランドが『ウクライナ西部の併合』を求めたとしても、私は驚きません」

「ポーランドによるガリツィア（ウクライナ西部）併合の可能性も考えられ、まさに『ウクライナ分割』が現実味を帯びてきます」

いずれも荒唐無稽であるだけでなく、ウクライナとウクライナ人への悪意と蔑視が張りついている。こうした論調が、この本の主題の一つにまでなっている。

ウクライナに縁があるわけでもないフランス人のトッドが、どうしてここまでウクライナ人を見下すのか。一つには言うまでもなくロシア・プロパガンダの影響だろう。例えば最後に挙げた「ポーランドによるガリツィア併合の可能性」は、実はロシア政府がフェイクニュースまでつくって流しているネタだ。ロシア政府自身もそんな与太話は信じてはいないだろう。認知を混乱させればそれでいいのだ。そしてトッドは、それを口真似しているのである。

ロシアの国営メディアが近年、ウクライナへの蔑視を扇動してきたことは、例えばロシアの作家ミハイル・シーシキンなども指摘している。彼によれば、「ウクライナ人やウクライナ語を若干見下すような傾向は、確かに昔からあった。ロシアから見たウクライナは『弟分』で」あったが、プーチン政権下では「昔から小話に登場するような、ウクライナ人を小馬鹿にしたイメージ」「狡くて欲張りで少し頭が足りないウクライナ人、脂身の塩漬け（サーロ：ウクライナの伝統料理）のためならヨーロッパにだって悪魔にだって魂を売ってしまうウクライナ人というイメージ」が、メディアで強調されるようになったという（『すばる』２０１４年６月号）。

ユダヤ文化、ウクライナ地域研究の赤尾光春は２０２４年２月に開かれたシンポジウム「ウクライナ文化の挑戦」での「ロシア・ウクライナ戦争と笑い」という発表で、マイダン以降、ロシアにおいてウクライナに対する攻撃的な笑い（＝嗤い）が広がっていることを指摘していた。赤尾によれば、それは、①キーウの「裏切り」に対するいら立ち、②（経済不振やドンバス戦争などの）惨状はウクライナ人の自業自得、③ウクライナ文化の自律性の否定、④帝国主義的な上から目線――とまとめ、「植民地支配における文化表象のメカニズム」との類似を見ている。「後進性、怠惰、幼稚、狡猾、信頼性の欠如」として「被支配者の劣等性」を描き出しているというのである。

トッドは、こうしたモスクワからの植民地主義的な視線を内面化したのだ。

ところでトッドに言わせればウクライナはカオスの筆頭だが、フランスもＥＵもカオス、アメリカもカオスらしい。ドイツは「ナチス」でポーランドは「無謀」。彼が唯一、カオスと表現しない国が、ロシアである。「ロシアは復活しつつあります」とトッドは言う。

「ヨーロッパは弱体化しており、偽善に満ちている……それとは対照的に、ロシアの力の回復は、後戻りすることのない長期的な現象です」

4　問われているのは日本の読者

こうしたロシア評価を支えているのが、彼の「家族人類学」的知見である。彼によれば、世界の諸民族はロシアや中国を筆頭とする「共同体主義的父権的社会」と西欧のような「核家族社会」に分かれるのだという。そして、「共同体主義的父権的社会」であるロシアは国家形成に成功し、「核家族社会」であるウクライナは「無政府状態」になってしまったというのである。それなら西欧はなぜ「無政府状態」にならないのか謎だが、それについての説明は特にない。

いずれにしろ、こうした本質主義的とも言えるやり方で世界を区分し、それに価値付与をするのは、封建制の有無で世界を分ける梅棹忠夫の「生態史観」などと同じである。ただそのネガとポジが反転しているだけだ。だが、封建制を通らなかった韓国や台湾が、日本人が100年かかってつくれなかった民主共和国を実現したことを思えば、諸地域の歴史やその社会のポテンシャルを、こうした粗雑な決定論で見るべきではないだろう。

トッドは、独自の本質主義的な世界認識に加え、ロシア・プロパガンダの内面化を通して、無関係なフランス人でありながらウクライナへの強烈な蔑視を発揮しているのである。

しかし私が問題にしたいのは、トッド自身の思想ではない。それ以上に、こうした民族蔑視に満ちた本を10万部のベストセラーに押し上げ、その著者を「知の巨人」と持ち上げる日本の言論空間の方である。この本に支離滅裂で民族蔑視に満ちた言説が溢れかえっていることに気づきもしない人びとである。多くの知識人が、この本を肯定的に引用してきた。私は、この本の中に民族蔑視があると指摘する声すら聞いたことがない。

日本の読者がウクライナへの蔑視を問題とも思わずに受け容れているとき、読者の中で何が起きているのだろうか。単に「ロシア・プロパガンダに乗せられている」のだろうか。私はそういうことではないと思う。トッドなり、日本の読者なりがロシア製のフレームを借りてウクライナに蔑視を向けるとき、実は彼らは、即興ロシア人としてではなく、先進国(旧帝国主義国)の市民として、途上国ウクライナへの蔑視を楽しんでいるのである。例えば先に引用したトッドの「ウクライナ人が真のヨーロッパ人なら」といった嫌味なロジックに、それはにじんでいる。

5 「破綻国家」言説の底にあるもの

最も分かりやすいのは、「ウクライナは破綻国家だ」という議論である。先に見たように、トッドは「ロシアの侵攻が始まる前から、まさに『破綻国家』と呼べる状態」「無政府状態」「この国は軍が仕切っているのか、大統領が率いているのか、分からない」と語っている。

ウクライナ＝破綻国家論は、トッドだけでなく、多くの日本の論者も繰り返し唱えてきたものだ。ウクライナに関心がある人なら、一度は聞いたことがあるだろう。例えば私の手元にある本で言えば、元共産党参院議員の聽濤弘は2016年に刊行した本の中で、すでにウクライナを「破綻国家」と呼んでいる(『マルクスならいまの世界をどう論じるか』)。

ではウクライナは本当に「破綻国家」なのだろうか。

そもそも、「破綻国家」とは何か。実は適当に使っていい言葉ではなく、定義がある。

例えば、時事用語事典「イミダス」の「破綻国家」の項では、国際政治学者の中西寛が次のように定義している。

「政府が統治能力を喪失し、国家としての一体性を保つことが困難になった国家を指す。そこではしばしば、内戦や虐殺、飢餓、疫病などが深刻化し、大量の難民の発生、流出なども見られる」

猪口孝編『国際政治事典』の「破綻国家」の項はこう説明する。

「特に1990年代に生じたアフリカの紛争のもとで、ソマリアに代表的に示されるように、国家がその機能の多くを喪失する現象が観察されるようになった」

「第1に主権に基づく権威（正統性）、第2に意思決定を行うための目に見える組織、第3に統合の象徴となるべきもの、が失われている状況」

小笠原高雪ほか編『国際関係・安全保障用語事典』（ミネルヴァ書房、2017年）ではこうだ。

「ある国家が、国民に対して責任を有さず、国民に治安維持や安全保障などの公共財及び適切な行政サービスをできない状況」

「統治能力が低く、政治の決定形成過程がみえにくい状況にある。政府が無策で、政情不安や汚職などにより、行政や議会及び司法が機能しない。警察や軍などの治安部門が機能せず、犯罪行為に走ることもある」

「代表的な破綻国家の例としては、ソマリア、チャド、ハイチ、アフガニスタン、コンゴ(民)、内戦時のリベリアやシエラ・レオーネなどである」

では、ウクライナは、果たしてソマリアやアフガニスタンのような「破綻国家」の一つなのだろうか。日本、ウクライナ、ウクライナと同様の途上国、そしてロシアを、国際的な指標の中で比較してみよう(指標は、すべて開戦時の2022年までの数字を採用した)。

ただ、この際なので「破綻国家」か否かを示す社会的指標の前に少し寄り道して政治的な指標も見てみよう。ロシア擁護言説では、ウクライナでは民衆が極右全体主義の下で言論を封じられていることになっているが、それはどの程度、信憑性がある話なのか。

それを測る指標として、まずは「国境なき記者団」が毎年発表している「報道の自由度」を見てみよう。報道の自由は、政治的自由の度合いの反映だからだ。

さて、2022年のウクライナの「報道の自由度」は世界180か国の中で106位だった。台湾の38位、韓国の43位、日本の71位と比べれば、高いとは言えない。だがこの数字は、ギリシャやブラジル（110位）と同程度であり、メディアが著しい抑圧下にあるとまでは言えないだろう。

これに対してロシアは155位。これはタリバン支配下のアフガニスタン（156位）と同程度で、この数年、苛烈なメディア弾圧が起きている香港（148位）より下位だ。ロシアのメディアが、プロパガンダから自由であり得ないことを示している。

「民主主義指数ランキング」というのもある。英エコノミスト誌が毎年発表しているものだ。報道の自由より抽象的だが、それでも一つの目安にはなるかもしれない。

そこではウクライナは167か国中の87位。タイの55位より低いが、メキシコ（89位）とほぼ同列である。メキシコは1920年以降、日本の自民党支配同様の制度的革命党の一党優位が続いてきたが、2000年以降は政権交代が機能している国だ。台湾（10位）、日本（16位）、韓国（24位）と比べれば低いが、専制国家と呼ぶべき水準ではないことが分かる。

実際、1991年の独立以来、ウクライナの大統領は、混乱はあっても結果的にはすべて相対的には公正な選挙で選ばれ、30年間で実質的に6人の大統領が就任してきた。これは、同時期に民主化が進んだ韓国の8人（韓国は再選禁止だが）、台湾の4人などと近いし、アメリカ（6人）やフランス（5人）と同程度だ（大統領制ではない日本は、この場合、比較対象にはならない）。

一方、ロシアは民主主義指数ランキングで146位。中国（156位）よりは上だが、中国と同じ共産党支配国であるベトナムの138位より下、強権的なエルドアン政権下のトルコ（103位）よりかなり下にある。そしてロシアの場合、1991年以降、大統領は3人しかいない。エリツィン、プーチン、メドヴェージェフである。だがメドヴェージェフがプーチンの代理人にすぎなかったことを考えれば、実質2人と言えるだろう。これは中国の3人（江沢民、胡錦涛、習近平）よりも少ない。

つまり世界的に見ると、ウクライナは政治的には中進国レベルで、メキシコやギリシャと同様、ある程度は民主的な政治を行っていると言える。つまり、強大な政府による言論封殺といったことを大規模に継続的に行うことが不可能な国ということだ。一方のロシアは、一党独裁体制にほとんど近接する権威主義国家だと言えるだろう。特に言論弾圧は相当なレベルに至っている。

経済的な位置はどうだろうか。

「1人当たりGDP（購買力平価）」（世界銀行、数字は2021年）で見ると、韓国が34位（4万7069ドル）、日本が41位（4万2834ドル）に対して、ウクライナは108位（1万4289ドル）。これは南アフリカ（104位）やインドネシア（112位）、ベトナム（119位）と同程度である。ロシアは54位（3万3878ドル）。ポルトガルやギリシャと同じくらいだ。

つまり、ウクライナは中進国レベルに手が届きそうな途上国で、ロシアは中進国ということになる。

汚職、治安、医療水準についても見てみよう。ウクライナが本当に破綻国家であれば、これらの数字に何らかの形で反映するだろう。

まずは汚職である。ウクライナの汚職の深刻さは繰り返し指摘されてきた。そしてそれは間違いなく事実である。国際NGO「トランスペアレンシー・インターナショナル」が毎年発表する「腐敗認識指数」を見ると、２０２２年の時点で日本18位、台湾25位、韓国32位に対して、ウクライナは１２２位と、ウクライナは確かに世界的に下位グループに属する。エジプトやメキシコと同程度であり、政治的・経済的中進国であるギリシャ（58位）やタイ（１１０位）にも引き離されている。

一方、ロシアのランキングはウクライナよりもっと下の１３６位で、ミャンマーと同程度だ。腐敗の深刻さをもってウクライナを破綻国家と呼ぶのであれば、ロシアもまた破綻国家だということになる。

医療水準はどうだろうか。破綻国家であれば、医療も崩壊し、救えるはずの命も救えないことが多いに違いない。平均寿命で見てみよう。ウクライナの平均寿命は73・０歳で、世界ランキングでは１００位。これは、日本の84・３（１位）と比べれば非常に低いが、ロシアの73・２歳（96位）とほぼ同程度だ。だが南アフリカの65・３（１４６位）や、間違いなく破綻国家であるソマリアの56・５（１８１位）とは比較にならない。世界平均の73・３より少し低い程度だ。

治安はどうだろうか。破綻国家なら治安は悪化しているだろう。10万人当たりの殺人件数（犠牲者数）をその指標にしてみよう（２０２１年、国威連薬物犯罪事務所）。すると、ウクライナは３・84。日本の０・21や韓国の０・52に比べればかなり多いことが分かる。実際、ヨーロッパの中では最悪から２番目だ。では最悪はどこかと言うと、それはロシアで、６・80である。だがウクライナやロシアの殺人事件発生率も、世界的に見れば、決して著しく高いわけではない。コロンビアの25・67、南アフリカの33・96、ブラジルの21・26に比べればかなり少ない。ちなみに銃大国アメリカは６・81だ。

まとめると、ウクライナという国は、政治的には一定程度の民主主義政治が実現しており、経済的には途上国である。腐敗は深刻だが、医療水準や治安も南アフリカなどよりは遥かに良好だということになる。軍隊が政治に口を出すこともない。

こういう国を「破綻国家」と呼ぶことが、どうしてできるのだろうか。

実は、アメリカのシンクタンク「Found For Peace」が毎年発表している「脆弱国家ランキング」という、そのものズバリのものがある。脆弱国家は破綻国家と同義語である。このランキングでは、治安や経済開発、法の支配、公共サービスなどを基準に、破綻の度合いが高い順に並ぶ。順位が低いほど、破綻しておらず、安定しているということになる。

2022年の1位から4位はイエメン、ソマリア、シリア、南スーダン。10位にミャンマーが入る。当然ながら、深刻な内戦を抱えた国々が上位に来ている。さらにパキスタンが30位、北朝鮮が32位だ。

ではウクライナはどれくらいかと言うと、92位である。これは日本の161位や韓国の159位よりは下だが、メキシコの84位よりは上だ。そしてロシアは、さらに低い75位である。つまり、このランキングで見る限り、ロシアの方が「破綻度」が高いのである。

ちなみにウクライナが最も困難の中にあった2014年の状況を、それを反映する15年のランキングで見てみると、ウクライナが84位とメキシコの99位よりも下に来ている。それでもロシアの65位よりは上位にある。約180か国の中では中の下といったところであり、ロシアもウクライナも、共に破綻国家とは言えない。

こうして見て来れば、トッドや多くのロシア擁護論者が言うようなウクライナ＝破綻国家という説明は、政治的な意図を持ったプロパガンダの言葉にすぎないことが分かる。

しかし、問題はその先にある。

脆弱国家ランキングは、176の国と地域をランキングしている。そのうち、92位に位置するウクライナを「破綻国家」と呼ぶとすれば、世界の半分の国が「破綻国家」になってしまう。タイ、メキシコ、モロッコ、インド、ネパールといった国々を「破綻国家」と呼ぶことになるのだ。

だが、これらは世界の、ごく普通の国々ではないのか。世界190数か国の中で、日本や韓国、イギリスやドイツのように、インフラも完備され、安定的な秩序が完成している豊かな国の方が少数派のはずだ。世界の多くの国は、さまざまな困難を抱えて苦闘しているのである。

「破綻国家」ではないウクライナを「破綻国家」と呼ぶ言葉の向こうに透けて見えるのは、「西側先進国」市民の傲慢さである。

私は、プーチン政権のウクライナ蔑視キャンペーンの本質は精神分析で言う「投影」かもしれないと思うことがある。彼らのプロパガンダがウクライナの破綻振りとして強調する汚職の蔓延も、政治の乱暴さも、ソ連崩壊に伴う経済的困難も、ロシアはウクライナと共有している（ロシア経済はエネルギーのおかげで復活したが）。だからこそプーチン政権は、西欧からロシアに向けられる蔑視の視線を、「より破綻している（と彼らが考えたい）ウクライナ」に投影し、抑圧の委譲ならぬ蔑視の委譲、蔑視の転嫁を行っているのかもしれない。そしてそれを、国外に向けては「西側先進国」市民の優越感をくすぐるキャンペーンとして展開している。

6 「反米」「平和主義」が劣情の免罪符に

トッドのような人びとは、困難な中にある国の人びとへの蔑視という劣情を煽ることで、侵略されたウクライナの人びとへの共感に代えて蔑視を広げようとしている。

そして、西欧や日本の進歩的知識人たちは、こうした言説を受け容れ、「反米」や「平和主義」を免罪符として、誰にもとがめられずに嘲笑できる対象をウクライナに見出している。ウクライナ蔑視の言説が嫌韓論者や歴史修正主義者とそっくりになるのは、同じ民族差別の視線がそこにあるからだ。

大事なのは、そうした蔑視がロシアの宣伝に由来するということではない。問題の本質は、そもそもそれを受け容れる側に、ウクライナに限らず、困難を抱えた途上国に対する蔑視があることだ。そうした蔑視を、進歩派を含む知識人たちが拒否するどころか享受していることだ。問題はロシアではなく、私たちの側にあるのである。

こうして私たちは、ロシアの侵略を擁護する言説の根底に、大国主義と、途上国への蔑視があることを確認した。

次章では、日本の問題に焦点を絞ってみよう。日本の左翼やリベラルがつくる言説の中に現れるロシア擁護言説の意味を、日本の歴史的文脈の中で考えるのである。

第4章「ロシア擁護論」批判③
――それは「平和主義」の傲慢である

この章では、「ロシア擁護論」が日本の思想的文脈の中で意味しているものを浮かび上がらせたいと思う。そのために、ウクライナ侵攻後にある程度の話題を呼んだ文章をいくつか取り上げて批判するが、その目的は前章までと同様、それ自体にあるのではない。それらの文章をサンプルとして、そこに典型的に現れている「日本の」問題性を取り出して明らかにすることである。

1 「ゼレンスキー」が攻撃対象となる理由

最初に取り上げるのは、毎日新聞の伊藤智永記者が書いた「ゼレンスキーは英雄か」というコラム（同紙、2022年6月4日付）とそれに続く2つのコラムである。このコラムは賛否両論の大きな反響を巻き起こした。異例にも、同じ毎日新聞記者の真野森作が同月29日にこれを批判するコラムを書いたほどだ。この反論に対して伊藤記者は、7月8日に「ゼレンスキーは英雄か」という同じタイトルで再びコラムを書き、12月17日は「ウクライナ即時停戦案」のタイトルで、やはりウクライナ戦争について書いている。

伊藤の3つの文章には、いろんなテーマが盛り込まれているのだが、整理すると、①ゼレンスキーをはじめ、戦争を回避できなかったウクライナの歴代政権にも責任がある、②特に徹底抗戦を叫ぶゼレンスキーの責任は大きい、③ウクライナ戦争は米ロ代理戦争になっている——という3点になる。

まず①である。

「ウクライナが今日の侵略を招くまでには、20世紀末から10年ごとに繰り返された政変・革命による分断と非人道的暴力を放置してきた長い荒廃の道のりがあった。その責任も、政治指導者たちの過誤に帰する」

「侵攻される1年前から、ゼレンスキー氏が『クリミア奪還』『ロシアの武力侵攻に対抗』『ミンスク合意Ⅱ（ウクライナ東部紛争の和平合意）完全破棄』と繰り返し表明してきた強硬姿勢は、今やよく知られている」

「（ゼレンスキーは）政治を見せ物に仕立てたわけだ。……ポピュリズムの典型である……政治・外交の行き詰まりを打開する戦略も展望も持たない芸人がドラマの勢いで大統領となり、

『和平・中立』の選挙公約は就任後すぐに反露に変わった。これを無責任という」

次に②である。

「侵略が起きてしまった今となっては、徹底抗戦を指揮する戦時指導者としては理想的なのかもしれない。しかし……『もっと武器を。弾、弾、弾が足りない』とあおる演説には、共感より違和感を禁じ得ない。インターネット上ではウクライナ軍の戦争犯罪も確認されている」

「開戦3カ月で民間人死者4000人超、国外避難民600万人、暴行され強制移住させられた人多数……。非難されるべきはロシアであるにせよ、現時点でこれだけの被害を出した（ゼレンスキーの）政治責任は重大である」

「大統領にはやるべきことがある。屈辱と不正義を引き受けてでも、国民の命を救う本当の指導者の勇気と判断と行動だ」

そして③。

「米国の異常な兵器の供給ぶりを見ると、ウクライナが米露代理戦争に命と国土を提供している実態は誰の目にも明らかではないか」

「米国流の自由と民主主義の価値観を絶対視するバイデン氏（現大統領）らが、数年越しで（ウクライナに）テコ入れしてきた背景も明らかになっている。米欧側がその意図を否定しても、ロシアのプーチン大統領は挑発されていると感じていただろう。さらにバイデン政権の異常な軍事支援を見れば、これがウクライナに戦場と死者を押しつけた米国の『代理戦争』である実態は、否定する方が難しい」

侵略軍による戦争犯罪について被害国の指導者に責任を問うのは歪みである。「ウクライナ」を「中国」に、「ロシア」を「日本」に置き換えてみればよい。

要約すると、ウクライナは20世紀末から（?）、指導者が政変を煽る過誤によって荒廃し、東部の紛争が起きてからはロシア語話者に非人道的な暴力を加え、ゼレンスキー政権はアメリカにけしかけられて反ロに転じてロシアを挑発し、その結果、侵攻を招いた（クリミア併合はなかったかのようだ）。そしてアメリカは異常な武器援助で戦争を長期化させようとしている。ウクライナ軍も戦争犯罪を行っているらしい。これだけの犠牲者が出ているのはゼレンスキーの失政の結果だ。徹底抗戦ではなく「屈辱と不正義を引き受けて」も即時停戦を行うことが正しい選択だ——ということになる。

これはほとんど、モスクワに固定したカメラから見た光景である。間違いをいくつも指摘できるが、そもそもモスクワの天動説的な主観と物語に無自覚に同化してしまっているのだ。

私がこの文章で特に気になった点を取り上げて考えてみよう。

まずは、なぜ「ゼレンスキーは英雄か」というテーマ設定なのか。伊藤に限らないが、「ウクライナにも非がある」とか「ウクライナこそが悪い」といったことを言う人びとは、口をそろえてゼレンスキーに非難を集中させる。むしろそういう人たちの方がゼレンスキーを「アンチヒーロー」として際立たせようとしているかのようだ。彼らにはすべての問題が、少なくともウクライナ側の問題が、「ゼレンスキー」という一個人に発しているように見えるらしい。

だがゼレンスキーは、プーチンやトルコのエルドアンのような、権威主義体制の上に君臨する強烈な個性をもった独裁者ではない。単に普通の選挙で当選して大統領になっただけの人である。仮に伊藤の言うようなウクライナ側で長年つくってきた問題があるとしても、それをつい3年前に大統領に選ばれただけのゼレンスキーの個性や権力と特別に結び付けることができるとは思えない。なぜ「ゼレンスキーは英雄か」なのか。

そこにはウクライナ民衆が抵抗を主体的に担っているという事実を否定したい心理が働いているのではないか。つまり、侵略への抵抗という現実を否定したいときに、専らゼレンスキーただ一人をその主体として名指し、彼を様々な理由をつけて否定してしまえば、ウクライナの民衆自身が抵抗の担い手であるという、見たくない現実を見ないで済む。そうして、ウクライナの人びとを客体視し、彼らを政治的判断の担い手ではなく、政治の一方的な犠牲者として描き出せば、安心して同情できるというわけだ。ウクライナはアメリカの操り人形であり、ウクライナ民衆はゼレンスキーの操り人形ということだ。これはいわば、ウクライナ人の主体性に対する、象徴的な「斬首作戦」である。

2 困難と闘う歩みが「荒廃」に見える視線

それに関連してもう一つ気になったのが以下のくだりである。

「ウクライナが今日の侵略を招くまでには、20世紀末から10年ごとに繰り返された政変・革命による分断と非人道的暴力を放置してきた長い荒廃の道のりがあった」

伊藤の目には、21世紀に入って以降のウクライナの歴史は分断と荒廃が進行する過程と映っている。だが果たしてそうだろうか。ウクライナの歩みについては後でまとめて考えるが、私の目には、21世紀に入ってからの激動も単なる無意味な混乱ではなく、ソヴィエト体制の負の遺産を脱却し、国民国家の完成と民主化に向けた模索と、それに伴う身をよじるような痛みに見える。

ある国の困難や政治的激動が、無前提に「荒廃」に見えてしまうという視線が、私にはひっかかる。例えば数十年間続いた軍事独裁政権時代の韓国について、当時、「格差と腐敗が広がり、民主化デモと弾圧が際限なく繰り返される荒廃した国」と描くこともできただろうし、実際、当時そういう言説もあった。韓国の民主化デモを「どこまで続くぬかるみぞ」と嘲笑した日本の保守派文化人もいたのだ。だがそれが間違いだったことを今の私たちは知っている。苦難の歩みを超えて、韓国は民主化を達成したのである。

同じように、この20年間のウクライナの激動を、「荒廃」の一途と見るとき、そのように見てしまう視線の側に問題はないのだろうか。私は、「ウクライナが今日の侵略を招くまで」というゾッとするような冷たい表現も含め、伊藤の視線に困難を抱えた途上国への蔑視を感じ取る。

3　無自覚な「日本擁護論」

もう1つ、違和感を覚えたのは、伊藤が繰り返しウクライナと日本を重ねてみせることである。まずは、同タイトルの2つ目の「ゼレンスキーは英雄か」に登場するたとえ話である。伊藤は、この戦争が「日本に教えること」は何かと問いかけ、「日本は自ら戦争を始めないのだから、参考になるのは不本意ながら戦争になった側の指導者」だとして、その際に指導者の取るべき姿勢について語る。歴史上の人物として彼が挙げるのは「日米開戦を回避したかった近衛文麿、『生きるのは恥』と呼号した東条英機、終戦を断行した鈴木貫太郎」の三者である。そして、ゼレンスキーは「鈴木」になれるかと再び問いかける。「家も命も失いつつある今、（ウクライナ国民は）3年前の自分たちの選択は正しかったと誇らしく思っているだろうか」とまで言っており（何という傲慢さだろう！）、ゼレンスキーとウクライナの人びとへの非難に終始している感がある。

ただし伊藤は、「これは日本の今の問題でもある」と書いている。ここに伊藤のコラムに一貫して漂う奇妙な感情の正体の一端が見える。彼がゼレンスキーとウクライナの人びとへの反感を募らせる理由の一つは、彼がそれを（今以上の）軍事大国へと向かう今の日本への危機感と重ねているからだ。その危機感そのものはもっともであり、私も共有するものである。だが、それをウクライナに重ねるとき、彼は大きな間違いを犯している。

伊藤はゼレンスキー評価の物差しとして、近衛文麿、東条英機、鈴木貫太郎を並べている。この三人が向き合ったテーマは、アメリカに対して自ら戦端を開くか否か、戦端を開いたがうまく行かなかった結果としてアメリカに降伏するか否かである。

だが、これに対してゼレンスキーが向き合っているのは、国土への侵略を受けている国として抵抗するか否かという選択だ。日本の対米開戦とウクライナの侵略への抗戦を「不本意ながら戦争になった」と同一視できるだろうか。

そもそも日本がアメリカとの戦争に向かった前提には、中国への侵略があった。侵略の失敗が抜き差しならないものになり、アメリカから中国からの撤退を求められた日本が、帝国としての日本の存亡をかけて米領ハワイ真珠湾への攻撃を自ら選択したのである。これは国土防衛戦争ではない。実際、日本は帝国としての戦争に敗れたが、失ったのは帝国としての地位（つまり植民地）だけであった。この戦争を「不本意ながら戦争になった」と総括するのは、「日本擁護論」であって、歴史的評価としてまともとは言えない。

一方、ウクライナは日本の真珠湾攻撃のようにロシアの領土を先制攻撃したわけではない。中国のように一方的に侵略されたのである。彼らが迫られた選択は、抗戦するか、降伏して領土と主権を奪われるかである。帝国として植民地を失うかどうかではない。日本に例えれば、植民地朝鮮を失うか否かではなく、四国や九州を失うか否かということに相当する。

日本による先制攻撃に始まった対米戦争と、ロシアの突如の全面侵攻に始まるウクライナの抗戦を「不本意ながら戦争になった」と同列にまとめる伊藤は、日本がかつて行った戦争が侵略戦争だったという当たり前のことを理解していない。つまり、彼が理解していないのはウクライナではなく日本なのである。

ついでに言えば、「（現代の）日本は自ら戦争を始めないのだから」という前置きも、世界第５位の軍事大国として、さらに最強国家アメリカと結んで、中国との軍事的対峙を進める今の日本に対して、あまりにも甘い。私は伊藤の甘さに、それこそ危機感を深くする。

４　領土の代わりに金を受け取れ

もう一つ私が驚愕したのが、伊藤の３つ目のコラム「ウクライナ即時停戦案」に出てくる文章だ。彼は「ある大使経験者」が戯れに語る「即時停戦案」を肯定的に引用する。それは「歴史的にロシア領のクリミアはロシアに譲る。交換でウクライナに北方四島を渡す。日本は戦後復興資金を出し、四島を受け取る」「荒唐無稽と笑わば笑え。米国は仰天するよ」。

伊藤は、この冗談の中に一抹の真理、何か肯定的な、進歩的な要素があると考えているのだろう。だが私にはとうてい理解しがたい。

ウクライナが今、奪われ、それを回復しようとしている領土は、日本国民が暮らしていない北方四島や無人島の竹島／独島、尖閣諸島のような地域ではない。そこにはウクライナ国籍をもち、ウクライナ人としてのアイデンティティをもつ人びとが暮らしているのである。日本にとっての四国や九州のような地域である（ロシア・プロパガンダによって東部や南部の人びとがロシアへの帰属を望んでいるように信じている人も多いが、２０１４年2月の時点でさえ、クリミアとドンバスを除く南部・東部諸州でロシアとの「単一国家」を望む人は10～20％前半程度であった。その後の8年でウクライナ人としてのアイデンティティはさらに強まっている）。

ウクライナの左翼活動家タラス・ビロウスはこう書いている。

「ウクライナ人にとって、占領された領域の放棄は、彼らの仲間の市民や親類を裏切ること、そして占領者がしでかしている日常的な拉致や拷問を我慢する、ということを意味する」（「私はウクライナ人社会主義者として抵抗する」、サイト「週刊かけはし」）。

伊藤はゼレンスキーが「屈辱と不正義を引き受けてでも、国民の命を救う」べきだと言うが、ウクライナの人びとにとって、四国や九州に等しい地域をあきらめることは「屈辱と不正義を引き受け」るなどというふわふわした話ではないのである。

もし日本で同じことが起きたとして、「四国は諦めなさい。その代わりにアリューシャン諸島をあげるから、それをお金に換えて復興資金にしたらいいよ」と言われて、私たちは喜ぶだろうか。

ここにあるのは、「荒唐無稽」ではなく「傲岸不遜」である。侵略することはあっても侵略されることはない豊かな地域大国に住む日本人が、侵略される小国の人びとが対峙している切実な状況を想像もせず理解しようともしないままで浮かべている蔑視の表情である。伊藤の文章の全編に漂うのも、トッドと同じく、困難を抱えた途上国への蔑視なのである。

伊藤は自らを平和主義者だと思っているのだろう。だがそれは、侵略国日本と侵略被害国ウクライナを重ねてしまう勘違いの上に立ち、侵略戦争と抵抗の区別がつかず、侵略される側の痛みを理解しようともしない「傲慢な平和主義」である。

5 「侵略」への反省不在の「平和主義」

伊藤記者の記事ほどではないが、市民運動界隈の一部で議論を呼んだのが、「ベトナムに平和を！市民連合」（ベ平連）の流れをくむ「市民の意見30の会」の会報に掲載された海老坂武の文章「ウクライナの戦争に思うこと」である（191号、2022年6月3日）。あまり知られていない媒体に掲載されたこの文章が話題を呼んだのは、海老坂がサルトルやフランツ・ファノンの翻訳などをはじめとするフランスの文学・思想の紹介者であり、ベ平連などの市民運動にも参加してきた戦後進歩派知識人の一人だからである。

海老坂がこの文章で繰り返すのは、（またもや！）ゼレンスキーへの怒りである。「何万、何十万の兵士や市民を殺そうが、殺させようが、『愛国心』を動員して闘わせた戦争指導者だけは生き延びていく」と糾弾する。その怒りの根底には自らの戦争体験があると海老坂は言う。

「私は大東亜戦争が勃発した年に国民学校に入り、『愛国心』を徹底的に叩き込まれ……戦後発見したことは、この『愛国心』という言葉の愚劣さ、瞞着である」

「誰かのために戦うことがあっても、『お国』のためにだけは絶対に戦うまい、そう心に思いながら生きてきた」

私は、この一文に込められた思い自体は否定しない。ここには、アジア太平洋戦争の経験から戦後の日本人が得た平和主義の大事な教訓が示されている。

だが同時に、そこには戦後平和主義の致命的な限界も示されていると言わざるを得ない。

「ウクライナの兵士なり市民なりが『国を守る』としてみずからの意思で銃を取ること、これは、『お国のため』に死ぬことの愚かさをかつての戦争をとおして感じとっている私から見ると愚かだとは思うが、批判するつもりはない。しかし、自分は安全地帯に身を置きながら、戦えと命ずる政治指導者には吐き気を覚える」

「新聞はロシア市民の戦争反対の声、また命令のままに戦場に駆り出された兵士の『やりたくない』という本音を伝えている。しかし、ウクライナ兵やウクライナ市民の『やりたくない』の声が聞こえてこないのはどうしてか」

「ウクライナの戦争が教えることとは、『国を守る』と言う言葉の無意味さ、悲惨さである。何を、誰を守るというのか。人命が失われ、都市が破壊され、何百万の人間が国を去らざるを得なくなっている。ゼレンスキーが守っているのは政権の座だけではないのか」

海老坂は伊藤と同じく、日本が行った中国への侵略戦争、あるいは英米との覇権戦争への動員と、ウクライナ人の侵略に対する民族的な抵抗の区別が全くついていない。このロジックで行けば、日本の侵略に対する中国民衆の抵抗も、アメリカの侵略に対するベトナム民衆の抵抗も「愚か」で「無意味」だということになる。だがそれはそのまま、海老坂が否定した日本という侵略国の「お国」の立場に重なってしまう。

ウクライナの民衆が銃を取るのは「戦えと命ずる政治指導者」のためではない。海老坂自身が90％のウクライナ人が抗戦を支持していると認めているように、彼ら自身の抗戦意志があるからである。世界中がインパクトを受けたのは、まさに民衆の抗戦意志だった。彼らに「何を、誰を守るというのか」と問えば、「ようやく勝ち取った独立」「一方的な暴力によって奪われた尊厳」「占領地に残され、拷問や迫害のもとに置かれている同胞」「この国の主権者として国民が持つ主権」といった答えが返ってくるに違いない。海老坂が、「(抵抗した結果) 人命が失われ、都市が破壊され、何百万の人間が国を去らざるを得なくなっている」じゃないかと言えば、「加害者は誰なのか。都市を破壊しているのは誰なのか」と反問されるだろう。

先に想定したウクライナ人の答えは、かつて日本を含む大国の侵略を受けた国々、民族的抑圧をはねのけようとした諸民族の人びとの答えでもあるだろう。ところが海老坂は、なぜか侵略国の少年だった自分の経験と侵略されたウクライナ人のそれを同一視して、「『お国のため』に死ぬことの愚かさをかつての戦争をとおして感じとっている私から見ると愚かだとは思う」と見下し、日本を含む侵略に抵抗した民衆を「愚かだ」と断じる傲慢さを発揮しているのである。

海老坂は、なぜロシアの兵士からのみ「『やりたくない』という本音」が聞こえてくるのかと問う。だがその答えは明らかだ。それはロシアの兵士にとって、この戦争が「何を、誰を守る」ためのものなのか分からないからだ。分からないのは、この戦争がかつてのベトナム戦争やアフガニスタン戦争、さらにはイラク戦争と同様、侵略された自国を守る戦争ではなく、他国に侵略に行く戦争だからである。そんなことは、ベトナム戦争やイラク戦争を描いたアメリカ映画で散々語られてきたことのはずである。

フランスの植民地支配への武装抵抗に身を投じたファノンを紹介し、ベトナム反戦運動に参加してきたはずの海老坂が、結局は侵略戦争と侵略への抵抗の違いという根本的なことを分かっていなかった。なぜなのか。その背景には、戦後平和主義の致命的な陥穽がある。

戦後の平和主義を支えた情緒は、「もう戦争も『お国のため』もコリゴリだ」という気分だろう。戦地に行った父や兄が骨になって帰ってくる。ジャズを聴くと憲兵に叱られる。あげく敗色が濃くなってくるころには空襲も始まる。「神国日本は必ず勝つ。これは正義の戦争だ」と言われていたが、終わってみれば全部嘘だった。もう「お国のため」は信じまい――ということである。

人びとが「お国」や「天皇」といった権威・権力に無批判に動員されていくことを忌避するようになったこと。命を大事にするようになったこと。個人が尊重されるようになったこと。それは確かに日本の進歩である。だがそこには、それ故の限界もあった。

「戦争への忌避感」は、侵略戦争への反省や、その思想の克服に向かう力強さを生むことはなかった。そのためには侵略戦争を担った主体としての自覚が必要だが、被害の経験に由来する「お国」への「忌避感」からは、侵略戦争を反省する主体も、さらに言えば主権者としての主体意識も、生まれようがないからだ。

加えて、父や兄が侵略戦争に従事し、中国の村に押し入って家を焼き払ったことや、自分たちが南京陥落を提灯行列で祝ったことは、直視しがたい現実でもあった。

こうして、「お国」への忌避感と自国の侵略戦争という認識への忌避感が結合して、しばしば語られる「いかなる理由があっても戦争はいけない」「すべての戦争は『自衛』を掲げて行われる（つまり自衛の戦争などない）」といった常套句が生まれる。「すべての戦争はいけない」とはつまり、侵略戦争も抵抗戦争も等価に否定するという姿勢だ。だがそれは現実の中では何を意味するのか。

2005年の上海の反日デモの際に、軽妙な筆致で社会的なテーマを扱うことで知られたライターの神足裕司が雑誌で書いていた記事を思い出す。日本の侵略責任を問う中国人の姿勢にうっすらと反発を覚えつつ否定の仕方を探しあぐねているらしき彼は、最終的にこういう結論にたどり着く。

「日本は戦争で悪いことをした。それはそうだ。あらゆる戦争は悪い。だが、あらゆる国が戦争に関わったなか、なぜ特別に日本だけが悪いと私は強烈に思い込んでいるのか」

すべての戦争は悪い。日本の侵略戦争も、中国の抵抗戦争も等価に悪い。だから日本の戦争だけが悪いわけではないと言っているのだ。当時、ああ、これが戦後の平和主義が行きついた結論なのかと感じ入ったことを思い出す。

薄く保守派に傾いている神足と、侵略に抵抗するウクライナ民衆を「愚かだ」と言ってのける海老坂との間に、戦争についての認識の差は何もない。

「加害責任」を問う運動や営みが70年代以降、しっかりと続いてきたのも一方の事実である。しかし、そうした努力にかかわらず、ついに「戦争はまっぴらだ」という地点から出発した戦後平和主義の限界という壁を突破できないまま、私たちは2024年を迎えている。「加害責任」とは「戦争責任」一般ではなく、「侵略責任」だったはずであり、「侵略責任を問う」ためには「侵略戦争と抵抗は違う」という前提が含まれなくてはいけなかったはずだ。

6　尹奉吉の爆弾投擲をめぐって

そのことを1994年の時点で指摘していたのが、山口隆の『金沢　暗葬の地から』という本である。尹奉吉という人物の記念碑を金沢に建立するまでの市民運動を記録した一冊だ。

尹は、1932年の第一次上海事変の際に、上海で日本軍・政府要人に対する爆弾テロを行った朝鮮独立運動の活動家だ。当時、日本軍は上海に上陸するも、中国軍に加えて学生や市民たちによる激しいゲリラ的抵抗にあい、ほとんど何も得られないまま撤退する結果に終わった。日本は、形だけでも成果を示そうと、上海で「天長節」祝賀式典を盛大に行う。尹はその壇上に爆弾を投擲したのである。これにより、上海派遣軍司令官の白川義則大将が死亡し、第三艦隊司令長官の野村吉三郎、駐中国公使の重光葵らに重傷を負わせた。

尹は民間人でありながら軍法会議にかけられて死刑判決を受け、金沢で銃殺され、共同墓地の一角にある通路の下に、墓標さえないまま、ひそかに埋められた。これがつまり「暗葬」である。日本が戦争に敗れると、在日朝鮮人連盟の活動家たちが関係者を探し出して埋葬現場を特定し、遺骨を韓国に届けた。

その後、地元の在日朝鮮人の呼びかけで市民団体、宗教者らが、尹が埋められていた場所に碑を建てようと奔走。１９９２年に「尹奉吉義士暗葬之跡」と彫った碑を建立した。『金沢　暗葬の地から』には、この碑の建立までの経緯とともに、その中でこの運動が乗り越えなければいけなかったさまざまな課題、そして山口が歴史と向き合って考えたことがつづられている。

ここで私が特に注目したいのは、碑の建立運動が「武装抵抗」への周囲の拒否感に直面したことである。

山口らは、「自分の国の侵略の歴史の一端と、加害者としての責任を明確な形にして、私たち日本人の子孫にも伝えなければならない」という思いから、碑の建立に向けた募金活動を開始する。だが、直面したのは尹奉吉が行ったテロへの拒絶感だったのである。

「爆弾で！　それじゃ彼（尹）はテロリストじゃないか」

「確かに日本軍のやったことは反省に値する、しかし、あくまでテロには反対です」

「暴力に対して、暴力じゃあ本質的な解決にはならない。暗殺という手段が、よくないね」

「生理的に、人殺しは好きになれない」

「お金は出すわ、でも前半（事件）に対してではなく、後半（暗葬）に対してですよ」

山口はこうした反応に対して、中国人の抗日闘争をテロとして片付けた日本軍の発想と変わらないと批判する。


「全てのテロを否定することは、侵略された人びとの抵抗の権利を認めないことであり、また、国家の暴力に対しても、民衆は沈黙し続けなければならないことになる。かつて、ヨーロッパではナチスと戦うために各地でレジスタンスが市民により自発的に組織された。侵略者の巨大な軍事力に対抗する少数者のレジスタンスの始まりはテロであった。アジア、アフリカで、そして最近のインドシナ、アラブ、東チモールでも……」

「侵略戦争という暴力支配の過程で、それに抵抗する人びとの暴力を悪として裁断することは、侵略を肯定し援助することでしかない」

山口は、尹の行動に対する日本人の拒否反応の背景に、日本人が自国の侵略に対して向けられた

「抵抗」に向き合えないできた戦後のあり方があると指摘する。

「『ナチス』の悪行には目を向けても、『大日本帝国』の悪業（ママ）には触れたくないという身勝手な姿勢であり、自己正当化しようとする論理だ」

「アジアの多くの国の近現代史にあって、日本の近現代史にはほとんどないものの一つ、武装した抵抗の歴史……世界的には軍事侵略に対する抵抗は、当然、武器を持った戦いになり、民衆自身による自発的な抵抗は、自分たちで調達できる武器をもっての軍事的闘いとなる」

「このような史的体験を持たない私たち日本人は、誰が、どのような状況で行おうとも、爆弾＝テロ＝殺人、と考えてしまう」

「『抵抗』することによって歴史に参画した人びとは、その歴史を誇りとし、自己のものとして語り継ぐ。『抵抗』を受けた日本人はただ忘れようとする」

さらに山口は、「抵抗」への拒絶は「軍事」と「民族」の問題から目をそらすことにつながり、それは自国が新たに展開する軍事強化への批判力の弱さとなってきたと指摘する。

「『民族』の問題は右翼の領域となり、『軍事』の問題はテクノクラートの独断場となって、日本は『第九条』付きで、世界有数の軍事大国になってしまった」

これは重大な指摘である。今、私たちが見ている光景は、その結果ではないか。戦車に向かってウクライナ国旗を掲げてデモをする人びと、領土防衛隊に志願する人びと、鉄道を破壊し、夜陰に乗じて占領軍指導者を爆弾で殺害するパルチザンの人びとの姿は、かつて中国や朝鮮で日本の侵略に対して闘った人びとの姿と変わらない。朝鮮の民衆は憲兵隊に向かい太極旗を振って独立を叫び、中国の学生たちは上海で日本軍にゲリラ戦を仕掛け、農民たちは夜陰に乗じて鉄路を破壊した。

今、ウクライナを侵略しているのは日本ではなくロシアだが、それでも、ウクライナの人びとの抵抗を「平和」「9条」の名の下に否定しようとする心情は、やはり日本の侵略に対する抵抗の暴力を直視できないで来た結果ではないか。それどころか、侵略に抵抗する人びとを「愚か」と断じ、彼らに説教するに至っては、グロテスクとしか言いようがない。

7　日本的進歩主義の傲慢

もう一つ、伊藤や海老坂の議論は、民族的抵抗に対する進歩主義に基づく軽視・蔑視という近代以降の日本人の思考の特徴を想起させる。

明治以降、日本人が周辺諸国の人びとに抱く優越感は、進歩主義のイデオロギーに由来するものだった。日本は「進んだ国」であり、彼らは「遅れた国」だという構図だ。

それは、福沢諭吉が「野蛮」「半開」「文明」という「順序階級」を設定したときに始まった。この三段階は相対的なものだが、世界を進歩の度合いというヒエラルキー（階級）で見るものであり、諸民族を時間軸上の目盛りの上に、「進んだ国」と「遅れた国」という関係に配置する世界観をつくるものだった。

この世界観において、例えば朝鮮は、日本より相対的に「半開」として下に、そして過去に位置することになる。それは朝鮮を「30年前の日本」として時間軸の上から見下ろし、同時代を生きる他者として理解する可能性を失わせた。進歩主義に基づく蔑視が、こうして生まれたのである。

その結果、朝鮮人の主体性も、困難な中での模索も葛藤も、「遅れた国」のマイナスの現象としてしか見えなくなる。そうしてマイナスの客体とされた彼らを、「進歩的」な人びとは進歩的に指導しようとする。こうした系譜は、福沢諭吉に始まり、大阪事件の大井憲太郎を経て、指導の極致としての「併合」に帰結する。朝鮮半島が植民地支配から解放されて以降も、日本側からは「インフラを整備し、教育を施すなど、日本はいいことをしてあげたのだ」という声が絶えない。

こうした蔑視の系譜、進歩主義的な指導の系譜は、体制と反体制、右翼と左翼で違いはなかった。例えば、インドや中国における帝国主義への抵抗に対して、幸徳秋水はこう助言する。

「彼らの運動が単に一国の独立、一民族の団結以上に出でざるの間は、その勢力やはなはだ見るに足るなしといえども、もし東洋諸民族の革命党にして、その眼中、国家の別なく、人種の別なく、ただちに世界主義、社会主義の旗幟のもとに、大連合を形成するに至らんか、二十世紀の東洋は、実に革命の天地ならん」

幸徳はここで、アジア諸国の独立運動を民族的独立の実現という価値そのものにおいて評価していない。それが「世界主義、社会主義」といった普遍的な「進歩」の価値に結び付くかどうかという物差しでのみ測っているのである。

幸徳はまた、日本による併呑を目前にしている韓国（大韓帝国）の人びとに対して次のように勧める。

「これ（植民地化の危機）を世界の歴史にかんがえて、自国の将来を憂慮する時、朝鮮をして永遠の屈辱より超脱せしむるただ一途あるを自覚するならん、『国家観念の否認』すなわりこれなり」

自国・日本が韓国の独立を奪おうとしているときに、幸徳は韓国人たちに「国家観念を捨てろ」と勧めている。なるほど、国家の否定は国家の建設よりも左翼的な物差しでは「進歩的」だろう。だが当時の朝鮮の人びとが求めていたのは、日本国家の支配をはねのける力をもった自らの国家だったのである。

歴史学者の石母田正は、幸徳の議論に代表されるような当時の社会主義者のアジア観について、こう指摘している。

「これらの社会主義者には、たんに資本家に反対するという観念だけがあって、『自国』＝祖国という観念が、被圧迫民族にとっていかに重大な意味をもつかを理解し得なかったのだ」

「したがって、その思想は、正義、文明、人道のお説教にとどまらざるを得なかった」

こうした視線は、現代日本の「進歩派」のウクライナに対する視線と重なる。ウクライナの苦境を、異民族支配を脱しての国民国家の形成、ソヴィエト体制の負の遺産からの脱却、民主化に向けた人びとの模索と苦闘と見るのではなく、「10年ごとに繰り返された政変・革命による分断と非人道的暴力を放置してきた長い荒廃の道のり」と切り捨ててしまう伊藤の視線は、まさにそれである。それは、明治以来の蔑視と指導者意識、民族的抵抗への無理解と地続きである。

また海老坂においては、ウクライナ人を「愚か」と見下す根拠は戦後的な「平和主義」であった。ここでは、平和主義は、過酷な運命に投げ込まれた他国の人びとの決断を見下ろす「進歩主義」の物差しになってしまっている。本来であれば、侵略された国の人びとの運命と主体に対して、日本の平和主義こそが向き合い、自らを問わなければいけないのにもかかわらず。

現実の日本は平和国家でも何でもない。世界第5位の軍事力を持ち、世界最強の米軍に基地を提供し、自らもジブチに軍事基地を置いている。ウクライナのような運命に陥らずに済んでいるのは、平和憲法をしっかり守っているからではない。地域大国だからである。侵略された国の民を「愚か」と言えるほど、日本人は立派ではない。

8 「騙される」側の問題

繰り返しになるが、ここまで伊藤智永と海老坂武の文章を取り上げてきたのは、あくまで一つのサンプルとしてである。ロシア擁護言説の典型を示すこの2つの文章を検証することで、そこに日本人自身の問題を浮かび上がらせようと考えたのだ。そうして見えてきたことは、ロシア侵略擁護論は、すなわち日本侵略擁護論だということだ。

ロシアの宣伝に騙されているといった表層的な次元の話ではないのだ。百歩譲って、あえて「騙される」といった次元で語るなら、「騙されてしまう側」の思考こそを問題にすべきだろう。侵略者の自己弁護の言説に手もなく丸めこまれているのは、日本の侵略戦争の意味を理解してこなかった結果である。ロシアの「安全保障の問題」に同情するのは、山県有朋の「利益線」を批判し得えていないからである。ウクライナがロシアを「挑発」したから戦争になった、ウクライナの側にも責任があるという議論は、90年代に右翼が盛んに言っていた「併合された韓国の側にも責任がある」という恥知らずな議論と同じである。「ロシアはアメリカにはめられた」という議論は「日本は騙されて真珠湾攻撃をさせられた」という例の主張と同類である。

一部のロシア擁護論者が唱える「ブチャ虐殺否定論」に至っては、ロジックの組み立てが「南京大虐殺否定論」とほとんど同じである。私は左翼系メーリングリストで「ブチャで虐殺されたという人びとの死亡日時はいつだ。DNA鑑定はしたのか。それが分からなければ何も断定できない。

法医学の基本だろう」という驚愕の書き込みを読んだことがある。南京の犠牲者の「死亡日時」は法医学的に解明されているのだろうか。

ウクライナ戦争をめぐって、多かれ少なかれこうした錯誤をはらんだ言説を受け容れたり、自らも吹聴したりしている人は、市民運動の活動家や知識人の中に少なくない。

彼らは確かにこれまで日本の侵略戦争を批判し、右翼の歴史修正主義を批判してきただろう。だが、そもそもなぜ侵略を否定すべきなのか、あるいは侵略がどのような思想によって推し進められたのか、侵略に対して抵抗する側の暴力をどう考えるかといったことについて、正面から考えてこなかったのではないか。

あるいは、右翼の歴史修正主義の前提にある論理の歪み、被害者への責任転嫁、シニシズムといったものと思想的に対峙してこなかったということだ。だから同じ論理、責任転嫁、シニシズムが別の方向からやってくると、あっけなく乗せられてしまうのである。

ここには戦後日本の平和主義の歴史的問題が現れている。つまり、①「侵略と抵抗」という基準の不在、②自国認識の不在、そして③日本的進歩主義に由来する他国への蔑視である。それは、安全な大国日本の、傲慢な平和主義である。

9 「即時停戦」運動批判

最後に、ウクライナ戦争の即時停戦に向けて日本、中国、インド政府に介入を求めた「憂慮する

「歴史家の会」の二度にわたる声明（2022年3月15日、5月9日）、そしてこの「歴史家の会」の延長線上に取り組まれている「今こそ停戦を」という運動についても、手短かに言及しておきたい。煩雑なので、声明文全文はそれぞれのサイトで確認していただければと思う。

この運動を中心的に立ち上げたのは、ロシア史研究の和田春樹である。私は、彼が日本の領土問題や戦後補償の問題などについて果敢に提言し、行動してきたことについて、深い敬意をもってきた。しかし今回の運動については評価できない。最終的には深く失望した。

和田の『ウクライナ戦争即時停戦論』（2023年）によれば、彼は全面侵攻1週間後の3月5日、友人たちにこう述べたという。

「戦争をストップさせるにはあらゆる手段を尽くさなければならない。ウクライナが抵抗戦を戦うのは当然だ。友好国がその抗戦を支援することはいい。ロシアに経済的な制裁をくわえることもいいだろう。だがそれだけでは止められない。ロシアと話し合いもし、ロシアが何を望んでいるのかを聞いてやり、ロシアを撤退させることが必要だ」

そのうえで彼は、日本や中国、インドなどが仲介者となってまずは停戦に向かわせるべきだと主張している。

細かい点についての意見は別として、私はこの主張の基本的姿勢については共感する。ここでは「停戦」はロシア軍の「撤退」を目的として含んでおり、ウクライナの抵抗戦争やそれに対する友好国の支援についても「当然」「いい」としているからである。

だがその10日後から展開される声明運動は、なぜかその初志からどんどん外れて行った。私はこの声明運動に何度も驚かされ、失望し、怒りさえ覚えさせられた。

まず、3月15日に発せられた最初の声明にはロシア軍の撤退やウクライナの領土的一体性への言及が一言もなかった。ロシアがウクライナに侵略し、広大な土地を占領している現状（その後、ロシアは併合まで宣言した）で、ロシア軍の撤退を求めないことは、圧倒的な軍事力をもった大国ロシアの侵略というこの戦争の性格を考えれば、ロシアの占領を認める意味を持つ。

ロシアと戦略的な関係を結ぶ中国政府でさえ、「各国の主権や領土の一体性は尊重されるべきだと終始主張」している（汪文斌副報道局長、2022年9月21日付時事通信による。中国はクリミアに対するロシアの領有主張も認めていない）。

もちろん、実際に停戦交渉に臨む政府間の外交であれば、あえてそれに言及しないことでロシアをテーブルに着かせるという場面もあり得る。だがこの声明は当局者のブリーフィングではない。「知識人」がその倫理的資格において発する良心的な宣言だろう。だとすれば、ロシア軍の撤退とウクライナの領土的一体性の尊重について原則を示さないことは道義的欠損である。

そして、5月に発表された第二次声明はもっとひどかった。まず、文章自体が推敲が足りない荒い文面になっている（一字下げをしている段落としていない段落さえ混在する）。注釈に、「短時間で発出するため、まず従来から交流のあった日韓の研究者を中心に声明署名者としました。日韓はアメリカとの関係で、緩衝国家という立場の共通性もあります」とあるのも全く意味が分からない。一人よがりである。

これほど重要なテーマで、多くの知識人に賛同を呼びかける声明の文章として、これはあり得ない。名誉教授たちが集まって真剣につくった文章とは感じられない。

しかしそれ以上に内容が問題である。まずは「キエフ近郊の町ブチャでの市民の遺体が発見されるや、ロシア軍の戦争犯罪を非難する声が上がり、ウクライナ軍は怒りに燃えて、さらなる戦闘に向かっている」という文言だ。ブチャの路上にあった「市民の遺体」がロシア軍の虐殺の犠牲者であるという事実をあいまいにしている。

こうした文言になった背景に関わって、その後、「歴史家の会」を離れた富田武（ロシア・ソ連政治史）は「4月末の『会』の公開オンライン・シンポジウムで、和田氏がロシアの侵攻を認めながら『この戦争はアメリカの戦争だ』と断じ、別のメンバーが『ブチャ事件はフェイクだ』とロシアの主張を繰り返した点に『一緒にはやれない』と判断した」と語っている（富田「ロシアによるウクライナ侵略戦争、長期化か」、サイト「現代の理論」34号、２０２３年春）。

またこの声明には、「一部の国々はこの戦争をウクライナの勝利まで、プーチン政府が降伏するまで続けることを願っているようだ」という文言もあるが、これは意味不明である。「プーチン政府の降伏」とは何だろうか。ウクライナ軍がモスクワまで攻め上ってプーチン政権が白旗を上げることだろうか。そんなことは誰も想像もしていないだろう。ロシア軍の完全撤退を指しているのだろうと推測するが、なぜそれを「撤退」と呼ばずに、「降伏」という不正確な表現にしてしまうのだろうか。そして仮にこの「降伏」が「完全撤退」を指すのだとすれば、この声明は「完全撤退を求めるべきではない」と主張していることになる。この声明は、ブチャの虐殺を暗に否定し、ロシアの撤退を求めないと暗に表明しているのである。

ちなみにこの第二次声明では、アメリカなど「一部の国々」のウクライナへの軍事支援について批判的に言及する一方で、ロシアに対する批判は皆無である。第一次声明では、領土の一体性と侵略軍の撤退という、言うべきことを明言していないことだけが問題なのだが、第二次声明は、それに加えて言うべきではないことを言っている。

第3の批判点は、ウェブサイトに現れている呼びかけ主体の姿勢に対するものである。

このサイトを見ると、第一次声明は英語、フランス語、ロシア語、中国語、スペイン語に翻訳されている。中国語は繁体字と簡体字の両方で表記されている。第二次声明は英語とロシア語に翻訳されている。

ところがウクライナ語がないのである。ロシアとウクライナの戦争を止めることを掲げた国際的な声明で、英語はもちろん、スペイン語やフランス語、韓国語から中国語（簡体字）、中国語（繁体字）まであるのに、被害当事者たるウクライナの言語だけがないのである。

何らかの理由はつけられるだろう。ウクライナ語の翻訳者が見つからなかったとか、ウクライナ人はロシア語が読めるから必要ないとか。だがこれは、そんな軽い問題ではない。ロシアとウクライナの間に入って停戦を呼びかけるという声明の倫理的資格に関わる大問題のはずである。

そこにはやはり、「憂慮する歴史家の会」の姿勢が正直に表れている。「外務省、ロシア大使、インド大使と面談してきました」とサイトで報告する彼らは、しかしウクライナ大使館には行っていない。最初から行こうとしなかったのか、打診したが拒否されたのかは分からないが、いずれにしても、ウクライナ語の不在に加えて、その事実自体が、この声明の政治的性格を語っている。つまり、被害当事者の不在ということだ。

こうしたことへの疑念が、私にとって怒りにまで高まったのが、この「歴史家の会」の延長線上に始まった「今こそ停戦を」運動のサイトで、次のような説明Q＆Aを読んだときである。「なぜ撤退ではなく停戦なのですか?」というQに対しての答えはこうであった。

ロシアへの「撤退」の呼びかけだけを続けることは、両国の現状を考えると、「停戦」の呼びかけと実現よりも、時間がかかり、その間にも犠牲になる人が増えてしまいます。「撤退」は「特定の領域が帰属する国」を定める必要があります。このとき、歴史を参照して「特定の領域が帰属する国」を定めることはできません。なぜなら参照する歴史上の時点によって、どちらの国にも帰属しうるからです。過去もまた多様なのです。「撤退」がなされる時は、中立で公正な国際監視のもとに行われる住民投票によって決められる必要があります。しかしそれには段階と時間を要するので、まず無条件に「停戦」をして、その交渉を開始する必要があります。

第一段落は措くとして、第二段落以降に書かれていることを読むと、彼らが「撤退」と言わないの理由が、占領地も本来はウクライナの領土であるが、やむを得ずそういう手続きを取るしかないといった現実的な方便からではなく、ロシアが占領したウクライナの諸地域について、それがどちらに帰属するものであるか判断できないからというものであることが分かる。「なぜなら参照する歴史上の時点によって、どちらの国にも帰属しうるから」だというのだ。いわば原理的な国境不可知論とでも言うべき立場である。

だがそんなことを言えば、ウクライナ西部はかつてはポーランド領だったし、ポーランドの一部はドイツ領だった。アメリカとインドはイギリス領であり、朝鮮や台湾は日本領であった。そしてプーチンの高名な論文「ロシアとウクライナの歴史的一体性」によれば、「今日のウクライナは完全なるソ連時代の産物」であり、「今日のウクライナの大部分が歴史的ロシアの土地で形成されている」ことになる。では、「参照する歴史上の時点によって、どちらの国にも帰属しうる」から何度でも「多様な過去」を蒸し返して国境線を漂流させるべきなのだろうか。だが、それをできるのは強大な武力を持つ大国だけに限られるだろう。

実際には、ウクライナの国境線は1991年の独立時に確定している。その後、ウクライナの領土的一体性と国境不可侵はブダペスト覚書で確認され、さらに1997年のロシア・ウクライナ友好協力条約によって二国間でも確認されている。「多様な過去」のどこかに恣意的にさかのぼるのではなく、そこに戻るべきだ。そうした前提を認めない「停戦」運動は、圧倒的な武力によって隣国の一部を併合したロシアの侵略を追認し、これまで積み上げられてきた国際法の規範をあっけなく否定しているのである。

10　ロシア軍撤退を求める原則を捨てるな

もちろん、この説明の第一段落にある「ロシアへの『撤退』の呼びかけだけを続けることは、両国の現状を考えると、『停戦』の呼びかけと実現よりも、時間がかかり、その間にも犠牲になる人が増え」るという現実論のみに立った「撤退」否定論であれば、一理ある。それでも、一国の運命に深刻に関わる不正義の容認という道義的に難しい判断について、他国の市民運動や知識人がそこまで踏み込んだ口出しをするべきなのだろうか。

私は外部の人間が停戦を求める運動があり得ないとは思わない。ていねいに考え抜けば、倫理的に可能な何らかの道筋はあるのかもしれない。しかしそれが知識人や市民運動の課題として行われるのであれば、侵略や併合の追認を前提にすべきではない。端的に言えば、日本の市民運動は「ロシア軍の撤退を求める」という原則的な立場を放棄すべきではないのだ。なぜ和田は、全面侵攻から5日後に友人たちにロシア軍の「撤退」を目的とした「停戦」を説き、ウクライナの抗戦を「当然」と説いた初志を放棄したのか。

私は、他国の人びとに不利益を求める場合は、それがヒューマニズムから行われるのであるとしても、その国の人たちに向けて、どのようにそれを語り得るか、あるいは語りかけ得る内容になっているかを自省しなければならないと思う。

その意味で、この「停戦」運動がロシア語、スペイン語、フランス語、韓国語、中国語（簡体字）、中国語（繁体字）で世界に訴えながら、ウクライナ語だけを避けていることは、その資格を最低限にも満たしていないことを示している。もし「ウクライナ人のほとんどはロシア語も読めるから」というのがその理由であれば最低である。

ウクライナの左翼活動家タラス・ビロウスは、「私はウクライナ人社会主義者として抵抗する」という文章の中で、こう書いている。

「ロシア―ウクライナ戦争に関するこれらの論争の多くでおそらくもっとも印象的なことは、ウクライナ人の見解に対する無視だ」

「ウクライナ人にとって、占領された領域の放棄は、彼らの仲間の市民や親類を裏切ること、そして占領者がしでかしている日常的な拉致や拷問を我慢する、ということを意味する」

「ウクライナに暮らすわれわれ以上にこの戦争の終わりを熱望している者は誰もいない。しかしウクライナ人には、まさにこの戦争がどのように終わることになるのか、もまた重要なのだ」

声明をウクライナ語には翻訳しないということは、こうした声に応答する気がないということである。そうした最低限の手続きすら踏まないまま、侵略された他国の領土の処分法を第三者が論じる一連の声明に、日本の進歩派を代表するそうそうたる知識人たち、「名誉教授」たちが名を連ね、賛同している。日本の「平和主義」が行き着いた傲慢さを示す一つのエピソードだろう。

第5章　「ロシア擁護論」批判④
——それはどこから来たのか

さて、ここまで「ロシア擁護論」がその内実として思想的に何を意味することになるかを検証してきた。ここでは、そのまとめとして「ロシア擁護論はどこから来たのか」を考えてみたい。なぜこれほど多くの人が、大国ロシアの侵略責任を相対化する議論を受け容れてしまうのかということである。

1　「ロシアの情報戦略の影響」なのか

いちばん簡単な説明は、「ロシアのプロパガンダに影響を受けたのだ」といったものだろう。ロシアがインターネットを通じた情報戦略に力を入れていること自体は、よく知られている。ただ、それが具体的にどのようなものなのかは、それほど理解されていないかもしれない。ロシアの情報戦略は、政府系メディアを通じてロシアの政策の正当性を訴えるといった素朴なものではない。

例えば、ロシア政府とのつながりが分からないニュースサイトを通じて、あるいは匿名の大量のツイッターアカウントを通じて発信する。その内容的な特徴は、一つはロシア政府の行動を正当化するストーリー（「ナラティブ」と呼ばれることが多い）の提示で、もう一つは事実認識を混乱させる偽情報の拡散である。前者は一貫しているが、後者は荒唐無稽で互いに矛盾したものだ。その狙いは、「何が起きているのは本当のところは分からない」という態度を多くの人に取らせることであるようだ。陰謀論好きの人の心をとらえることも目的の一つに見える。彼らが気に入ってくれれば、ロシア発の情報はネット空間に広がるからだ。

こうしたロシアの情報戦略については、様々な本が出ている。例えば保坂三四郎の『諜報国家ロシア』はその全体像を描いている。短くまとまった説明としては、サイト「イミダス」に掲載された林克明「『ウクライナ叩き』はなぜ誤りなのか」（2022年8月1日）が分かりやすい。偽情報をつくっている現場の担い手を取材した本として古川栄治『破壊戦』やデイヴィット・パトリカラコス『140字の戦争』などがある。

実際、私も全面侵攻直後には奇妙なツイッターアカウントをしばしば見た。例えば「海外生活を楽しんでます」といったプロフィールを掲げながら、ロシアを擁護しウクライナを否定的に描く数か国語のネットニュースを一日中、大量に紹介し続けるものなどである。またFacebookには、アゾフ大隊が立てこもるマリウポリの製鉄所の地下にNATO軍の司令部があると主張して、まるで昔の子ども向け図鑑のようなカラー仕立ての素晴らしい「地下基地の断面図」イラストが流れてきたことがあった。これなども多分、個人の仕事ではないだろう。

ただ、こうしたロシアの情報戦略について何かを語るのは難しい。どこまでがそうしたロシアの戦略の産物で、どこからがそうではないのか分からない中で、「情報工作」といった言葉を躊躇なく使うことは危ういからだ。一定の慎重さをもって議論されるべきテーマだと思う。

それに、「それはロシアのナラティブそのものだ」などと言ったところで、それ自体では何の批判にもならない。ロシアのナラティブであっても、正しければ問題ない。その内容がどう間違っているのかを指摘しなければ、批判にならない。

2 「ウクライナ」が存在しない日本の教養空間

ここで私が考えたいのは、なぜ少なくない人びとが、明らかに歪んでいる場合でさえもロシアのストーリーを受け容れてしまうのかという受け手の問題である。

前章まで書いてきたように、ウクライナ戦争とは、大国による小国の侵略であり、レーニンの規定を借りれば、かつての「抑圧民族」による「従属民族」への暴力である。ロシア製のストーリーの中心には、その暴力を正当化する歪みがある。にもかかわらず、なぜ人びとはロシアの視線を無自覚に受け入れてしまうのか。

その大きな原因は、私たちの教養の世界において、ロシアとウクライナの存在感に圧倒的な非対称性があることだろう。それは日本だけの話ではない。大まかに言って、つい最近まで、私たちの視界にはロシアはあってもウクライナは存在しなかった。今もまだ、十分には存在していない。

例えばロシア語は、大学で必修とされる第二外国語の履修者数において、かつてはドイツ語、フランス語、スペイン語、中国語と並んでいた。最近は韓国語やアラビア語も多いが、それでも10位台には入っているようだ。ロシア語辞典や教材も、書店に行けばさまざまに並んでいる。一方、ウクライナ語を学べる大学はほとんどない。教材もごくわずかである。

ロシア文学はそのまま世界文学の一部だが、ウクライナ文学と言われても、ほとんどの人は誰の名前も出てこないはずだ。ゴーゴリが民族的にはウクライナ人であったことを私が知ったのは、戦争が始まってからだ。ウクライナそのものについても「ロシアのようなもの」という程度の認識しかなかった。

一つ例を挙げる。若いころ、私も人並みにロシア革命関係の本を読んだ。そのロシア革命の大きな山場の一つがブレスト・リトフスク講和だ。第一次世界大戦下に十月革命でボルシェビキ政権を成立させたレーニンが、当時、ロシア帝国領深くまで占領していたドイツなどと結んだ講和である。戦争を終わらせて革命を進めるための苦渋の策だった。占領されていたのは主にウクライナだが、私は当時、ドイツに占領されたままロシアから切り離されたウクライナ地域の人びとは、どう感じていたのだろうと疑問に思ったのを覚えている。

その謎が解けたのは、ウクライナ戦争が始まって以降である。十月革命と同時期に、ウクライナには民族勢力によるウクライナ人民共和国が樹立されていた。かいつまんで言えば、レーニンらはこれを鎮圧し、ウクライナ民族勢力は彼らに対抗するためにドイツと結んだのである。ブレスト・リトフスク講和と名づけられた条約は、実は2つあった。ウクライナがドイツに独立を認めさせた条約と、ボルシェビキ政権がドイツに対して領土の割譲、すなわちウクライナの独立を認めた条約の2つである。

こんなことは、私は全く知らなかった。若いころに読んだロシア革命史に、果たしてこうした経緯が書いてあったのだろうかと疑問に思った私は、図書館で確認してみた。ロシア革命の光と影をバランスよく描いた名著である松田道雄『ロシアの革命』(1970年)、有名なE・H・カーの『ロシア革命』(1979年)、そして岩波書店から「ヨーロッパ史入門」の一冊として2005年に刊行されたロバート・サーヴィス『ロシア革命』の該当部分を確認してみた。するとそこには、ドイツが「ウクライナの独立」承認を求めたとの記述はあっても、「ウクライナ人民共和国」という単語すら登場していなかった。2017年に刊行された池田嘉郎『ロシア革命』(岩波新書)に至ってようやく、ウクライナ人民共和国につながる「中央ラーダ」が登場する。

もちろん、ロシア革命やソ連の民族問題を主題とする専門的な学術書には、こうしたことは当然、書いてある。しかし私たちの一般的な教養の世界には、ロシアとは異なる主体としてのウクライナは存在すらしていなかったと言っていい。こうした非対称が、ウクライナ戦争に対する私たちの視線を根底で大きく規定している。

その延長線上に、ロシア研究者の視界のあり方という問題がある。

3 ウクライナを「反面教師」と呼ぶロシア研究者

例えば、以下の文章は、明石書店の「エリア・スタディーズ」シリーズの一冊である『ロシアの歴史を知るための50章』の「おわりにかえて」で、編者である下斗米伸夫（法政大学名誉教授）が書いているものだ。

「兄弟国家であるウクライナはロシアにとって反面教師である……レーニンがロシア革命後、小ロシア、新ロシアなどと呼ばれた地域をベースに作った行政単位＝共和国がウクライナであった。そのウクライナが輝いていたのは……ブレジネフのソ連期であった。しかし1992年（ママ。実際は91年）に独立して以降のウクライナ史とは、国民国家形成どころか、むしろ分裂と崩壊の歴史であったと言っても誇張とは言い切れない」

「エリア・スタディーズ」シリーズは、各国の事情や歴史を一般向けに読みやすくまとめた入門書である。この本は下斗米の単著ではなく、項目ごとに著者を立てている。そうした本の後書きで、編者が一つの国を指して「反面教師」とか「分裂と崩壊」などと一方的で否定的な言葉を連ねるのは異様である。

異様さはこれだけにとどまらない。下斗米はさらに、ウクライナの初代大統領クラフチュクが16年9月に、「ソ連最高会議でウクライナがクリミアを領有するように押し付けたのが真相だ」と語ったというエピソードを紹介し（これが本当にクラフチュクの真意を正確に伝えているかどうかは分からないが）、その上で「ウクライナとロシアの和解への動きと理解したい」と結んでいる。

２０１４年のクリミア併合をウクライナが追認することに期待し、それを「和解」と呼んでいるのである。だがロシア軍が大規模な軍部隊を送って実現したクリミア併合は、国連憲章をはじめとする国際法や二国間条約に違反するものだ。それを肯定的に捉えるこの一文を、編集者が咎めることもなく掲載したのもまた異様だ。

こうしたロシアからの一方的なウクライナ観が、特に異様とも思われない空気が、ロシア研究者の間にはあるようだ。それは彼らの文章を読んでいれば、たびたび感じることである。

下斗米は極端かもしれないが、それは相対的な違いに過ぎない。例えば和田春樹の文章を見てみよう。

４　ウクライナ戦争は〝ロシアの内戦〟か

和田は『ウクライナ戦争即時停戦論』において、「私が停戦を呼び掛けたのは、ロシアについての２つの認識が前提となっている。それは『プーチンはヒトラーではない』ということと、『ロシアとウクライナは３５０年間一つの国だった』ということだ」と書いている。そして、「ロシアとウクライナは一つの国だった」というタイトルで一章を割いて両者の関係の歴史をひも解いている。

だが、その内容はウクライナを主体とした歴史的視点が非常に乏しいものだ。大部分はウクライナとロシアの関係史にはなっておらず、ただロシア帝国の発展史の記述となっている。言い換えれば、ロシアという〝主体〟がウクライナという〝地域〟で展開した歴史である。

ウクライナ民族運動についてもほとんど語られず、ウクライナ語の禁止を筆頭とする抑圧も語られない。言及がある場合も、逸脱としてのみ記述されている観がある。独立後のウクライナの主体的動きは「マイダン革命と称する暴動」とか「ロシアからの介入と西欧からの介入」による「混乱」としてしか語られない。

ウクライナが独立を選び、その後も主体形成を進めてきたことについての説明が全くないのだ。だから次のような記述になる。

「ウクライナ戦争はロシアが隣国ウクライナに大軍をもって攻め込んだ侵略戦争であることに間違いない。しかし、歴史的経緯からすると、この2国は350年近く一つの国であって、わずか30年前に分かれた国同士なのである。だからこのたびの戦争は、ロシアからウクライナが分離独立することを巡るロシアの内戦だとみることもできる」

この記述は、中井和夫が「現在のウクライナのロシアとの戦争は、〝独立運動〟と言える」（ＮＨ

Kサイトで）と発言していることと似ているようで、そのベクトルは真逆である。「しかし」というつなげ方でそれは明らかだ。和田においては、かつて一つの国だった事実が侵略を相対化するのである。「わずか30年」と言うが、独立して30年も経ち、ロシアも国際社会もウクライナの独立と領土的一体性を条約で繰り返し確認してきたことは、その独立が確かな事実であることを十分に示している。それをあえて「分離独立」をめぐる「ロシアの内戦」と呼ぶことは極めて危うい。

さらにこれに続く段落で、和田はプーチンの論文「ロシア人とウクライナ人との歴史的一体性について」を評して、「ごく常識的なリポート」「私はその内容をそれほど大国主義的だとも、帝国主義的だとも思わなかった」と述べている。これは驚くべきことである。

プーチンの同論文には、例えば「今日のウクライナは完全なるソ連時代の産物なのです。また今日のウクライナの大部分が歴史的ロシアの土地で形成されていることも、私たちは知っています」という一節がある。文脈を捨象して、これを、昔はウクライナはロシア帝国領でしたといった中立的な歴史的事実の説明と読むとすれば、読解が稚拙であるか不誠実かのいずれかであろう。

プーチンはこの論文で、ロシアとウクライナは「全体として一つだ」と繰り返し主張しているが、和田は、そこに「内鮮一体」や「アジアは一つ」と同じ響きがあることが本当に分からないのだろうか。虚心に読めば、この論文に「大国主義的」「帝国主義的」なレトリックが充満していることは誰でも分かる（私の引用はロシア大使館のＦａｃｅｂｏｏｋページからのものだが、今は山形浩生編『プーチン重要論説集』に全文が収録されているので、興味のある方は読んでみればよいと思う）。

そもそも「ロシアとウクライナは３５０年間一つの国だった」というとき、その主語は誰なのだろうか。誰の目から見て「350年間一つの国だった」のだろうか。

実際には、コサックの抵抗は措くとしても、19世紀以降のウクライナ民族運動の長い歴史があった。だからこそ、1991年の独立という選択があったのである。それから30年が経った今、ウクライナの側には、かつて「一つの国」に「させられた」という歴史認識があり、「二度と一つの国にされたくない」という思いがある。だから、これだけの民衆的な抵抗が起きているのである。

そうした歴史的局面で、「ロシアとウクライナは一つの国だった」という言葉を中立的な「事実」であるかのように語り、プーチンの「今日のウクライナの大部分が歴史的ロシアの土地」といった言葉を「ごく常識的なリポート」と受け取ってしまうことに、私は宗主国ロシアの視線の無自覚な内面化を見る。そもそも、植民地主義についてずっと考えてきたはずの和田が、「一つの国だった」という言葉の危うさに気がつかないのが不思議である。

和田が特別なわけではない。こうしたニュアンスはロシア研究者の文章の中にしばしばみられる。例えば「同じロシア世界の、あるいは旧ソ連圏の兄弟民族なのに、不幸にもお互いに争っている。双方ともやめてほしい」というような論調だ。

5 ロシア目線が「侵略」を曖昧にする

ロシアだけでなくウクライナ政治の研究でも第一人者であるはずの松里公孝さえ、「ロシア人とウクライナ人は、例えば日本人と韓国人がお互いを異民族とみなすのと同じ意味においては、別民族ではない」「彼らにとってこれは内戦に等しい」と書いている（「未完の国民、コンテスタブルな国家」『世界臨時増刊　ウクライナ侵略戦争』）。

もちろん、ロシア人とウクライナ人がエスニックな意味で日本人と韓国人のような関係ではないのは明らかだが、これはこれであまりにナイーブな考え方だろう。

確かに、エスニックな意味での「ウクライナ人」と「ロシア人」は近いだろう。両民族・両言語は、ウクライナの中でも同居している。しかし、エスニックな近さと、ネーション（国民）としての異同はまた別の話だ。アメリカとイギリスのように、同じエスニシティに帰属していた人びとが別のネーションを形成することはよくあることである。

ウクライナの作家アンドレイ・クルコフは、エスニックにはロシア人であり、主にロシア語で生活し、執筆している。しかし彼の文章を読めば、ウクライナ・ネーションの一員というアイデンティティを当然のように持っていることが分かる。侵攻後の2022年7月に行われた世論調査で「自分をまず何と規定するか」という質問に対して「ウクライナ国民」と答えた人がロシア語話者の中でも約8割を占めたというから（読売新聞2022年9月10日付「侵略受け強まる国民意識」）、クルコフのような人は珍しいわけではなく、むしろ一般的なのだろう。独立後に生まれた若い世代ほどそうであろうことも、各種の世論調査から想像がつく。

ウクライナにおいて松里の言うような「これは内戦に等しい」という主張は少数派だろう。一方、ロシア政府周辺からは「これは内戦に等しい」という声が確かに聞こえる。「一体性」を強調しているのがプーチンであり、ウクライナの人びとはそれに抵抗しているのだから、この差異は当然だ。だとすると、研究者が発する「彼らにとってこれは内戦に等しい」という言説そのものが、ロシアの、あるいはプーチンの視線を内面化していることになる。

だからこそ、同じ民族が分裂して戦った朝鮮戦争と重ねて、「朝鮮戦争式の停戦」が望ましいといった発想が出てくる。国際的にも二国間的にも独立国家として認められてきたウクライナの領土内部に「38度線」が引かれることを、不思議とも不公正とも思わないのは、ロシアとウクライナの区別が、いずれ統一されるまでの過渡的なものととらえる無自覚な認識があるからだ（開戦時の演説で、プーチンは「国境が存在するとしても、私たちが一つとなって内側から強くなれるように」と語っている）。

ロシア研究者によるロシアの、あるいはプーチンの視線の内面化、主体として独立したウクライナの「不在」が、この戦争の「侵略」という本質を曖昧にする。そして、研究者のそのような視線が、彼らの解説に耳を傾ける広範な人びとのなかで、ロシア擁護論にお墨付きを与える効果を持ち、それを受容する下地をつくったのではないだろうか。

6 「反米至上主義」が動機なのか

しかし、知的空間におけるロシアとウクライナの非対称性や研究者によるロシアの視線の内面化といったことは、人びとがロシア擁護論を受け容れる「下地」の説明にはなっても、「動機」の説明にはならない。

侵略を否定する思想をそもそも持たない右翼の人びとはともかく、左翼や進歩派、市民運動の活動家といった人たちがロシア擁護論を支持する「動機」は何だろうか。

「それは反米至上主義だ」という分かりやすい批判の仕方がある。

アメリカの敵か味方かで世界のそれぞれの国を分類し、すべての紛争を、アメリカの支援を受けているのがどちらであるかを基準に判断する。そうした、いわば「反米至上主義」が、ロシア擁護論のおおもとにあるというのである。反米至上主義の思想のために、ロシアの侵略を批判することがアメリカの他地域での侵略を免罪することのように思えて我慢ならず、アメリカを免罪しないためにロシアを免罪し、その侵略の罪を相対化しなければならないと考えてしまうのだと。

こうした現象は確かにある。そして、日本だけでなく、欧米でも同様らしい。英語圏では「陣営主義（campism）」と言う。中国やロシア、イランといった権威主義国の政府を支持する左翼を指す「タンキー（Tankie）」という表現もある。ハンガリー革命やプラハの春を弾圧したソ連軍の戦車（タンク）を支持する人びとという揶揄だ。

ウクライナ現地でロシア軍の蛮行を取材したジャーナリストの志葉玲も、ロシアを擁護する人びとを「拗らせた反米」と呼んでいた。実際、「反米至上主義」と呼ぶのがふさわしい言説も確かに存在する。私はＦａｃｅｂｏｏｋで「反米をやめるなら左翼を名乗るな」という書き込みを見たことがあるし、ウクライナ人の抵抗を否定する言説を批判された人が「俺は反（米）帝なんだよ」と胸を張って言い返す投稿も読んだ。

それでも、それらを「反米至上主義」と名付けて終わりというのがどうもすっきりしない。そうした批判は、単に現象面を捉えているだけで動機の問題を掘り下げていないように思えるのだ。

パレスチナや沖縄、中南米のように、アメリカの暴力と厳しく向き合っている地域の人びとが反米意識をもつのは分かる。韓国のように、アメリカがつくる冷戦と分断の枠組みとの対決が民主化の前提だった国でも同様だろう。だが日本（本土）のような地域で、「反米至上主義」がそれほどの具体的な感情や経験に裏打ちされた根拠を持っているだろうか。太平洋戦争や戦後の「憲法押しつけ」から来る反米はあるかもしれないが、それはどちらかと言えば右翼の領分だろう。私には、日本の反米は記号的な底の浅いものにしか思えない。

私は、反米至上主義とは「歴史性の欠如」「現実に対する緊張感の欠如」だと思う。

なぜ左翼にとって反米が大きな意味を持つのか。言うまでもなく、アメリカが世界最強の覇権国として、世界秩序をコントロールしているからだろう。また、時に民衆を弾圧する政権を支え、時に傍若無人な軍事力行使や侵略戦争を行うからだ。「反米」が正義となる理由は、確かに十分すぎるほどある。

だが、反米は「常に」正義であろうか。第二次世界大戦で主要な当事者となったアメリカ、ドイツ、ソ連、中国、日本、イギリスを考えてみよう。この中で、明確な反米国家はどこだったか。いうまでもなくドイツと日本である。アメリカに膨大な軍事支援を受けて戦ったのは、どこの国だったか。ソ連、イギリス、中国である。中国はアメリカの支援を受けて反米国家・日本の侵略に抵抗したのである。

反米か否かは、それ自体では、ある国の政府の行為について、それが人間的な社会の実現や歴史の進歩の方向を目指しているか否かという評価とは、何の関係もない。反米的で反動的な政府もあれば、親米的で反動的な政府もある。

もちろん、今日の左翼や進歩派が「反米」を掲げるのは、第二次世界大戦を経てアメリカが世界最大の覇権国になって以降のことだろう。だとすると「反米」という立場もまた、「歴史的」なものだということになる。つまり絶対永遠のものではなく始まりと終わりがあり、具体的な現実の中で適用できる範囲が限られているということだ。

とすれば、いま問われるのは、2022年の世界で起きたウクライナ戦争について、アメリカの存在や振る舞いをどう評価するかという具体的、歴史的なことになる。

実は、近年の「反米」的な左翼の人びとの世界認識は、今やアメリカやヨーロッパの世界支配が衰退し、中国やロシア、インドなどを軸とする多極的な世界に移行しつつあるというものだった。だが、その多極世界の「軸」の一つであるロシアが、隣国に対する侵略戦争を行ったのである。当然、衰退しつつあるアメリカの責任だけを問題にしていればよいということにはならないはずだ。侵略国家が多極化することは人類の進歩でもないし、アメリカのせいでもない。

こうして見てくれば、「反米至上主義」言説とは、歴史的な現実の中で、世界の進歩に向かう方向を具体的に検証する努力の放棄であることが分かる。言い換えれば、そこには歴史性が欠如しており、現実に対する緊張感が欠如しているのである。

7 「陣営主義」を批判したジョージ・オーウェル

先に欧米では反米至上主義を「陣営主義」と呼ぶと書いたが、歴史的現実と無関係に回転するものとして、陣営主義の思考を批判していたのが、小説『1984』で知られるイギリスの作家ジョージ・オーウェルであった。

彼はそれを1945年に書かれた「ナショナリズムについて」というエッセイの中で検証している。オーウェルはこうした感情を「ナショナリズム」と命名するのだが、普通に言うナショナリズムという単語の意味、つまり愛国主義、民族主義、国家主義といったものとは違う意味で使っているので要注意である。「党派感情」とか、先に紹介した「陣営主義」などと形容する方が正確だろう。

オーウェルの考えでは、その正体は、世界を敵と味方の二つに分けて、そこから物事の是非を評価する考え方であり、特定の思想の特徴ではなく、あらゆる思想的政治的立場に現れるという。それは物事を「威信競争という観点からしか考えない、少なくともまずそれを考える」「つねに勝利か敗北か、栄光か屈辱かといった思想を軸に回転する」「現代史を、大きな勢力の果てしない興亡としてとらえる」ものだ。さらには、「単に何かにたいする反感にすぎず、はっきりした忠誠の対象を必要としない消極的なものの場合もある」という。

オーウェルによれば、彼らは「ある種の問題になると威信ということにこだわるあまり、純粋に理性的な立場でそれを考えることが不可能に近くなっている」。そのため、現実の状況についても常識的な判断ができなくなってしまう。彼らは「まずさいしょに……どこの味方をするかを決め、そのあとで初めて自分の立場の根拠となると思われる主張を探しにかかる」のである。

こうした定義から、オーウェルは「ナショナリズム」に表れる特徴を指摘する。それを包括しているのは、「現実無視」である。

「ナショナリストはすべて、そっくりの事実をいくつ見ても、それら相互の類似性を認めないという特技を持っている。英国の保守党員はヨーロッパでの民族自決主義なら擁護するくせに、インドのそれには反対して、矛盾とは思わない……拷問、人質、強制労働、強制的集団移住、裁判なしの投獄、文書偽造、非戦闘員に対する無差別爆撃——こうしたいかなる無法きわまる行為でも、それをやったのが『味方』だとなれば、まずたいていの場合は道徳的な意味が微妙に変わってしまうのだ」

「客観的真実の無視という行為を平気で行えるのは、世界の一部を遮断して、現実に起こっていることをますます見えなくしてしまうからである。時には非常な大事件についてさえ、本心から疑うことも珍しくない」

「この種の感情に支配されたらさいご、どんなに馬鹿げたことでもうのみにできるのだ。わたしは、アメリカ軍がヨーロッパへ来たのはドイツと戦うためではなく、英国の革命を弾圧するためだと、真顔で言う男に会ったことさえある。こんなことを信じられるのは知識人だけで、大衆はそれほど馬鹿ではない」

「正邪の感覚までが狂ってしまうのだ。『自分たち』の側がやった犯罪ならば、どんな犯罪でも許されないものはない。……たとえ、その犯罪が行われたことは否定しなくても、以前には当の自分が告発したのとそっくり同じ犯罪であることを承知していても……これは間違いだと感じることができないのだ。忠誠心がからんだらさいご、憐みの情は湧かなくなってしまうのである」

そのように歪んだ思考を、オーウェルは当時の様々な政治的潮流の中に指摘していく。ソ連派の共産主義者、反ソ連の「トロツキスト」、保守派、反ユダヤ主義者、カトリック信者、さらには平和主義者までが俎上にあげられる。

引用したオーウェルの言葉は、その大部分がそのままロシアの侵略を擁護する今日の言説について当てはまる。

8 「反感」が「批判精神」の代用になる

ただし、オーウェルの言う「ナショナリズム」を、特定の陣営を肯定・支持するあまり、現実を歪めてまで反対の陣営を否定する営みとだけ理解して、それをロシア擁護言説に当てはめてしまうと、それはそうした言説の中でも少数派である明確なプーチン支持者にのみ妥当なものになってしまう。

実際には、オーウェルの「ナショナリズム」定義はもっと奥深い。彼は「忠誠」の対象が変わることもあると書いて、それが「ひいきの引き倒し」といった単純なものではないことを暗示している。「単に何かにたいする反感にすぎず、はっきりした忠誠の対象を必要としない消極的なものの場合もある」とも言う。もしかしたら、「ナショナリズム」の根底にあるのは「忠誠」ではなく、さらにその根底にある「反感」なのかもしれない。

これをロシア擁護言説に当てはめて考えてみよう。

ロシア擁護言説の動機を、自らの立場への「忠誠」の問題として分かりやすく解釈すれば、その「威信」が損なわれることへの抵抗だと解釈することはできる。

例えば反米至上主義者にとっては、反米国家ロシアが侵略者で、抵抗するウクライナを支援しているのがアメリカであるという構図は彼らの立場の「威信」を損なうように思われるだろうし、「すべての戦争は悪であり、自衛のための戦争などというものは存在しない」と考える平和主義者は、侵略に対して軍事力で抵抗しているウクライナ人の選択は認めがたいだろう。こうした動機によって、彼らは侵略された側の声に耳を傾けず、「現実無視」の姿勢を取ることになる。実際、2022年の参院選の時、「私はゼレンスキーが憎い」と演説する野党候補がいたと聞いたことがある。「ゼレンスキーのせいで日本の改憲が進む」というのである。言いがかりもいいところだが、正直な気持なのだろう。

ただ、見たくない現実を突きつけられて自らの「威信」が傷つくことへの防衛反応という解釈だけでは、説明できないこともある。

ロシア擁護言説の中には、そうした「逆ギレ」ではなく、積極的な信念の存在を感じさせるものが少なくない。むしろ、ロシア擁護言説を採用することこそが、左翼として、平和主義者として、侵略に反対する者として、最も正しく鋭い選択だと考えていることがうかがえるのである。侵略されたウクライナとの連帯を語る人びとの存在を「日本の左翼/リベラルの堕落」と考えて疑わない意見も、ネット上などで見かける。彼らの目には、それは体制への迎合、批判精神の欠如などに見えるのである。これはいったい何だろうか。

私はここに、オーウェルの言う「単に何かにたいする反感にすぎず、はっきりした忠誠の対象を必要としない」という質の「ナショナリズム」を見る。彼らが「左翼性」「平和主義」「批判精神」と考えるものが、もはや何かの価値の擁護ではなく、何かへの「反感」という他律的なものになっているということである。

そもそも左翼とか進歩派といったものが具体的に何を指すのか、何を目指すものなのかは、時代によって違う。今、左翼を自称する人で、目指す社会像を「国営企業と計画経済」と答える人はまれだろう。

私は、突き詰めれば左翼とは「汝の人格の中にも、また他のどの人格の中にもある人間性を、常に同時に目的として扱い、決して単なる手段として扱わないというように、行為せよ」というカントの命題の実現を、あくまで歴史的具体的な現実の中で追求する立場だと考えている。いずれにしろ、普遍的な人間性にとって何か肯定的なものを実現しようとするものであるのは間違いない。

しかしソ連が崩壊して30年経つ今、私たちは普遍的な理念をもって現実を捉え、そこに関わっていくことが簡単ではない時代を生きている。資本主義に代わる社会像やそこへの道筋も描けないし、世界中の問題をただ一つの原因で説明し、抑圧された人びとを結ぶ国際主義を、単純なかたちでは想像できない。個別的な判断はともかく、理念の次元と現実を結んで「正しさ」や「価値」を分かりやすく示したり、信じたりすることが簡単ではなくなっているのである。

そうした中で、具体的な現実との間で緊張感をもちつつ人間のための普遍的な理念を模索するのではなく、目前の自国の権力への「反対」「反感」の深さ、強さこそが「左翼」としての純度であるかのように信じる精神が広がっているのではないだろうか。「反対」「反感」という受動的なものが、能動的に信じ、実現すべき普遍的「価値」の代用品となっているということだ。何らかの理念の基準から自国の権力に反対するのではなく、自国政府に反対することそれ自体が左翼の意味になる。

よくネット右翼について、「『反左翼』にすぎず、自らの価値をもたない」と評する言葉がある。バカボンのパパの言う「反対の反対ナノダ」が反左翼としてのネット右翼ならば、「反感」左翼もやはり、自らの価値を持たず、「賛成の反対ナノダ」であるということだ。

賛成と反対の基準は眼前の、自国の権力である。自国の権力が黒と言えば「白」と言うという「反感」＝情緒が基準となり、できるだけ力強く「白！」と言うことが左翼性の純度の証明になる。

そこには、自国の権力に受動的に規定された姿勢しかない。他律的なのである。権力者とは別の主体として現実に関与していくという主体性もない。自らの積極的価値を喪失している。固い信念をもっているようでいて、実際にはある種の力学に受動的に動かされているだけだ。この選択の長所は、思想的な不安や迷いから解放されることである。基準は権力が与えてくれるのだから。自らの心の問題は解決される。あとは熱心に反対を表明し、それに合わせたその場限りの理屈をかき集めればいい。

国際問題で言えば、賛成も反対も基準は自国=日本政府の選択であり、その後ろ盾としてのアメリカということになる。そこには中南米の人びとが反米を叫ぶときのような具体的な内容があるわけではなく、単に空虚な力学だけがある。

これがロシア擁護言説の根底にあるものではないだろうか。眼前の日本の支配者の後ろ盾となっているアメリカがウクライナを支援し、ロシアを悪と決めつけているという事実それ自体が、ウクライナ支援に反対し、ロシアの侵略を悪と考えない「根拠」なのである。

大国主義のミアシャイマーを「冷徹なリアリスト」などという言葉で賛美しつつ推奨できるのも、要は「反感」を支えるその場しのぎの理屈を後からかき集めているだけだからだ。だからこそ、集めてきた理屈が互いに矛盾していても気にならない。

この「力学」に立てば、すべてはすっきりと明快である。たとえば、左の側から「ウクライナ連帯」を叫ぶことは「堕落」である。なぜなら日本政府の庇護者であるアメリカ政府がウクライナを支援しているからだ。そしてウクライナがアメリカに支援されているという事実こそは、ウクライナの抵抗が間違っていることの動かぬ証拠である——。いろいろな理屈ではなく、先験的な確信があるのだ。

これは左翼・進歩派の「他律化」とでもいうべき現象である。「価値」の代わりに「力学」を軸に回っている。と言うか回されている。

9　根底にあるのは諦観と無気力

しかしこれは、シニシズムだ。どれほど熱く戦闘的に、急進的に見えても、「原則的」に見えても、それは「価値」をもって現実に関わっていこうとする意志を放棄した諦念の産物であり、退廃である（その最悪の帰結が、あらゆる陰謀論をかき集めたあげくに右翼とも左翼ともつかない何かになっていく人びとの増大だ）。

どうせ現実を変えることはできないと心の底で思っているからこそ、普遍的な価値を模索する気がないし、普遍的価値と現実の間にある緊張に向かい合う必要がない。変えるべき方向についても、そこに向かう道筋についても、そのための選択についても、具体的に考える必要がない。思想的無気力である。

だがそれでいいのだろうか。日本やアメリカの政府に判断を委ねた「賛成の反対ナノダ」では、国境を超えた普遍的価値を模索することはできないのではないか。もちろん、「賛成の反対ナノダ」でも国際連帯は表明できる。実際、私はネット上で血涙下るようにパレスチナ連帯を表明する一方で、ロシア兵にレイプされたウクライナ人女性を嘲笑するツイッターアカウントを見たことがある。それは人間的価値における「連帯」ではない。そこにあるのは、「反感」と「力学」だけである。

　これが、「ロシア擁護論はどこからやってくるのか」という疑問に対する、私の現時点での答えである。玉ねぎの皮を一枚一枚、むいていくと、残るのは「反感」と「力学」、そして諦念であった。人間的な価値を歴史的、具体的な現実の中で実現しようとする運動にとって、これは非常に危うい状況であると思う。

　本来であれば、アメリカが衰退し多極化する世界だからこそ、どのような国際的な価値＝理念に「賛成」するのか、それを具体的な歴史的状況の中でどう追求するのかを模索する自律的な思想の途が模索されるべきだろう。

　例えば私たちは、ウクライナ「社会運動」活動家のハンナ・ペレコーダのこんな言葉に応答しなければならない。


「私に言わせれば、今起きていること（注：直接にはパレスチナの事態を指す）は人類の敗北であり、もっと言うなら左翼勢力を自認する人びとの敗北である。今日起きていることは、被抑圧者の大義を支援するために十分なことをしてこなかったすべての進歩的勢力の無力さを認識することである。パレスチナでも、イランでも、シリアでも、他のどこでもしてこなかったことを、である」

「私たちは……一刻も早く自分たちの敗北を認めなければならない。自らを欺くことをやめ、自分たちに何ができるかを真剣に考え始める必要がある。ウイルスのように蔓延するファシズムに対抗するために、今日、私たちにできることは何か。そして、絶望と憎悪のどうようもない連鎖に陥る前に、自らの解放をかけてたたかう人びとを本当に助けるには、何ができるのかを」（「ある国を想像してみよう」、2023年10月15日、ペレコーダのサイト「国境なきヨーロッパ」から）

私はこの2年間、ウクライナの左翼活動家たちの文章をたくさん読んできた。ペレコーダもそうだが、彼らの多くは20代から30代の若者である。しかしそこには、日本の言論空間では許されているような胡乱な論理やごまかしは存在しなかった。彼らの言葉は、普遍的な理念と避けがたい具体的な現実の間で緊張をはらんでいた。その思想的選択は、そのまま自分の、社会の、祖国の生死につながっているからだ。しかも彼らは、自国のみではなく、常に世界の中で考えている。

この気高く緊張に満ちた営みこそが、かつて流行した「投企（アンガージュマン）」という言葉に相応しいものだと私は思う。状況に投げ込まれつつ、投げ返すという意味だ。

21世紀の老大国・日本の知識人や活動家たちが、彼らの闘いとジレンマを受け止め、応答するのではなく、共感しないですむための歪んだ理屈をかき集めているさまを、私は悲しく思う。

第6章　ロシア擁護論は「２０１４年」をどう語っているのか①

２０２２年のウクライナ全面侵攻は、世界中の人びとがリアルタイムで注視する中で始まった。しかもそれは、誰がどう見てもあからさまな侵略戦争であった。ミサイルが撃ち込まれる街や虐殺される住民といった映像に触れて、多くの人がプーチンのロシア政府に対して憤るのは当然であった。

だがそうした憤激に対して、物事にはそこに至る歴史的経緯がある、突然この戦争が始まったのではない、単純な善悪二元論に陥らず、感情的にならずにそれを冷静に学ぶ必要がある——と諭す人びとが出てくる。もちろん一般論としては正論である。

そして、ウクライナ戦争の「歴史的経緯」の焦点として語られるのが、その８年前の２０１４年の一連の出来事だ。

1 「ロシアの介入」が存在しない「2014年」論

2014年にウクライナで起きた出来事の第1は「マイダン革命」である。2013年11月、欧州連合（EU）との連合協定への調印を取りやめたヤヌコビッチ大統領に抗議して、数十万人の市民がキーウ中心部の独立広場（マイダン）に座り込んだことに始まり、そこから3か月間、「ベルクト」と呼ばれる内務省治安部隊との衝突が続き、ついには14年2月に大統領の逃亡に至った事件である。

第2はその直後のクリミア併合である。歴史的経緯もあってロシアへの帰属意識が強いロシア系住民が多いクリミア半島で、3月にロシア軍の制圧下で住民投票が行われ、それを受けてというかたちでロシアへの併合が行われた。マイダン革命後の混乱と長年の弱体化によって、ウクライナ軍は手をこまねくだけで何もできなかった。

第3は「ドンバス戦争」である。親欧米傾向の強いマイダン革命は東部や南部の人びとの反発を招いたが、その中からロシアへの併合を求める運動が現れる。それがロシアから越境してきた民兵やロシア軍の支援を得て、5月にはドンバス地域に「ドネツク人民共和国」と「ルガンスク人民共和国」を樹立。ウクライナ軍との激しい戦闘が繰り広げられるに至った。

ところが、こうした経緯の説明が「ロシア擁護論」、つまり宇山智彦が言うところの「論理的なつながりや釣り合いを欠いた話でありながら、ウクライナや欧米の非を言い立ててロシアの責任を相対化させる議論」によって行われていることが非常に多く、それがウクライナの状況をめぐる議論を混乱させている。

「ロシア擁護論」は2014年をどのように語っているのか。

端的に言えば、まるで「ロシアの介入」がなかったかのように語っている。「ロシアの介入」は、2014年の一連の出来事を貫く最も大きな要素の一つだが、ロシア擁護論は、「論理的なつながりや釣り合いを欠いた話」を様々に動員して、それが存在しない2014年像を作り上げているのである。

「歴史的経緯」の説明が歪めば、現状認識が歪む。煩わしいことだが、2014年をめぐる説明の歪みを点検しなければ、その先の議論ができない。本章と次章では、その作業を行わなければならない。

2　松里公孝『ウクライナ動乱』で書かれていないこと

たった10年前のことなので仕方がないことではあるが、ウクライナで2014年に起きたことについて、学術的な水準を備えた一般向けの通史はまだほとんど存在しない。

その意味で、2023年に刊行された松里公孝の『ウクライナ動乱』（ちくま新書）は、新書としては異例の500ページという大著を通して、マイダン革命からドンバス戦争に至る政治過程を描いており、一定の意義をもっている。

松里はウクライナ政治研究の第一人者だ。長年の現地での調査に基づく研究が記述の背後にあり、そこから学ぶことは多い。ただし、松里はウクライナ・ナショナリズムに極めて批判的で、当然、マイダン革命に至るその展開にも、もっぱら錯誤と挫折の連続を見出している。一つひとつの出来事に対する彼の評価については、そういう立場からのものと理解して読むべきだろう。

そのうえで、特にクリミアやドンバスにおける分離主義勢力の動向を詳細に語り、分離が現実のものとなる政治過程を詳細に描き出していることが、この本の価値だと言える。

しかしこの本には奇妙な欠点がある。クリミアやドンバスでロシア軍が果たした役割について極小化して記述していることだ。いや、役割どころか、事実の記述そのものが極小化されているのである。

クリミア併合について言えば、ロシア軍が登場するのは以下の部分だけだ。

「（2月）27日午前2時……ロシアの特殊部隊が、（クリミア自治共和国の）最高会議と政府の建物を占拠した」

「最高会議建物を占拠したロシア特殊部隊は、代議員と議会職員のみを建物内に通した。政府建物を占拠したロシア兵は、モギリョフ首相を建物に入れず、慇懃に追い返した」

これだけである。たった7行。ほかには、ロシア軍の「ロ」の字も出てこない。

だが実際には、2014年2月末から3月にかけて、クリミアにはロシア軍が大規模に展開していた。だからこそ、国際社会はこれを侵略と捉え、国連総会で100か国による非難決議が採択されたのである。

例えば、共同通信のモスクワ支局長である佐藤親賢の『プーチンとG8の終焉』(岩波新書、2016年)では、ロシア軍のクリミア展開は次のように書かれている。

「(2月)28日にはシンフェロポリの空港がトラック3台で乗り付けた軍服の武装集団約50人に占拠された。また、ウクライナの独立後も二国間協定によりロシアの黒海艦隊が駐留を続けているクリミア半島西部セバストポリに近いベルベク軍用空港も同じ日、武装集団の支配下に置かれた、これによりクリミア半島は事実上外界との空路のアクセスを断たれた」

「(ウクライナ国防相は)3月1日の閣議で、クリミアにロシア軍部隊約6000人が不法に展開していると述べた」

「翌月……プーチンは…ロシア軍部隊がクリミアにいたことを認める」

小泉悠の『プーチンの国家戦略』『「帝国」ロシアの地政学』『現代ロシアの軍事戦略』では、ロシアのシンクタンクの報告に依拠しつつ、ロシア軍の特殊部隊がヤヌコビッチ逃亡直後からクリミアの主要施設を次々と占拠していった経緯が詳細に記されている。

それによれば、21日のヤヌコビッチ逃亡後、28日までに1500人の特殊部隊がクリミア入りしている。3月に入ると通常の陸軍部隊も続々と展開し、ウクライナ軍の拠点を次々に制圧していった。4個旅団と特殊部隊1個連隊が展開したと推測されている。空路だけでなく、退役した艦船を港の入り口に沈めて、海路も封鎖する。

ヤヌコビッチ逃亡の6日後には、ロシア特殊部隊が最高会議を占拠し、首相を排除し、その日のうちに、そこで分離派が住民投票の施行を宣言し、二度の前倒しを経て、2週間ちょっとあとの3月16日に実際に投票が行われた。クリミア自治共和国の公式発表では投票率86％でロシアへの編入に賛成した者が96・8％という。だが東欧地域研究の伊東孝之は「投票率は30％、賛成率はその半分」というポーランド紙の報道や、クリミア・タタール指導者ムスタファ・ジェミレフによる「票率33％弱、賛成率はその半分」という見解を紹介している（伊東「ウクライナ　国民形成なき国民国家」2014年6月、スラブ・ユーラシア研究センターHP）。

投票のたった2日後にはロシアへの併合が完了する。その間、ロシア軍は着実にクリミアを軍事的に掌握していった。3月25日までにはウクライナ軍の193の駐屯地と停泊中の艦艇すべてがロシア軍の手に落ちた。

松里『ウクライナ動乱』は、ロシア軍の展開という事実にすら言及しない。仮に、クリミア併合に向かう政治過程を、こうしたロシア軍の動向と無関係に説明できると松里が考えているのであれば、その理由を説明すべきであるが、それもない。この本で初めてクリミア併合の経緯を学ぼうとする人は、ロシア軍の大規模展開を知らずに終わるだろう。

ドンバス戦争についても同じである。ロシアから多くの民兵が越境して親ロシア派の蜂起に参加したことには言及しているが、ウクライナ軍の反攻で分離主義勢力が窮地に陥った2014年8月に大規模なロシア正規軍が国境を超えてドンバスに展開し、ウクライナ軍を押し返したことについては、たった1行しか触れていない。

「人民共和国の反転攻勢の中で、（おそらくロシア正規軍が参加したと言われる）マリウポリへの進撃は……」

これだけである。500ページの大部分をクリミア併合とドンバス戦争についての言及に当てていながら、ロシア軍の介入については8行しか書いていない。

クリミアでは、分離主義——ロシアへの統合は確かに大衆的基盤をもっていた。ウクライナの独立以降、何度もロシア復帰運動が高揚している。とは言うものの、ロシアの軍事介入なしで分離派の権力掌握から住民投票、併合の実現までを、たった3週間で走り切ることができたとは到底思えない。

ドンバスについても同様である。クリミアほどではないが、やはりウクライナへの帰属意識が他地域に比べて脆弱なこの地域でさえも、当初、ウクライナからの離脱を支持する世論が決して大きくなかったことは、松里自身も書いている。にもかかわらず住民はウクライナ軍の民間人居住地への砲撃への怒りから分離主義者側に傾いていったというのが松里の認識だが、本格的な戦闘が始まるまでに至る過程、つまり3月から始まり4月に本格化するロシア右翼民兵の越境やロシア軍の武器支援について、奇妙な理屈で過小評価している。

当初、分離派を指揮したのはイーゴリ・ギルキン（ストレルコフ）という人物だ。彼はロシアから越境してきた情報機関出身の元軍人である。ロシア帝国復興を夢見る右翼だ（日本近代史における大陸浪人に似ている）。ギルキンについて松里は、「西側で過大評価されている」として、彼の軍事的無能を強調している。だが問われるのは彼個人の軍人としての手腕ではなく、ロシアの情報機関出身者が分離派の軍事的指導者を務めた事実がもつ意味である。

「ドネツク人民共和国」が成立すると、ギルキンは国防相となり、同じくロシアから来たボロダイは首相になる。これについて松里は、分離派が内部調整のために外から「王」を迎え入れたという解釈を取っている。現地での取材で得た感触に基づくのだろうが、問題はそれ以前に、ロシアから来た民兵の指導者が分離派全体の司令官となり、ついにはその「王」に迎えられたという事実そのものだろう。

松里は、「ロシアの介入」という要素について時には沈黙し、時には無理がある理屈で極小化しているのである。

彼によれば、マイダン革命が進行中の時期にクリミアの分離主義運動指導者がモスクワを何度も訪問したのは、彼らがモスクワの影響なり指導なりを受けていたことを証明する事実ではなく、逆にクリミアの論理にプーチンが説得されていく過程であるということになる。それどころか、ドンバスの保護を名目とした2022年の全面侵攻についても「やがてプーチン自身が、まるでドンバス急進思想の影響下に落ちたかのように、反一極世界・反植民地主義を唱えるようになった」という感慨が飛び出すのである。ロシアがクリミアやドンバスを動かしたのではなく、クリミアやドンバスがプーチンを動かしたのだと言わんばかりだ。

もちろん、クリミアやドンバスの分離主義運動を完全なロシアの操り人形と片付けることはできないし、彼らの台頭を「ロシアの工作」だけで説明することはできない。「工作」があったとしても、それを受け容れる一定の層がいなければ何も起きないからだ。その意味で、『ウクライナ動乱』は現地の政治過程を内在的に明らかにしたという意義を持つ。一方で、ロシアの介入という要素をほとんど無視するという大きな欠点をもっているのである。

3　「2014年」言説の4つのポイント

それでも、松里の記述は専門的な研究者による学術的な水準を備えたものであり、本書の第2章で私が示した、①論理や事実に照らして歪んだ論法によって、②ロシアの侵略責任を相対化する議論――という「ロシア擁護論」の定義には当てはまらない。私がここから検証したいのは、そうした意味でのロシア擁護言説と、その問題点である。

さて、ウクライナ侵攻が始まった直後、左翼系メーリングリストに「ウクライナ危機の責任は、モスクワではなく、ワシントンとキエフにある」という声明が出回っていたという話はすでに書いた。著者はカルロス・マルティネスという人物。「no cold war」という反戦団体の活動家だという。声明は、戦争が始まった2日後に中国の国営放送「CGTN」のサイトに掲載されたものだ。

マルティネスは、「米国とEUはウクライナのクーデターに深く関与し、反ロシア・親欧米政権を誕生させた。この政権はNATO加盟を積極的に目指し、NATOとの合同軍事演習に参加し、米国から数億ドル相当の高性能兵器を受け取っている。／このような状況へのロシアの懸念を理解するのは難しくない」とウクライナの状況を説明する。要するに、アメリカがウクライナに親米政権を樹立し、軍備強化をさせ、その結果、ロシアが追い詰められて暴発したのが全面侵攻だったというのだ。マルティネスはこのストーリーを補強するためにほかにもいろいろ書いているが、ここでは措く。要は、2014年以降、ウクライナ親米政権がNATOと結んで状況を悪化させ、ロシアがそれに応じなくてはならなくなったというわけだ。

彼はマイダン革命については「米国とEUはウクライナのクーデターに深く関与し、反ロシア・親欧米政権を誕生させた」とまとめている。この説明は非常にポピュラーなもので、様々な人がそのように語っている。「クーデターまがいの方法によって親NATO政権が成立」（下斗米伸夫『プーチン戦争の論理』）、「『ユーロマイダン革命』と呼ばれる『クーデタ』――民主主義的手続きによらずに親EU派によってヤヌコビッチ政権が倒される――が発生」（エマニュエル・トッド『第三次世界大戦はもう始まっている』）。「米国の『レジーム・チェンジ』戦略のターゲットは、ロシア正面のウクライナにまで及ぶ。2014年2月の『マイダン革命』がそれである」（水島朝穂、週刊金曜日2022年8月5日号）。

ロシア擁護論は2014年のウクライナをどう語ってきたのか。多岐にわたるそのポイントを整理すると以下の4点になる。

第1　マイダン革命はアメリカの介入で起きた

第2　マイダン革命はクーデターだった
第3　革命後、ウクライナ民族主義極右がロシア系住民を虐殺した
第4　ドンバス戦争はウクライナ軍による住民迫害である

ここからは、この4つのポイントを順に検証していこう。

第1　マイダン革命はアメリカの介入で起きたのか

結論から言えば、そうした主張には無理がある。「アメリカの介入」と呼べるものが皆無だったとは言わないが、それは革命の主因、あるいは有力な原因であると言えるようなものではなかった。

この時期のウクライナ政治の展開については、マイダン革命に非常に否定的な松里をはじめ、大串敦、服部倫卓、藤森信吉など、ウクライナ政治を専門的に扱っている研究者たちが様々な論文を書いている。私は、そうした研究者の論文で「マイダン革命はアメリカが介入して引き起こさせた」と主張する記述に出会ったことがない。「そうとも読める」という記述さえない。このことは、仮にアメリカの介入があったとしても、政治過程を大きく左右するほどのものではなかったことを示唆している。

そもそも「アメリカの介入で起きた」と主張する人たちが、どのような根拠でそう言っているのか自体が判然としない。ネット上には、例えば「デモ隊はアメリカから金をもらっていた」などと主張する記述もあるが、4か月にわたって数十万人が参加したデモにアメリカが少額ずつでも手当を支給していたら大変なことである。荒唐無稽にもほどがある。

そうした荒唐無稽な主張を排除していくと、残る根拠は3つである。

（A）アメリカはウクライナの人権団体などに多額の支援を与えてきた。
（B）アメリカのヌーランド国務次官補（当時）が電話で次期政権人事を指示していた。
（C）オバマが後に介入を認める発言をしている。

この3つを、それぞれ検証してみよう。

1　アメリカがマイダン革命に資金援助？

まずは（A）である。アメリカはウクライナの人権団体などに多額の支援を与えてきた。そのことがアメリカがマイダン革命を引き起こしたと言える証拠だという。

その根拠として出てくるのが、当時、アメリカの国務次官補だったビクトリア・ヌーランドが2013年末に講演で語った言葉にある。

「ウクライナが１９９１年に独立して以来、アメリカはウクライナ人が民主的な技能と制度を構築し、市民参加と良好な統治を推進するのを支援してきた。我々は、安全で豊かな民主的なウクライナの実現を支援するために50億ドル以上を拠出してきた」（アメリカ国務省ＨＰより。「Remarks at the U.S.-Ukraine Foundation Conference」、２０１３年12月13日）

この発言を、ロシアのラブロフ外相は、「ソ連崩壊以来、米国が公然とウクライナ獲得に乗り出したことは周知の事実である。Ｖ・ヌーランド米国務次官補は２０１３年末、ウクライナで従順な政治家の育成に米国が50億ドルも費やしたことを公けに、さらには誇らしげにさえ認めた」と解釈する（２０２３年11月21日、駐日ロシア大使館ツイート）。

果たしてこの解釈は妥当だろうか。また、アメリカがマイダン革命を引き起こした証拠と言えるだろうか。

50億ドルという言葉の響きが独り歩きしているが、ウクライナ独立以来というから、１年当たりに換算すれば2億ドル程度である。これは巨額と言える額だろうか。しかもその内容は、ヌーランドによれば「民主的な技能と制度を構築し、市民参加と良好な統治を推進する」「安全で豊かな民主的なウクライナの実現」のための支援だと言う。

もしかしてこれは、ＯＤＡのことではないだろうか。外務省ＨＰによれば、アメリカは90年代を通して、年間80～１００億ドルのＯＤＡを行っている。２０００年以降は年々増加し、年間

300億ドルに達する。2011年時点で、アメリカのODA対象国上位10か国には、中東やアフリカの国々が並んでいた。1位のアフガニスタンが年間29億ドル、10位の南アフリカが6億ドルだから、そう考えると辻褄があう。

いずれにしろ、22年間の援助をマイダン革命に直接的につなげるのは、そもそも無理がある。

ただし、ではアメリカがウクライナの民主化を掲げた介入を全くしていなかったかと言えば、そういうわけではない。アメリカは国務省の資金を受けた「全米民主主義基金（NED）」を通じて、世界各国の人権団体や野党、労働組合などに資金援助を行ってきた（年間予算は全体で1億～2億ドルのようだ）。ウクライナに対しても同様だ。2023年5月23日付朝日新聞には、NED会長のコメントが紹介されている。

「NEDはソ連崩壊前の1988年から、ウクライナの民主化を支援してきました。ウクライナではNGOや市民団体、腐敗防止の運動、調査報道をする自由なメディアなどが育ってきました」（「ウクライナで進んだ民主化の流れ、抵抗の力に／全米民主主義基金会長」）

これを「介入」と呼ぶことはもちろん可能である。だが「介入」が「あった」という事実と、「マイダン革命はアメリカが起こさせた」という判断は次元が異なる。

戦後の日本では、60年代まで自民党がアメリカから、社会党や共産党がソ連や中国から資金援助を受けていたことが今では明らかになっているが、だからといって60年安保闘争を「ソ連がやらせた」とまでは言えないだろう。かつては世界各地の共産主義運動がコミンテルンやソ連の支援を受けていたが、だからと言って世界中の革命を「ソ連が起こさせた」とは言えない。

実際、そうした援助があっても、「マイダン革命はアメリカが起こさせた」と主張する専門的な研究者が存在しないのは、先に見たとおりである。

実は、マイダン革命の10年前にウクライナで起きた「オレンジ革命」においても、NGOや人権団体などがアメリカの支援を受けていることをもって「アメリカが起こさせたのだ」という主張があった。プーチンもそう言っている。

こうした主張を、北海道大学スラブ研究センターの報告集「『民主化革命』とは何だったのか：グルジア、ウクライナ、クルグズスタン」（２００６年）では、次のように退けている。

「各国とも前政権はＣＩＳ諸国の中では比較的親米であり、アメリカが親米政権を作るために革命を起こさせたという説明は成り立ちにくい。アメリカの長期的な民主化支援の取り組み（それは他のＣＩＳ諸国に対しても行われている）が直接・間接に革命に影響を与えたことは確かだが、決定的ではない」（宇山智彦・前田弘毅・藤森信吉「グルジア・ウクライナ・クルグスタン三国『革命』の比較」）

この三人のうちでは最もウクライナ研究に踏み込んでいる藤森は、同じ報告集の別の論文で「ロシアのメディアで言われる『アメリカ政府による前政権の転覆』説は、アメリカの役割を過大評価」しており、「欧米の民主化圧力は二義的」だとしている（藤森信吉「ウクライナ　政権交代としての『オレンジ革命』」）。ここで言う「欧米の民主化圧力」とは、直接には選挙を公正に行えという「圧力」であり、誰を政権に据えろというものではない。

ところで、東京外国語大学教授（平和構築学）の伊勢崎賢治は、れいわ新選組の山本太郎代表との対談記事（サイト「長周新聞」２０２２年3月3日）で、「米国は民主化支援という形でＣＩＡとは別に（全米民主主義基金＝ＮＥＤなどを使って）政権転覆をやった経緯がある。その一つが『オレンジ革命』（２００４年）だ。これも国際法スレスレだ」と語っているが、まさに「ロシアのメディアで言われる『アメリカ政府による前政権の転覆』説」を無根拠のまま鵜呑みにするものだと言える。

２　アメリカの国務次官補が次期政権人事を指示？

次に、（Ｂ）の「ヌーランドが電話で次期政権について指示していた」というエピソードである。これはネット上では頻繁にみかける話だ。

２０１４年1月末に、ヌーランドがアメリカの駐ウクライナ大使と交わした通話記録が、その数日後、何者かによってユーチューブにロシア語字幕付きでアップされたのである。通話の内容は、ウクライナの野党政治家たちの誰が首相にふさわしいかというものだった。

筑波大学名誉教授の遠藤誉は「２０１４年、ウクライナにアメリカの傀儡政権を樹立させたバイデンと『クッキーを配るヌーランド』」（Ｙａｈｏｏ　２０２２年5月12日）の中で、このように解釈する。

「ヌーランドが、新しく樹立させようとした親米のウクライナ政権に関して、人事まで決めていた会話が録音されてリークされた」

「アメリカの傀儡政権を樹立させるために、バイデンやヌーランドが動いたと見るべきだろう」

「ヌーランドが会話の中で列挙しているウクライナ政界の人物は『ボクシングの元ヘビー級世界チャンピオンであるクリチコ』や『ヤッツ（アルセニィ・ヤツェニュク）』などで、彼女は『ヤツェニュク』を、『経済経験のある人物』として評価している。のちに発足した親米のポロシェンコ政権で、『ヤツェニュク』は首相に就任している」

アメリカの国務次官補がウクライナの政権人事について口出しをしていた、そして実際に意中の人物が首相となった——とつなげれば、確かにアメリカがウクライナに思い通りの傀儡政権をつくった証拠のように見える。

しかしこれは、文脈を切り取って恣意的なストーリーに仕立て上げる詐術である。1月末に交わされたこの会話は、ヤヌコビッチ政権が下野した後に誰を据えるかを議論する内容ではない。

少し説明が必要だろう。このとき、ＥＵやアメリカは、２０１３年11月以降、激化する衝突を危惧して、ヤヌコビッチ政権にマイダンの抗議者たちとの和解を促す「介入」を始めていたのである。２月20日にはフランス、ドイツ、ポーランドの外相がキーウに入り、ヤヌコビッチや野党指導者と長時間の会談を行い、双方に合意案を示して妥協を迫った。翌21日には、野党が入った国民連合政権をつくること、憲法を改正すること、来年３月の大統領選を年内に前倒しすること――などの合意が成立する。22日付の朝日新聞は「ウクライナをめぐり綱引きを続けるロシアとの関係を悪化させないためにも、混乱の長期化を避けるべきだとの判断が働いたとみられる」としている。ロシア代表もキーウにいたが、合意への参加を拒否した。

つまりこの通話は、ヤヌコビッチ大統領の下に組閣されるべき国民連合政権の人事についての会話なのである。ヌーランドが傲慢にも他国の政治家を品定めしているのは確かだが、それは決してヤヌコビッチ政権打倒の謀議ではない。実際、この通話記録の流出は、当時、日本の新聞でも報じられたが、どこも政権打倒の謀議発覚とは報じてはいない。ウクライナの作家アンドレイ・クルコフも、２月７日の日記にこの通話記録のことを書いているが、ヌーランドが「汚い言葉で（ＥＵを）けなしていた」としか書いていない（クルコフ『ウクライナ日記』）。

そして、ヌーランドが品定めしている野党政治家が、なぜヤツェニュク、クリチコ、チャフニボクの三人なのかと言えば、彼ら三人が、マイダンの側に立ちつつ、しかし広場の群衆とヤヌコビッチ政権をいわば仲介し、事態を平和裏に着地させる役割を担っていたからである（松里『ウクライナ動乱』では彼らの写真に「マイダン革命時の野党三羽烏」というキャプションをつけている）。

だが三国の外相が政府と野党を仲介して成立したこの合意は、マイダンの群衆に拒否された。ヤヌコビッチが引き続き政権の座にとどまることを彼らは認めなかった。彼らはすべての政党に不信感を抱き、自立した運動を展開していたのだ。戦闘的な右翼活動家が集会の壇上に立ち、大統領府に向かうことを提案する。収拾がつきそうもない事態に、ヤヌコビッチは21日、誰にも告げずに逃亡したのである。

3 「クッキー」を配って選挙干渉？

こうした文脈の中に置いてみれば、ヌーランドの「介入」の力がどの程度だったかはともかく、それがヤヌコビッチ打倒を意図したものではなく、むしろ事態の沈静化を目的としたものであることは間違いない。しかも沈静化を目指した「介入」の先頭に立ったのは、アメリカではなく、フランス、ドイツ、ポーランドであった。

ついでに触れておけば、ヌーランドが「野党三羽烏」の中で首相に推していたヤツェニュクが、ヤヌコビッチ逃亡後の暫定政権で実際に首相に就任した事実をもって、ヌーランドの差し金と見るのも、あまりに根拠薄弱である。

大統領の逃亡という前代未聞の事態を収拾するには、暫定政権にマイダンの群衆が納得する政治家を迎え入れるしかない。そして「野党三羽烏」のうち、チャフニボクは極右であり、クリチコは政治経験がほとんどない。国務大臣や最高議会議長も務めたヤツェニュクが首相に選ばれたのは、さして不思議ではないだろう。そもそも、ヤヌコビッチ大統領自身が、ヌーランドの電話と同時期に、ヤツェニュクの首相就任を求めていたのである（永綱憲悟「ウクライナ危機とプーチン」）。

もちろん、アメリカ政府の中に、ウクライナに選挙を通じて親米政権が成立することを望む者がいたことは確かだろう。ヌーランドもその一人だ。彼女はマイダンに出かけてプチパンまで配っている。

だが滑稽なのは、このプチパン配布という小さなエピソードが、ロシア擁護論ではしばしば大事のように喧伝されることだ。先に引用した遠藤誉の記事がまさにそれである。

「『クッキー』を配ってウクライナ国民の投票行動に影響を与えようとする発想に、まず驚く」

「他国への内政干渉であり、また選挙のために物品や金銭を配るという行為は、民主主義国家では禁じられているはずだ」

「抗議デモを鎮圧しようとしている機動隊にまでクッキーを配って懐柔しようとしているのは、如何に熱心であるかを表していて、注目に値する」

何かの悪ふざけか揶揄のつもりなのかと疑って何度も読み返したが、そういうわけでもなさそうだ。遠藤は、ヌーランドがプチパン（クッキーは誤り）を配ることでウクライナ人の「投票行動」に影響を与えようとしていたと本気で訴えている。

そもそもヌーランドがプチパンを配った2013年12月、ウクライナでは当面、国政選挙の予定はなかった。大統領選挙は1年以上先の2015年3月のはずだった。実際には2月のヤヌコビッチ逃亡によって5月に行われることとなるが、この時点では誰もそんなことは予想できない。しかし遠藤は、その様子を撮った写真を「動かぬ証拠」と呼ぶ。

ところで、遠藤は「これらの証拠写真により、オバマ大統領が『(親露政権打倒のための)マイダン革命にアメリカが関与していた』という趣旨のことを言ったことが『事実であった』ことを、私たちは確認することができる」とも書いている。遠藤によれば、「2015年1月31日、CNNのインタビューで、当時のオバマ大統領が『(ヤヌコヴィチ政権転覆のための)クーデターに、背後でアメリカが関与していた』という事実を認めた」のだという。

これがつまり、「アメリカが介入してマイダン革命を引き起こした」根拠として私が挙げた3つ目、「(C)オバマが後に介入を認める発言をしている」である。

4 決して引用されない「オバマ発言」の実際

遠藤はここで、専門家の名前を挙げてこれを補強する。

「ロシア研究の最高権威である下斗米《しもとまい》伸夫教授(法政大学)も、平成28年3月に公益財団法人日本国際問題研究所が出した報告書〈平成27年度 外務省外交・安全保障調査研究事業『ポストTPPにおけるアジア太平洋地域の経済秩序の新展開』ロシア部会「アジア太平洋地域における経済連携とロシアの東方シフトの検討」〉の『第1章 曲がり角に立つロシア・2016年』で認めておられる」

その報告書を探し出してみると、下斗米はそこで次のように書いていた。

「事実オバマ大統領も2015年1月末にウクライナでの現職ヤヌコビッチ大統領の追放クーデターに米国が関与していたことを認めた」

下斗米は、ほかでも、同様の主張を繰り返している。

「このとき（2015年2月の「ミンスク合意Ⅱ」締結の際）オバマ大統領も、マイダン革命における米政府の関与をCNNのインタビューで認めている。ロシアのクリミア併合は事前に準備されたものというよりも、即興的対応だったと語ったのである」（『プーチン戦争の論理』）

ところが下斗米は、いずれの文章でもオバマ発言そのものの引用はしていない。そして、ネットでいくら検索しても、様々な人が「オバマがクーデター関与を認めた」と書いているだけで、肝心のオバマ発言を引用しない。

それを確かめたいと思ったのだろう。「言論NPO」のイベント「大国関係と国家主権の未来ウクライナ問題を考える」（同サイト、2015年5月8日）で、主催者の工藤泰志は出席した下斗米に対して、「オバマ大統領が認めたこととは何だったのでしょうか」と尋ねている。下斗米はこれに「オバマ大統領は、その一連のプロセスにアメリカの意図があったということを認めたということです」と答える。あいまいで煮え切らないと思った工藤が再度、「一連のプロセスに関与したというのは、具体的にどういう意味でしょうか」と畳みかけると、下斗米が「オバマ大統領は、政権交代に関与したという言い方をしていました」と答えて、この問答は終わっている。

その後、私がいろんなワードで検索して、ようやくオバマ発言の内容を見つけたのは、「ロシア・ビヨンド」（ロシアの政府系メディア）の日本語記事（2015年2月4日付）によってであった。そこで紹介されているオバマ発言の内容はこうだ。

「プーチン氏がクリミアとウクライナに関してそうした決定を行ったのは、氏に大いなる戦略があったためではなく、本質において、マイダンでの抗議および私たちがウクライナでの政権移行における仲介者となった後のヤヌコヴィチ氏の逃亡で、氏が虚をつかれたことによる」

ここでオバマが言いたいことの主題は、「ロシアのクリミア併合は事前に準備されたものというよりも、即興的対応だった」という彼の推測だろう。問題は、その前段の、アメリカが政権移行の仲介者になったという部分だ。同記事では、これを「オバマ大統領がニュートラルに『政権移行』と呼んだところの反政府クーデターに米国が当初より直接関与していたことの裏付け」と捉えるラブロフ外相のコメントを紹介している。

面白いのは、この「ロシア・ビヨンド」の記事自体は、ラブロフ外相の解釈に懐疑的であるということだ。記事はロシア国際問題評議会代表の次のようなコメントを掲載している。

「米国の大統領がわが国は国家転覆に参加したと声明するのを期待するのは、滑稽というものだろう。オバマ氏は、米国は一部の欧州諸国とともにヤヌコヴィチ氏と野党の間の歩み寄りの達成に参加した、と言いたかったのだ」

「アメリカは、敵対する双方（注：政権と野党・抗議者）との非公式なコンタクトはあったものの、ウクライナにおける公式の交渉プロセスに参加しなかった。それゆえ、オバマ氏は米国の役割を誇張していたと言える」

私も、この読解が妥当だろうと考える。オバマは「マイダンでの抗議および私たちがウクライナでの政権移行における仲介者となった後のヤヌコヴィチ氏の逃亡で」と言っている。つまり、「政権移行における仲介者」を務めたのはあくまで「ヤヌコヴィチ氏の逃亡」前なのだ。つまりこれは先述の、ヤヌコビッチ政権と野党・抗議者による国民連合政権をつくろうとした試みの話をしていると読むべきなのだ。国際問題評議会代表は、そこに「（ウクライナ政権・野党・EU外相による）公式の交渉プロセスに参加しなかった」オバマの強がりさえ見ている。いずれにしろ、このオバマ発言が、「ヤヌコビッチ大統領の追放クーデターに米国が関与していたことを認めた」などと断定できる内容ではないことは明らかだ。その後、このオバマ発言については、駐ロ米大使館サイトでも確認できた（「President Obama's Interview with Fareed Zakaria of CNN」、２０１５年2月1日）。

肝心のこの発言内容を引用しないままで、至るところで「オバマがクーデター関与を認めた」とだけ書いている下斗米の知的誠実さを、私は疑わざるを得ない。

８　アメリカの比ではなかったロシアの介入

さて、「アメリカの介入」がマイダン革命を引き起こすほどのものではなかったことは以上で明らかになった。一方、ロシア擁護論が全く言及しないのが、「ロシアの介入」である。実は当時、ウクライナに対するロシアの介入は、アメリカの比ではなかった。以下、具体的に見てみよう。

ウクライナに対するロシアの介入は、主に経済、政治、メディア、そして軍事を通じて行われた。

まずは経済である。ロシアは経済を武器に、２０１４年よりずっと以前から、ウクライナの政治判断を左右しようとしてきた。

ソ連時代、ロシアとウクライナの経済関係は、ロシアの原油や天然ガスをウクライナに輸送し、それによって工業を動かすというものだった。この関係は、独立後の両国の明暗を分けた。ソ連時代の古い重厚長大産業が世界的な競争力を持たなかったのはどちらも同じだが、ロシアには天然資源があった。一方、ウクライナはロシアからそれを買わなければならない立場となった。

２０１３年の時点で、ウクライナの輸出に占めるロシアの比率は23・８％で相手国内訳で第1位だった。輸入においては30・2％でこれも1位。その約半分が、ウクライナ経済を支える天然ガスだった。一方、ロシアにとってのウクライナの比重は、輸出で4・5％（6位）、輸入で5％（4位）に過ぎない。

この関係を、プーチン政権は政治的な武器として活用した。2004年のオレンジ革命で親欧米政権が誕生すると「ガス戦争」と呼ばれる軋轢が起きる。ロシアは天然ガスの価格を変動させ、供給を一時ストップしてみせるなどして、ウクライナの対ロシア政策を動かそうとした。ウクライナを経て欧州に続くパイプラインの使用料はウクライナの利益にもなり、また支配層間で配分される利益にもなっていたから、これはアメとムチである。

2010年にはロシア黒海艦隊のクリミア・セバストポリ港駐留期限をガス価格の値下げと引き換えに延長する「ハルキウ協定」が結ばれた。これにより駐留期間は25年延長されたのだが、それはウクライナのNATO加盟を25年間、阻止できることも意味していた。

さらにプーチンは11年、「ユーラシア連合」の構想を発表。旧ソ連諸国を糾合した経済連合であり、ウクライナにもこれに参加することを求めた。EUとの連合協定調印に向けて交渉中だったヤヌコビッチは、「オブザーバー参加の表明」以上にはこれに応えなかった。そのため、ロシアは圧力のボルテージを上げていく。

2013年7月には、ウクライナ産の銅管に与えられていた無関税枠が廃止され、20～40％の関税がかけられることになった。また、税関がウクライナからの貨物に徹底的な検査を行い、大幅に遅延するようになった。保健所は衛生基準違反を理由にウクライナ製菓最大手の商品の輸入を禁止

（「チョコレート戦争」と呼ばれる）。翌8月には、ウクライナのすべての商品が「リスクのある商品のリスト」に掲載され、1週間、輸入がストップした。

この過程を、服部倫卓は次のように評している（服部「ロシアとウクライナの10年貿易戦争」）。

「ロシアの措置は、経済そのものの利益を目的としているというよりも、経済を武器にウクライナを屈服させる意味合いが強かった」

「ロシアの貿易戦争は相手国の経済面での脆弱性を突いて外交的に屈服させようとするケースが目立つ。外交の延長としての、あるいは地政学の武器としての貿易戦争である」

2013年秋には、ロシアはヤヌコビッチ政権に対して当時の輸入価格の4割近い値引きを提示する。ヤヌコビッチ政権はこれに「転び」、11月21日、EUとの連合協定調印の延期に踏み切ったのである（藤森信吉「ウクライナの中立は買えた――ロシア天然資源外交の興亡」）。

この決定に抗議する人びとがキーウの独立広場に集まったのが、マイダン革命の始まりであり、それは結局、翌年2月のヤヌコビッチ政権崩壊に至った。

そして、マイダン革命がヤヌコビッチ政権の崩壊に帰結すると、プーチン政権は3月4日、たった3か月前に決めたガス価格の値下げを撤回する。さらにクリミア併合でセバストポリ港がロシア領となったのだからハルキウ協定も無効だとして、4月にこれを破棄し、協定が定めた値下げ分も取り止められた。ウクライナの天然ガス価格は跳ね上がった。欧州向けの価格をはるかに上回る高額の設定であった（読売2014年4月4日付夕）。プーチンは、ウクライナ側の代金未払いが続けば供給を止めると警告した（朝日同年5月17日付）。

さらに6月にポロシェンコ政権がEUとの連合協定を締結すると、ロシアの対ウクライナ経済政策はさらに攻撃的、報復的なものになり、ウクライナ側もこれに報復措置を行うなど、両国の「貿易戦争」は激化していった。2015年には、ロシアからの天然資源輸入はゼロになった。

9　ロシアのテレビが持っていた影響力

政界への「介入」もあった。藤森が指摘する「ソ連時代の人的・経済的関係」はロシアにとって大きな介入の手段となった。ウクライナの野党指導者には、プーチンに娘の代父（洗礼に立ち会う、神への保証人）をしてもらうほど親密な関係を結ぶメドベチュクのような人物がいた。彼はロシアの意向に沿った政治活動を行った（保坂三四郎『諜報国家ロシア』）。ワグネルの指導者プリゴジンは、2023年の反乱時に、動画の中で「ロシア政府はメドベチュクを首班とする傀儡政権を構想していた」と明らかにしている。メドベチュクは2022年2月の全面侵攻後にウクライナで逮捕され、同年9月にウクライナ軍捕虜との交換でロシアに引き渡された。「単純計算するとメドベチューク一人がウクライナ軍人捕虜約160人に相当した」（保坂）。

各界への工作員の浸透に目を光らせるべきSBU（ウクライナ保安局）はソ連時代のKGBのウクライナにおける機関がそのままウクライナの情報機関に横滑りしただけだったので、人的関係から多くのロシアの工作員を抱え込んだ（山田敏弘「なぜウクライナのスパイがこぞってロシアに寝返りまくっているのか」）。それを排除する攻防はゼレンスキー政権時代まで続いたという。

ロシアはまた、メディアを武器とした「介入」も盛んに行った。なぜそれが可能かというと、当時、ウクライナの多くの人がロシアのチャンネルでロシアのテレビ番組を見ていたからだ。

先に紹介した藤森信吉の論文は、冒頭でこう書いている。

「（両国は）ソ連時代の人的・経済的関係やインフラ、言語・文化・歴史の共通性を有してきた。そのため、ロシアはウクライナに対し、通常の国家以上に豊富かつ効果的な梃子を有していた……日常生活でロシア語はウクライナ語と同程度に利用されており、両国エリート間のコミュニケーションやウクライナ世論へのモスクワ・メディアの浸透を容易にした」

プーチン政権は就任以降、次第にメディア支配を強化していた。2013年末には、政権から距離を取る国営通信社「ＲＩＡノーボスチ」を解散させ、これを再編して「ロシア・トゥデイ」を創設。社長にはプーチンに近い人物を就任させている。2014年初には、政権に批判的で、マイダン革命を現場から中継していた局がケーブル放送網から排除された。

こうして、ロシアのテレビはマイダンについての否定的な偏見をあおる番組を大量に流し続けるようになった。映像の時系列を入れ替えてデモ隊が先に暴力を振るったかのように見せたり、運動が欧米の陰謀であるかのように説明したり、通常の越境移動を「ウクライナからロシアへの難民が急増」とする事実無根の報道を行ったりした。報道をチェックするロシアの独立機関も当時、これらを「偽情報」「プロパガンダ」と断じて懸念を表明している（保坂三四郎「ロシアメディアはウクライナをどう報道したか」）。

こうした番組は、そのままウクライナでも放映されていた。アンドレイ・クルコフの『ウクライナ日記』を読むと、キーウに住むクルコフが常にロシアチャンネルのニュースを見ていることが分かる。

ロシアのメディアの影響は、当然ながらロシア語を日常語とするウクライナ東部で大きかった。2月26日、ハルキウのマイダン派知識人であるセルヒー・ジャダンは、この都市の人びとに向けてユーチューブを通じて、こう訴えなければならなかった。

「プロパガンダに耳を傾けてはいけません。バンデロフツィ（バンデラ主義者。ウクライナ民族主義右翼の意味）はここには存在しません。ファシストも過激派もいません。そんなことは何一つ真実ではありません」（『ウクライナの夜』）

3月末には、ウクライナのテレビラジオ国家委員会が「ウクライナの領土一体性を侵食するプロパガンダを行い、民族間憎悪を挑発、暴力や対外排斥主義を植えつけている」として行政裁判所に提訴し、放送の一時停止が命じられた（保坂）。

分離主義を掲げた紛争が拡大してくると、その影響は深刻なものになった。

ウクライナの左翼活動家ダリア・サブロワは、2022年10月に書かれた文章で、この時期の偽情報の例を列挙している（「ウクライナについての疑問に答える」『ウクライナ2014～2022』）。

「ロシア語を話す人びとは国家機関や企業の役職から解雇されるか、国外に追放される」
「バンデライト（バンデラ主義者）がドンバスにやってきて恐怖と暴力をまき散らす」
「ドンバスの鉱山は永久に閉鎖されてヨーロッパ諸国が放射性廃棄物の貯蔵に使う」
「ウクライナ市場に遺伝子組み換え食品が溢れる」
「米国がウクライナを対ロシア戦争の基地として使用する」

有名な偽情報としては、「三歳児の磔《はりつけ》」という話がある。ドネツク州スラビャンスクで、ウクライナ兵が広場に住民を集め、その目の前で3歳の男の子を磔にしたというのだ。ロシアの国営テレビ局が難民女性の証言として報じたものだが、もちろん何の裏付けもない。

クリミアやドンバスにおける分離主義運動のすべてをこうしたロシアのメディア攻勢で説明することはできないが、しかし事態を深刻化させるうえで大きな役割を果たしたことは、多くの人が指摘している。松里は、クリミアやドンバスの住民を分離主義に走らせたのはマイダン革命の暴力に対する恐怖であると指摘しているが、その恐怖の何割かは、ロシアのメディアがつくったものなのである。

最後に軍事的な「介入」だが、これについては後で触れる。クリミア併合やウクライナ東部への民兵や正規軍の投入、武器支援が文字通りの軍事「介入」であることは、誰も否定しないだろう。しかもプーチンは3月1日にウクライナ領内でのロシア軍の展開への許可をロシア上院に求め、上院はこれを可決したのである。

このように、ロシアは経済、政治、メディア、軍事を通じて、ウクライナに対する大規模な「介入」を行っていた。ヌーランドが独立広場でプチパンを配ったことなどは比較にならない。にもかかわらず、ロシアの介入は裏目に出て、ウクライナのロシアからの離脱はますます進んだのであった。ロシア擁護論は、こうしたロシアの大規模な介入をほとんど無視して2014年を語っている。

第7章　ロシア擁護論は「２０１４年」をどう語っているのか②

第２　マイダン革命は「クーデター」だったのか

１　そもそも「クーデター」とは何か

次に、「マイダン革命はクーデターであった」という言説を吟味してみよう。これはロシア擁護論ではポピュラーなものだが、元ネタはプーチン自身である。彼に言わせれば、全くの無血で行われ、最高裁の判断をもって決着した２００４年のオレンジ革命も「クーデター」「暴動」ということになる（『オリバー・ストーン　オン　プーチン』）。

この主張は、「アメリカが介入して引き起こした」という話よりもはるかに何を意味しているのかが不明である。マイダン革命のような大衆運動を指して、普通は「クーデター」とは呼ばないからだ。

「クーデター」とは何か。小学館の「日本大百科全書」はこう説明している。

「『国家に対する一撃』という意味で、武力によって非合法的に政権を奪取することをいう。一般に支配階級の一部が、自己の権力をさらに強化するために、あるいは他の部分がもつ権力を奪取するために遂行される。したがって、クーデターは支配階級内部の権力の移動にすぎず、被支配階級が権力を奪取し、生産関係の変革を図る革命とは性格を異にする。ただし、革命政府に対する旧支配階級の武力による転覆活動もクーデターといわれる。／クーデターは、軍隊、警察その他の武装集団の武力行使による政権の奪取という形態をとるのが一般的であり、権力奪取に成功した場合、戒厳令の施行、議会の停止、言論の統制、反対派への弾圧などの抑圧的措置をとるのが通例である」

クーデターは、武力によって非合法に政権を奪取する行為で、かつ「被支配階級が権力を奪取し、生産関係の変革を図る革命」ではないものだという。生産関係の変革を図る革命とは、フランス革命のようなブルジョア革命、あるいはロシア革命のようなプロレタリア革命を指している。マイダン革命が、そうした「生産関係の変革を図る革命」ではなかったのは間違いない。

また、クーデターは「軍隊、警察その他の武装集団の武力行使による政権の奪取という形態をとるのが一般的」だという。マイダン革命では、軍隊や警察による権力奪取は起きていない。ではそれ以外の武装集団による権力奪取はあっただろうか。

ウクライナ国内外で知られた左翼理論家のヴォロディミール・イシュチェンコは、マイダン革命に非常に批判的だが、その彼も、「クーデターだった」という説明は否定している。

「『クーデター』という概念では、事件の（極めて自主的な）推進力であった運動と、実際に権力を握った野党との間の区別を十分に把握することはできません。だからこそ、私はマイダンを『民衆反乱』と呼んでいるのです」

「私はこれがファシストによるクーデターだという考えには同意しません。『クーデター』という言葉は、上から計画された組織的、武力的な権力奪取を意味するが、実際はそうではありませんでした」（『ウクライナ2014〜2022』）

イシュチェンコの言葉をかみ砕くと、こういうことだ。クーデターと呼べるものは、軍であれ何であれ、何らかの（武装）集団が主体的な行動によって既存の権力者を実力で排除して自らがその座に座るという一貫したプロセスがあるものだが、マイダン革命にはそうしたプロセスはなかった――。

先述のように、独立広場に集まった群衆は、野党の指示に従っているわけではなかった。彼らの一部は次第に暴力化したが、既存の権力者に武力で取って代わろうとした者はいない。

広場や路上で治安部隊と衝突していただけだ。野党は彼らと政府の間で時に板挟みになった。野党と政権の合意が成立したとき、広場の群衆はこれを拒否する構えを見せ、その次の瞬間、ヤヌコビッチは逃亡した。誰も予期し得ない展開に、最高会議は大統領の解任を与党・地域党の一部の賛成も得て議決し、暫定政権を樹立。2か月後には正式な大統領選で正式な大統領を選出し、政治を正常化させた。

つまり、権力奪取を一貫して目指した集団もなければ、それに成功した集団もいなかった。これをどうしてクーデターと呼べるのか。

もちろん、そのプロセスに違法性がないとは言えない。松里は、「ウクライナ憲法は大統領解任の理由として辞任、重病、弾劾、死亡の四つしか認めていないので、このヤヌコビッチ解任は違憲である」としている（プーチンも2014年3月4日の会見で同じことを指摘している。山形浩生編訳『プーチン重要論説集』）。

そうは言っても、憲法も想定していない事態の中で権力の空白をつくるのは危険だっただろう。実際、プーチンがウクライナ領内でのロシア軍展開の権限付与を上院に諮り、満場一致で認められたのはその一週間後だ。ことは急を要していた。

ただし、松里もこの過程を「クーデター」とは呼んでいない。

結局、ロシア擁護論においてマイダン革命が「クーデター」と呼ばれる根拠は、「選挙で選ばれた政権を違法に倒したから」というだけのようだが、それだけでクーデターと呼ぶのであれば、大衆運動によるものを含め、多くの政変が「クーデター」になってしまう。韓国の「四一九学生革命」（１９６０年）やフィリピンの「ピープルパワー革命」（１９８６年）も「クーデター」にされてしまう。あまりに恣意的な用語法であり、歴史を検証する学術性とは無縁の「悪罵」に過ぎない。

２　衝突の激化は政権の弾圧が原因

ところで「クーデター」を情緒的に補強する文脈で語られる言説として、

「マイダン革命は暴力的だった」
「マイダン革命は右翼の運動だった」
「謎のスナイパーが数十人を射殺したことがマイダン革命の最も決定的な瞬間だった」

というものがある。それぞれについて検証してみよう。
例えば下斗米伸夫『プーチン戦争の論理』では、マイダン革命はこんなふうに説明される。

２０１３年末以降、キーウ市内のマイダン広場では、ヤヌコビッチ大統領に対する抗議運動が激化していた。……／人権派から西ウクライナの民族急進派までが街頭に出て、暴徒化した一部の勢力により、死者が発生するという事態となった。それでもまだ、ウクライナ政府と反対派との対立は、２月20日前後までは憲法の枠内に収まっていた。……／ところが

２０１４年2月22日以降、警察と反対派双方による暴力の行使が頂点に達し、１００名以上が亡くなる流血の惨事が起こった。武力紛争は、両立不可能な主張をする集団が衝突することで発生する。マイダン革命でも、ロシア側と欧米側とで認識や主張がぶつかった。ロシア側が、マイダン革命は正統政権を暴力で打倒したクーデターだといえば、西側は腐敗政権に対する民主化革命であり正当だと主張したのである。／なかでも2月23日にかけ、騒乱の終結に不満な反政府系の右派セクターや「自由」など民族急進派、さらにネオ・ナチ勢力が組み、実力で権力奪取の行動に打って出た。この過程で暴力が行使され、大統領ヤヌコビッチは首都を脱出、政権は崩壊する。

よく分からない文章である。政府と反政府側の対立が途中までは「憲法の枠内」だったとは、どういう意味だろうか。憲法は政府を縛るもので、デモ隊を縛ることはない。また、「武力紛争」とはふつう、軍事的な戦闘を指す言葉であって、治安部隊と暴力化したデモ隊の衝突を「武力紛争」とは呼ばない。さらにその後段の文章では、なぜかその対立が、マイダン革命をめぐる「ロシア」と「欧米」の意見の対決を意味することになっている。細かいことを言えば、「マイダン広場」という広場は存在しない。「独立広場」である。「マイダン」は「広場」という意味だ。

この本は、全体にこうした混濁した記述が多い。口述筆記をゴーストライターがまとめたのかもしれない。

そうであっても、下斗米がマイダン革命についてどのような像を描き出そうとしているかは明確だ。要するに、暴徒化した人びとの暴走というわけである。最後には極右が「実力で権力奪取の行動に打って出た」とも言っている。そんな事実は存在しないことはすでに述べたとおりだ。

和田春樹も、『ウクライナ戦争停戦論』の中で「マイダン革命なる暴動」と呼んでいる。これではウクライナの人びとが彼の停戦論に耳を傾けることはないだろう。

だが、ここでほとんど「なかったこと」にされているのは、デモの先鋭化に先行する政府側の暴力である。独立広場の人びとが火炎瓶を投げてまで闘ったのは、そこに彼らを追い込んでいった政府側の暴力があったからである。ウクライナのアナキストの文書は次のように描いている。

「抗議行動の参加者たちには逃げる場所がなかった。だからとことん最後まで抵抗するしかなかったのである。警察特殊部隊（ベルクト）は閃光照明弾に炸裂時に裂傷を負わせるための金属ナットを仕込み、人びとの目を狙った。そのために多くの負傷者が出たのである」（「戦争とアナキスト」。翻訳はサイト「リベラシオン社」による）

マイダンに人びとが集まり始めたのは2013年11月21日夜だが、当初、それは決して大規模ではなかった。多くの人が広場に駆けつけたのは、11月30日のことだ。

この日未明、内務省治安部隊（ベルクト）1000人が学生を中心とした数百人の座り込みに投入され、警棒と催涙ガスを用いて暴力的な強制排除を始めた。これにより多くの負傷者が出た。意外なようだが、ウクライナではそれまで、抗議行動に警察が暴力的な弾圧を加えるといった事態は起きたことがなかった。『ウクライナの夜』には、「このような蛮行がベラルーシやカザフスタンやロシアではなく、ウクライナで起きたことを人びとは信じられないでいる」という参加者の言葉を伝えている。

3　人びとの反発を招いた弾圧法制定

翌朝、マイダンには数十万人が押しかけた。『ウクライナの夜』はこの日の雰囲気を「『マイダンは今や蛮行や腐敗、ギャングの支配に対する熱烈な抗議となっていた』と表現する。「ギャング」とはヤヌコビッチ一族を指している。オリガルヒや政治家の腐敗は以前からのことではあったが、ヤヌコビッチは息子まで蓄財を可能にするなど、特に自らの一族の懐だけに貪欲に富を集めていった。この日以降、運動はＥＵ加盟を求める政策次元のものから、ヤヌコビッチ政権の退陣を求める反政府運動に変化したのである。

マイダンの座り込みは、天安門広場や２０１４年の台湾の「ひまわり学生運動」がそうであったように、広場を相互扶助のネットワークで結ぶ、一種のコミューンとなった。次章で紹介する「自発的秩序形成」とか「自己組織化」と呼ばれるものが始まる。

ベルクトはバリケードを破壊して広場の群衆を排除しようと試みて催涙弾、ゴム弾、閃光弾を発射し、氷点下で放水銃を撃ち、警棒を振るう。そして戦闘的な人が火炎瓶でこれに応戦するという構図が少しずつ拡大していった。

ベルクトとは別に、政府に雇われた「チトゥーシキ」と呼ばれるゴロツキが動員され、活動家を襲撃したり、拉致して拷問を加えるようになった。負傷した活動家が病院から拉致され、殺害された。それでも、氷点下10数度という厳寒の中、数万、数十万の人びとが広場にとどまった。

次の大きな転機となったのは1月16日に最高会議で厳しい弾圧法が制定されたことである。その内容は、広場へのテントやアンプなどの無許可設置の禁止、テントなどの提供者も拘留、公序良俗に反する集団的な行動に懲役刑、集会でのマスクやヘルメットの着用禁止、インターネットの検閲、交通渋滞を起こした者の免許取り上げ、外国から資金を受けたNGOを「外国の代理人」と認定して課税、報道やネットでの誹謗中傷への懲役刑……などの内容だった。しかも法案は非公開、実質審議なしで採択された。大統領府長官さえ、これに抗議して辞任した。

この法律の登場は人びとに衝撃を与えた。「外国の代理人」といった条文はプーチン政権の弾圧法を想起させ、さらに運動に火をつけた。22日には路上の衝突で2人の死者が出る。ベルクトが深夜に病院を襲って活動家を拉致して、棍棒で激しい暴行を加えたこともあった。拉致事件は増え続け、マイダン側の情報では行方不明者は36人に上った（永綱憲悟「ウクライナ危機とプーチン」）。

こうした弾圧の暴力が果たして「憲法の枠内」だろうか。ウクライナの憲法も自由と尊厳、権利の平等をうたい、拷問を禁じている。1月中旬までにすでにあった拉致や拷問、強権的な弾圧法を「憲法の枠内」と呼ぶ下斗米の発想が、私には理解できない。「暴徒化した一部の勢力により、死者が発生する事態」という、主語を省いた一文に表れているように、彼が批判的に見ているのは、あくまでもデモ側の暴力なのである。

2021年1月21日、欧州人権裁判所は、このときの政府側の拉致や拘束、虐待のうち、5件について「人権侵害であった」との判決を下し、それがヤヌコビッチ政権の「戦略の一部」であったことを認めている（ウクライナ国営通信『ウクルインフォルム』日本語版、同日付）。

マイダン革命が次第に警察との暴力的衝突へとエスカレートしていったのは、こうした政府・警察の暴力があったからである。マイダン革命とは距離を取る左翼理論家のヴォロディミール・イシュチェンコも、「もしヤヌコビッチが抗議行動を抑圧しようとせず、最後まで権力に固執しなかったならば、暴力が現在のようなレベルまでエスカレートしなかったでしょう」と語っている（「マイダンの意義と矛盾」『ウクライナ2014〜2022』）。

衝突の最前列で主役となったのは、確かに「右派セクター」などの極右勢力だった。彼らは市庁舎と労働組合会館を占拠したし、常に数千人を広場に常駐させる動員力を持っていた。思想によってではなく、警察と戦うその行動力によってマイダンに受け入れられ、一定の影響力を得ていた。「革命」後、英雄となった彼らは、各地で無軌道な暴力を振るうようになる。ただし、この時点では、彼らはマイダンに集った数十万人のなかのごく一部に過ぎない。マイダン全体を右翼の運動と見るのは現実から乖離している。参加者たちの証言と経験でつづられる『ウクライナの夜』には、広場には「リベラルも、社会主義者も、民族主義者も、奇人もいる」と評する参加者の言葉が出てくる。

4 「謎のスナイパー」がすべてのカギ、なのか？

マイダン革命が広範な大衆運動であったことを否定するために過度に強調されているのが、「謎のスナイパー」である。

マイダン革命では、最終局面の2月18日から20日の3日間、多数の死者を出す激しい衝突が起きた。それは一部では銃撃さえ伴った。

ここで「銃撃」の主語を書かないのは、それ自体が論争的なテーマになっているからである。ロシア擁護論では、この3日間にホテル・ウクライナからデモ隊とベルクトの双方を狙撃した「謎のスナイパー」がいたという事実が強調される。

「謎のスナイパー」の正体は今も謎である。ベルクト説、マイダン側の極右勢力説（政変を加速させようとしたと示唆される）、第三の存在（混乱の拡大を図ったプーチン政権の作戦という可能性が示唆される）の3つの説があるが、その正体をめぐる議論そのものが、様々な真偽不明の情報を前提にしており、判断がつかない。

しかしここで問題にしたいのは、その「謎のスナイパー」の存在をマイダン革命の最大要素にまで高めるロシア擁護論の語り方である。彼らは、このスナイパーがいなければヤヌコビッチ政権の崩壊はなかっただろうと暗示し、スナイパーの正体は十中八九間違いなくマイダン派の極右であっただろうと印象付ける。それが明らかになればマイダン革命とそれ以降の政権の正統性は吹き飛ぶと主張する。

ホテル・ウクライナのスナイパーの正体は、確かに一つの歴史の謎ではあるが、それがマイダン革命の正統性をひっくり返すかのような議論にまで高まるのは、冷静に考えてヘンである。

そもそも、あの時銃撃を行ったのは、ホテルにいた「謎のスナイパー」だけではない。路上でＡＫ47（カラシニコフ）を水平に撃っているベルクトの映像はＹｏｕＴｕｂｅでいくらでも見ることができる。ＹｏｕＴｕｂｅには、ニューヨークタイムスがベルクトがいた方向から水平に銃弾が発射されていることを検証によって明らかにした映像もある。ベルクトによる銃撃の目撃談は、『ウクライナの夜』にも出てくる。一方で、マイダンに「拳銃」を持って行った極右活動家の話も、世界のフーリガンを取材したジェームス・モンタギュー『ウルトラス　世界最凶のゴール裏ジャーニー』の中に出てくるし、なんなら彼が拳銃をベルクトに向かって撃っている映像まで、ＹｏｕＴｕｂｅには残っている。つまり、銃撃のすべてを「謎のスナイパー」で説明することはできないのだ。

ロシア擁護論では、厳寒のキーウで数十万人の人びとが街頭で続けた抗議とそれが政権の暴力に対抗するかたちでせり上がっていった3か月の過程は、最後の3日間の激しい衝突に切り縮められ、さらにその3日間が「謎のスナイパー」の存在に切り縮められ、さらにそのスナイパーの正体をマイダン側の極右だと暗示して、マイダン革命が一握りの極右の暴力と陰謀の産物であったと暗示しているわけである。

だがそうした議論は、やはり歪んでいる。

「謎の暗殺者」という話は陰謀論の一つの典型である。ケネディ暗殺も、安倍晋三の暗殺も、さらには伊藤博文の暗殺まで、「真犯人は別にいる」と説く陰謀論があり、その明白な証拠として「弾道分析」が持ち出される。そうした検証不可能なことをもって歴史的大事件の「真相」を語るのは、迷い道である。

歴史的な政治的事件については、検証可能な事実をもとに、歴史的な本筋に注目して評価すべきだろう。裏話や、衝撃的だが部分的なエピソードで語るべきではない。

マイダン革命は、数十万人の人びとが極寒の中で3か月にわたって広場にとどまって弾圧と対峙した巨大な大衆運動であった。それは、ＥＵ連合協定への署名をめぐる政策的次元の要求に始まり、ヤヌコビッチ政権の暴力的な弾圧によって体制の腐敗やソビエトの残滓への拒否を理念とする政権打倒運動に高まっていった。そして大統領の逃亡という劇的な形で終わったのである。「謎のスナイパー」の存在は、こうした大筋を否定してしまうほど大きな要素ではない。

第3　革命後、ウクライナ民族主義極右は「ロシア系住民」を虐殺したのか

1　「オデッサの虐殺」を語るプーチン

マイダン革命で暫定政権が成立すると、「右派セクター」などのウクライナ民族主義極右が各地でロシア系住民を襲った、その頂点が5月2日のオデーサ労働組合会館事件であり、極右は親ロ派

40数人を焼き殺した――という言説もネット上でしばしば見かける。

ロシア擁護論者の説明よりプーチン自身の説明の方がコンパクトで分かりやすい。彼の高名な論文「ロシア人とウクライナ人の歴史的一体性」（2021年7月13日）から引用してみよう。

「クリミアとセバストーポリの住民は、歴史的な選択を行いました。自らの立場を平和的に守ろうとした南東部の人びとは、子供を含む全員が分離主義者、テロリストとして分類され、民族粛清や武力による脅迫を受けることになりました。ドネツクとルガンスクの住民は武器をとって自分の家、言語、命を守ろうとしました。ウクライナ諸都市での暴動や2014年5月2日オデッサで起こったおそろしい悲劇の後、ドネツク、ルガンスクの住民にほかにどんな選択があったというのでしょうか。あの日オデッサでは、ウクライナのネオナチが生きたまま人に火を付け、ハティニ虐殺（訳注：1943年、ベラルーシのハティニ村でナチスドイツが起こした虐殺事件）を繰り返したのです。バンデラ信者たちは、クリミア、セバストーポリ、ドネツク、ルガンスクでも同様の制裁を行う準備をしていました」（訳は「訳注」も含め駐日ロシア大使館Facebookページによる）

果たして、南東部の人びとが「分離主義者、テロリストとして分類され、民族粛清や武力による脅迫を受ける」といったことが本当にあったのだろうか。オデーサでは本当に「ネオナチが生きたまま人に火を付け」られたのだろうか。それは「ネオナチ」の計画的な犯行で、彼らはそれを「ドネツク、ルガンスクでも」行う準備をしていたのだろうか。

焦点となっているオデーサ労働組合会館事件を中心に検証してみよう。この事件は「オデッサの虐殺」と呼ばれ、ウクライナの「ネオナチ」の凶悪さの象徴としてしばしば取り上げられる。ロシア軍が全面的なウクライナ侵攻を開始した後の2022年5月2日にも、駐日ロシア大使館のアカウントがこんなツイートをしている。

「2014年5月2日、ウクライナ極右ネオナチ過激派がオデッサの労働組合会館で48人を生きたまま焼き殺した、オデッサの大虐殺があった日。凶悪な犯罪を決して忘れない。我々は関係者全員を特定し、罰しよう」

2　当日、オデーサで実際に起きたこと

実際には何があったのか。

事件当日の具体的な展開については、松里『ウクライナ動乱』に詳しい。地元の中立的なブロガーが双方から聞き取った調査結果を前提にした説明であり、大まかにはこれで事件の全貌が明らかになっていると言っていいだろう。

最初に起きたのはマイダン派のフーリガンと反マイダン派のグループの、路上における衝突だった。双方が棍棒や火炎瓶を使用し、投石を繰り広げていたことは、YouTubeに残る多くの映

像でも分かる。その様相は、60年代の日本の学生運動さながらである。銃器も使用された。YouTubeに残る映像には自動小銃を水平に撃つ反マイダン派の男も映し出されている。この過程ですでに双方から6人の死傷者が出ていた。

互いに数百人規模だったが、人数で劣勢だった反マイダン派が次第に追い込まれ、労働組合会館に逃げ込んだ。このとき、彼らは「発電機用のガソリン、火炎瓶、火炎瓶用の灯油など」を持ち込んだ（松里）。

両者はビルの内と外で互いに火炎瓶を投げ合うなどしていたが、ある時点で、ビルの中で火災が発生した。マイダン派が投げ込んだ火炎瓶の火が、反マイダン派がビルに持ち込んでいた灯油に引火したのだろうと見られている。炎と煙が広がる中、消防隊の到着が遅れ、籠城していた反マイダン派の人びと40数人が死亡した。外のマイダン派のフーリガンの中には、彼らを助けようとした人びともいたし、逆に逃げ出した反マイダン派の人にリンチを加える人もいた。

悲惨な出来事である。だが、これをプーチンの言う「民族粛清」とか「ネオナチが生きたまま人に火を付け」たと説明するのが正しくないのは明らかだろう。双方が暴力を行使していたのであり、偶然の重なりから悲惨な大量死事件が起きたということだ。東欧地域研究の伊東孝之は、「犠牲者が多かったのはどちらかがより暴力的であったためというよりも、警察が傍観していたためとする説が有力である」としている（「ウクライナ――国民形成なき国民国家」）。伊東は、警察の無策の原因として、南東部を支配していた地域党の崩壊の影響を示唆している。

事件の2日後には、反マイダン派2000人が仲間の釈放を求めて警察に押しかけ、建物の入り口や窓を破壊した。警察はこれに応じて、火災に関連して逮捕していた120人のうち67人を釈放している（毎日、2022年5月5日）。

ちなみに日本共産党の元参院議員である聽濤弘は、「オデッサの労働組合会館内では親ロ派といわれる市民が数百名殺害され、数百名の女性が強姦された」などと説明している（『マルクスならいまの世界をどう論じるか』）。おそらくは直後にロシア・メディアが流したデマを真に受けているのだろう。だがウクライナ第3の都市の真ん中で数百人の女性がレイプされるなど考えられないし、それを日本を含む外国のメディアが報じないわけがないだろう。ロシアにも留学したという聽濤のウクライナ観が、ロシアの視線によってどれだけ歪んでいるかが分かる。

そして、マイダン派の群衆の中心は政治集団ではなく、サッカーの暴力的なサポーター、つまりフーリガンであった。この日は「メタリスト・ハルキウ」というハルキウのチームと地元オデーサのチーム「チョルノモレツ・オデーサ」の試合があった。当時、サッカーのサポーターたちは全国的にマイダン支持であったから、両チームのサポーターたちは合流して行動していたわけである（服部倫卓「ウクライナの国民形成とサッカー」）。つまり彼らもハルキウとオデーサの、つまりロシア語話者の多い南東部の人びとであり、西部やキーウから遠征してきたウクライナ語話者の政治組織ではないということだ。

3　惨劇に至る状況をつくったのは誰か

こうした暴力的な衝突は、突然に起きたわけではない。当時のウクライナは暴力的な混乱の中にあったのだ。

マイダン革命後のウクライナ社会の数か月の混乱については、その全体像を展望するような確かな日本語の書籍や論文に出会えていない。そのため、私のような素人には、当時の日本の新聞報道や翻訳された文章からうかがえることをパッチワークするようにまとめるしかなく、あるいは部分的に不正確な事実認識や解釈の誤りがあるだろうものとして読んでいただければと思う。

私が大筋として言いたいことは、この時期のウクライナには、少なくとも3つのイリーガルな暴力があり、それが絡まり合っていたということである。

その主体の一つはマイダン革命後に野放図な暴力を振るったウクライナ民族主義極右であり、もう一つはクリミア併合を行ったロシアであり、もう一つは親ロ派である。彼らは各地で行政機関を占拠し、反対派に対して暴力を加えていた。

まずはウクライナ民族主義極右の暴力である。マイダン革命時、ベルクトとの衝突で先頭に立った彼らは、最終段階では西部の各地の警察署から武器を奪取していた。極右の多くはフーリガンの類いでもあったから、「革命」が終わった後、それらの武器は空き巣や強盗にも使われるようになった。そうしたエピソードは、アンドレイ・クルコフの『ウクライナ日記』にいくつも出てくる。「英雄」となった彼らは増長した。右翼のスヴォヴォダ党議員は党員を率いて国営テレビ局に乱入し、社長を殴って辞表を書かせたという。キーウの治安は最悪になった。クルコフはこうした混乱を「社会のブラウン運動」と呼んでいる。松里はまた、クリミアに帰郷する途中の反マイダン活動家を載せたバスが2月20日に右派セクターに襲撃され、少なくとも7人が殺害された事件を紹介している。ただし、彼らが「ロシア系住民」や「ロシア語話者」というカテゴリーを標的として暴力を振るったということを書いているウクライナ研究者を私は見たことがないし、ウクライナ人がそう書いているのも見たことがない（極右の暴力の対象はロマやLGBT、フェミニストなどだった）。そもそもキーウでは人びとはロシア語とウクライナ語を場面ごとに使い分けて暮らしていたし、当時、大ヒットしたヒップホップ曲「22」は、マイダン革命への支持をロシア語で歌っている。

暴力の第2の主体はクリミアを併合したロシア軍や情報機関である。併合の過程ではウクライナ軍の将校らが分離派の群衆に暴力を振るわれたり、ロシア兵に射殺されたりといった事件も起きていたが、もっと深刻だったのは、併合に反対する市民や、クリミアの先住民であるクリミア・タタールの運動に対するロシアの弾圧だった。拷問や殺害もあった。

有名なのは映画監督オレグ・センツォフのケースである。

「オレグ・センツォフのストーリーは、2014年5月10日の夜、ロシア占領下クリミアの首都シンフェロポリの自宅でロシア治安局（FSB）の隊員に逮捕されたことに始まる。彼らは彼の頭にビニール袋をかぶせ、彼が気を失うまで窒息させた。彼を脅迫し、爆破事件やその他の『テロ行為』を組織したこと、また違法な銃器を所持していたことを『自白』するよう強要した。センツォフ氏が弁護士と面会できたのは、他の容疑者とともにシンフェロポリからモスクワに移送されてから17日後だった」（「アムネスティ・インターナショナル」英文サイト、2018年7月13日付「we stand with Oleg Sentsov」）。

このとき共に逮捕されたアナキストは、「拷問され、頭をビニール袋で覆われて窒息させられ、殴打され、報復するぞと脅されたが、何とか逃げ出すことができた」（「戦争とアナキスト」）。センツォフは懲役20年の判決を受けてシベリアの刑務所に送られ、2019年に捕虜交換によって帰国。2022年のロシアの全面侵攻以降は軍に志願して戦っている。

4　各地で頻発した親ロ派の暴力

暴力の第3の主体は、反マイダン派—親ロ派である。3月以降、彼らは東部、南部の各地で行政機関を占拠し、武器を奪い始めた。その中には、ロシアから越境してきた極右やネオナチも加わっていた。彼らは各地で「人民共和国」の独立を宣言する。

その過程では、警察や軍との衝突だけでなく、反対派市民に対する暴力も横行した。最初の事例は3月14日にドネツクでマイダン支持の集会が襲撃され、マイダン派の1人がナイフで刺され死亡、15人が負傷した事件である（読売3月14日付夕刊や松里など）。

そうした暴力は様々に記録されている。

「世界最大のネオナチ・グループ『ロシアの民族的統一（Russian National Unity）』のメンバーがロシア国旗をハリコフの州庁舎に掲げた。『ヒーロー』はモスクワ在住のロシア国籍の男だった。そして連中は（注：市庁舎に立てこもる）ユーロマイダン派に殴る蹴るの暴行をし、ひざまずかせ、彼らの顔に青チンキを塗りたくった。作家のセルゲイ（セルヒー）・ジャダンはひざまずくことを拒否した。頭を野球バットで殴られて、病院に収容された」（クルコフ『ウクライナ日記』、3月2日の記述）

「夜遅く、スームィ市でジェーニャ・ポロージイがひどく殴られて、腕を複雑骨折した。作家でジャーナリストのジェーニャは、地元紙『パノラマ』の発行人。スームィ市のマイダンのオーガナイザーの一人で、あの時は何事もなく無事に済んだ。……マイダン活動家やジャーナリストが正体不明の者たちに襲われる事件が各地で続発している」（クルコフ同、4月15日の記述）

「ドネツク市の近くを流れる北ドネツ川で、拷問の痕のある死体が二つ発見された。うち一体は、ゴルロフキ市の地区議会議員の遺体だった。彼は市役所に掲げられたウクライナ国旗が分離主義者たちによって降ろされるのを阻止しようとした」（クルコフ同、4月23日の記述）

「4月末、（ドネツク市で）親ロシア派の市庁舎占拠に抗議する約1000人がウクライナの国旗を持って中心部を行進したとき、迷彩服に覆面の男たちが発煙筒や爆竹、こん棒で襲いかかった。デモ参加者の大半は女性や学生で子ども連れの家族もいた。さまざまなデモを取材したが、平和なデモがこんな乱暴につぶされるのを見た経験はなく、取材する立場ながら心底怒りがわいた」（喜田尚「朝日ＧＬＯＢＥ」２０２２年8月14日）

少し先の話になるが、6月21日には国営企業「アルテミル」のウクライナ独立鉱山労働組合（ＮＧＰＵ）指導者のイワン・レズニチェンコが分離主義者に拉致され、殺害されている。

「容疑者らは二週間にわたってイワンを監視し、２０１４年6月21日夕方、イワンがガレージから自宅に向かっているときに誘拐した。『容疑者らは銃でイワンの頭を二度撃ち、まだ生きていたイワンの喉を切り裂きました。そしてイワンの遺体を塩田に放置したのです』とミハイロ（注：自由労働組合連合の責任者）は語った」（『ウクライナ２０１４～２０２２』）。

4月12日にはドネツク州スラビャンスク市で、ロシアから越境した情報機関出身のイーゴリ・ギルキン率いる武装集団が警察署を占拠する。以後、親ロ派の蜂起はギルキンを軍事指導者として、ロシアからの右翼民兵が参加して本格化していった。この事態は、「ロシアの春」と呼ばれている。5月中旬からは、それは本物の「戦争」になっていった。

5月2日のオデーサ労働組合会館事件の背景には、こうした混乱した状況があったのである。

さらにこの時期、ロシアは4万人の大軍を国境に張りつけてウクライナに圧力を加えつつ、その頭越しに、アメリカに対して「ウクライナの連邦化」という内政干渉の要求を行っていた。この時期の混乱の理由は、政権の崩壊による権力の空白や、マイダン革命の激烈や、地域の第二公用語を定めた2012年の「言語法」廃止の動きが生んだ東部・南部の人びとの反発などがあるだろうが、クリミア併合から始まるロシアの介入がそれを増幅したのである。

こうした状況を、プーチンが言うような、ウクライナ民族主義極右による「南東部の」「子どもを含む全員」に対する「民族粛清や武力による脅迫」「制裁」と捉えるのは無理がある。

もちろん、警察の暴力への抵抗ならともかく、民衆と民衆が互いに暴力を行使し、死者まで出したオデーサ労働会館事件は、最悪の事態である。この事件に対して、マイダン派に近いウクライナの左翼グループ「左翼反対派」は、2014年5月7日に発表した声明で「煽動者と殺害者を個人として明らかにすることが必要だ。それらの者たちは、おそらく、という程度以上に衝突の両陣営にいた」と非難し、「左翼諸組織は、独自の、明確な労働者階級としての綱領を推し出すことができなかった」と自己批判の弁を述べている（『ウクライナ2014～2022』）。

第4　ドンバス戦争はウクライナ軍によるジェノサイドか

1　ヤヌコビッチ政権崩壊後の政治的空白

5月以降、事態は本格的な戦争——ドンバス戦争へと突き進んだ。「ドンバス」とはロシアと国境を接するドネツク州とルハンシク州を指す言葉である。この地域は炭鉱で発展した地域で、多くの人びとが各地から労働者として流れ込んできたことで独特の地域意識をもつ。ロシア系住民も多く、4割を占める。ヤヌコビッチの地盤でもあり、彼の政権の崩壊は、ドンバスに政治的空白を創り出していた。そこに親ロ派が「ドネツク人民共和国」「ルガンスク人民共和国」の独立を宣言し、5月に「住民投票」を行った。こうして、分離を認めないウクライナ政府との間で戦闘が始まったのである。戦闘は2014年の間、激しく続いたが、その後、ウクライナ、ロシア、ドイツ、フランスが結んだ二度のミンスク合意によって、15年には大規模戦闘の収束に向かった。

この戦争が、多くの一般住民を巻き込んだ悲惨なものだったのは間違いない。

ロシア擁護言説では、この戦争の本質はウクライナによるロシア系住民の迫害だったと説明される。極端な場合は「ジェノサイド」「民族浄化」だったとする。

「いわゆるウクライナ騒乱（マイダン革命）によってヤヌコヴィッチ大統領がロシアに亡命し、西部を基盤とする親西側政権が支配を確立した。／これに対して、ロシア系住民が多数を占めるクリミアでは住民投票でロシアへの帰属を選択した。また、東南部のドネツク及びルガンスク2州も住民投票を行なって『人民共和国』の成立を宣言し、これを鎮圧しようとしたウクライナ政府との間で内戦状態となった」（浅井基文「ロシア・ウクライナを見る視点」、サイト「市民の意見」2022年6月1日）

「ウクライナ政府当局は、（ドンバス地域の「独立」という）投票結果を認めず、連邦制の中での自治の申し出を拒否し、ウクライナ軍とネオナチ系の準軍事組織によるドンバスへの悪辣な戦争を繰り広げた。以来、ドンバスへの砲撃は連日続き、死者は1万3000人を超え、その多くが民間人である」（先に紹介したイギリスの反戦活動家カルロス・マルティネス「ウクライナ危機の責任は、モスクワではなく、ワシントンとキエフにある」）

すべてが間違っているわけではないが、正確でバランスの取れた説明とも言えない。特にクリミア併合がロシア軍の大規模展開の中で実現したことは、すでに指摘したとおりだ。重要なのは、ここでも「ロシアの介入」が見えなくされていることである。

具体的に検証してみよう。

先に少し触れたように、3月から4月にかけて、東部や南部の各地で反マイダン派、あるいは親ロシア派による騒乱事件が起きた。東部を基盤とするヤヌコビッチ政権がキーウでの激しい大衆運動によって倒されたこと、その結果成立した暫定政権がロシア語を含む少数派言語を地域の第二公用語とする「言語法」（2012年制定）を廃止しようとしたことなどが、東部や南部で反発を受けたのは当然だろう。しかしそのうち、連邦制やウクライナからの分離を求める「住民投票」まで進んだのはドネツク州とルハンシク州だけである（「住民投票」の実態は、ここでは措く）。

独立から22年を経つ中で、ウクライナ国民としてのアイデンティティが東部や南部でも一定程度、根付いていたということだ。14年2月に行われた世論調査で、「ロシアとの単一国家を望む」

と答えた人の割合が20%台以上に上ったのはクリミア（41%）、ドネツク州（33・2%）、ルハンシク州（24・1%）、オデーサ州（24・0%）だけだった（服部倫卓「ウクライナのユーロマイダン革命」）。

2 「ロシアの介入なしには戦争は起きなかった」

クリミアはともかく、ドンバス地方でも、ロシアとの統合を望む人は2割から3割と少数派なのである。服部は同じ論文でマイダン革命への評価を問う世論調査も紹介しているが、それを見ると、東部ではマイダン革命に批判的な人が5割を超えており、反マイダン意識がそのままロシアへの帰属意識を意味していないことが分かる。服部は「ドネツィク州、ハルキウ州といった（東部）地域のウクライナへの帰属意識は、相当に高いというのが筆者の認識だ」と記している。

にもかかわらず「独立」を求める戦争は実際に起きた。なぜなのか。

ウクライナ政治研究の大串敦（慶応義塾大学法学部教授）は、現地視察に基づく論文で、次のようにまとめている（「ウクライナの求心的多頭競合体制」2015年11月）。

「ドンバス地域がそれほど親ロシア的であれば、親ロシア派による分離運動は住民の強力な支持を得ていたはずで、ロシアによる『非公式』な介入などは不要であったはずである。むしろ、現地住民からの支持を得られないまま運動が孤立しつつあったからこそ、力による介入がエスカレートしたのである」

「これまでの状況証拠が示すところでは、ロシアから非公式に武器の供与や戦闘員が入り、8月末の一時期は相当の規模でのロシア軍の介入があったと考えられる。2014年9月現在ドネツィク州のかなりの部分をこの『ドネツク人民共和国』が支配下に置いているが、そもそも現地住民の信が低いところでの力による建国という側面が強い。この共和国が存続するためには、ロシアからの相当な支援を必要とするだろう」

分離主義運動の担い手が社会のマージナルな層であったことは、研究者の一致した見方である。その社会的支持は当初、決して広くもなく、積極的でもなかった。

ドネツク出身の左翼活動家ハンナ・ペレコーダは、当時の地域感情についてこう書いている。

「ドンバスの住民が地元を特別だと感じていたとしても、分離主義への欲望は周縁的であり、武装蜂起を支持した痕跡も少ない。アンビバレンスと離反が住民の間で最も顕著な感情であり、2014年4月には70％が不安定化の脅威を増大させるものに反対だった」

「緊張や不満はウクライナとロシアの両エリートによって長い間操作されてきたが、ロシアの軍事介入なしにドンバスで戦争が起きたとは考えにくい」（「解放されたヘルソンの人びとはウクライナ兵士にロシア語で挨拶している」、サイト「ＬＩＮＫＳ」２０２２年11月18日）。

マージナルな層による散発的な市庁舎占拠やマイダン派への攻撃にとどまった分離主義運動が、

本格的な武装蜂起に進展した転機をつくったのは、ロシアから来た極右やネオナチを筆頭とする民兵の参入だった。

3 「蚊」のように駆逐されたウクライナ軍

ロシア情報機関出身のイーゴリ・ギルキンの部隊が4月12日にドネツク州スラビャンスク市の警察署を占拠して以降、武装したロシアの民兵が続々とウクライナに入ってきた。

日本経済新聞2014年7月26日付の記事は、ロシアのSNS上に「ドンバスへの義勇兵」「ドンバス支援を」といった、戦闘員を募集するページがいくつも現れていること、モスクワの街角にも連絡先を記した募集ポスターが張られていることを伝えている。応募資格は軍事経験があること。応募した人の多くが沿ドニエストルやチェチェンでの戦闘経験があり、重火器などの扱いにも習熟していたという。ギルキンはロシア民兵と地元の分離主義者を合わせた武装勢力全体の司令官となった。その後、「ドネツク人民共和国」が成立すると彼は国防相に就任し、同じくロシアから来たボロダイが首相となったのは先述したとおりだ。

こうした武装した民兵の越境と参戦が、ロシア政府と無関係に起きるとは考えられない。松里は『ウクライナ動乱』の中で、これがプーチン政権の統一した方針のもとに行われたとは断定できないと示唆しているが、仮にそうだとしても、少なくとも政権の一部の黙認かそれ以上のことがなければ無理だろう。

ロシア軍から民兵が受け取る兵器も次第に高度化していった。ロシア軍事研究の小泉悠は、6月ごろからは、分離派に対して小火器や携行地対空ミサイルに加えて、T64戦車や多連装ロケットなどもロシア軍から供給されるようになったと書いている（『プーチンの国家戦略』2016年）。7月には親ロシア派のミサイルによって、上空を通過中だったマレーシア航空の旅客機が撃墜される事件も起きた。

軍事企業「ワグネル」も参戦している。ロシア正規軍も少しずつ入ってきたようだ。それが本格化したのが、分離派が存亡の危機まで追い詰められた8月末のことである。独立以来、実戦経験のないウクライナ軍は、あっという間に押し返された。

正規軍の介入規模を暗示しているのが、松里の証言である。彼は「ドネツク人民共和国」の軍人から聞いた話を紹介している。

「『（攻撃してくるウクライナ軍兵士が）まるで蚊のようだった』とも。これは猟奇的な冗談ではない。『頼むから訓練を受けていない若者を我々の前に立たすのはやめてくれ』と言っているのである」（松里「史上最大の非承認国家は生き残るか？」）

当時のウクライナ軍は非常に弱体化していた。それでも、戦争体験のない一般市民が、正規軍を「蚊」のように駆除できる「訓練」と火力、組織を備えた軍を促成でつくれるわけがない。分離主義勢力の中で、実戦経験を積んだロシアの民兵と正規軍が、どれほど大きな役割を果たしたのかが想像できるエピソードだ。

この8月の攻勢の際は、ロシア軍空挺部隊の兵士10人とウクライナ兵63人の捕虜交換も行なわれた（ウォール・ストリート・ジャーナル日本版2014年8月31日付）。ロシア側は「兵士らはウクライナ領内に迷い込んだ」のだと主張していた。しかし、ウクライナのOSINT組織はロシア軍の数十個の旅団に属する兵士たちをウクライナ領内で確認している（保坂三四郎「ドンバス戦争はウクライナの『内戦』か?」）。OSINTとは、ウェブ上で公開されている情報を分析することである。

小泉悠は、ロシアから来た兵力について「3万~5万」という推計を示している（小泉『現代ロシアの軍事戦略』）。根拠が示されていないので不確かだが、ドネツク州、ルハンシク州の人口が600万人ほどであることを思えば（そのうち百数十万人は避難している）、これは決して小さな数ではない。

真野森作『ルポ・プーチンの戦争』には、ウクライナ国立戦略調査研究所の副所長による端的な言葉が記されている。「ロシアが軍と武器を送り込まなかったらば、戦争には至らず、多数の死者も出なかっただろう」。

1974年の「侵略の定義に関する国連総会決議」によれば、「一国の軍隊による他国の領域に対する侵略若しくは、攻撃、一時的なものであってもかかる侵入」は侵略であり、ロシアの軍事介入を侵略と呼ぶことは不自然ではない。

ただし、この戦争で一般住民が被った甚大な被害に対しては、ロシアや分離主義勢力だけでなく、ウクライナ軍にも責任がある。松里は、ウクライナ軍が民間人居住地域に砲弾を撃ち込んだり、ドネツク空港を爆撃したりして住民の恐怖と怒りを買い、その結果、それまではどちらにもつかなかった彼らを分離主義勢力側に追いやったと指摘している。

戦争犯罪も双方で起きていた。この戦争は、確かに双方に民間人の犠牲や戦争犯罪を伴った。アムネスティは分離主義勢力とウクライナの右翼民兵の双方で民間人の拉致や暴行、強盗といった行為があったことを報告している。イギリス内務省の報告は、「住民が生存するのに必要な民間の対象物や施設を軍事目標に設定するという実践を前線の両陣営とも続けて」いると、国連人権高等弁務官事務所（ＯＨＣＨＲ）の報告を引いて書いている（日本法務省サイトに掲載の仮訳「国別政策及び情報ノート：イギリス内務省ウクライナ：クリミア、ドネツク、ルハンスク」、２０１7年9月）。

こうして戦火が広がる中、この地域の人口の3分の1に当たる百数十万人が国内避難民となって他地域に避難したのである。

4　「ジェノサイド」説の検証

こうした経緯を踏まえて、「ジェノサイド」説について検証してみよう。

「ジェノサイド」とは、「国民的、人種的、民族的又は宗教的集団を全部又は一部破壊する意図」をもつ行為のことである。プーチンは２０２２年2月のウクライナ侵攻時の演説で、ドンバス戦争について「ロシアしか頼る先がなく、私たちにしか希望を託すことができない数百万人の住民に対するジェノサイド」だったと主張している。

これに呼応して、日本を含む世界中のネット空間で「ドンバス戦争は1万4000人のロシア語話者やロシア系住民が殺されるジェノサイドだった」などといった言説が大量に拡散された。

この「1万4000人」という犠牲者数は、確かに国連人権高等弁務官事務所（OHCHR）の報告に記載されている。しかしこれは、双方の兵士の戦死と民間人の死者の数を合わせたものだ。その内訳は、2022年1月段階の報告で親ロシア派武装勢力の戦死者が推定6500人、ウクライナ軍が同じく4400人、民間人が3404人（OHCHR「Conflict-related civilian casualties in Ukraine1」）。民間人の死者は、ウクライナ側と分離地域側の双方の死者数である。つまりマルティネスによる「死者は1万3000人を超え、その多くが民間人である」という説明は誤りだ。そして3404人の死者は、「ジェノサイド」の犠牲者ではなく、戦闘の巻き添えになった人びとなのである。

ウクライナ民族主義に批判的な松里も含め、学術的なウクライナ研究者で「ロシア語話者、ロシア系住民」という集団を「破壊する意図」をもって行われた「ジェノサイド」があったと主張する人は一人もいない。アムネスティも、国連人権高等弁務官事務所（OHCHR）も、そんな報告は出していない。

そもそも、ウクライナにおいてロシア語話者やロシア系住民がジェノサイドの対象となり得るということ自体が荒唐無稽なのである。

ウクライナ社会では、多くの人がロシア語とウクライナ語の両方を理解するし、政治やビジネスなどの世界ではロシア語がオフィシャルな言語であった。アンドリー・ポルトノフ（東欧思想史研究）の整理によれば、２０１４年当時のウクライナ社会の言語状況は次のように整理される（『アステイオン』81号、２０１４年）。

・人口の40％が主にロシア語を話し、同じ割合がウクライナ語のみで、残りの2割は同程度に両方を話す（「生活の中でもっぱら～語を使っている」の意味）。
・ウクライナ語はロシア語より社会的・文化的地位が低く、しばしば「村の言葉」と受け止められる。
・教育や人文学においてはウクライナ語は支配的であるが、マスメディア、政治、ビジネス、科学の分野においてはロシア語が明白に浸透している。
・その人物の使用言語と政治的指向性には直接の相関関係はない。

これはポルトノフの独自の見解ではなく、一般のウクライナ人や在住者、研究者などが口をそろえて指摘していることである。首都キーウを歩いていて聞こえてくるのはロシア語とウクライナ語が半々、第2都市ハルキウや第3都市オデーサでは専らロシア語しか聞こえないといった記述もしばしば目にする。

社会言語学研究のユリヤ・ジャブコは、著書の中で２０１４年時点でのウクライナのメディア市場の言語状況を紹介している（『日本が知らないウクライナ』）。それによれば、新聞の66％、雑誌の86％、書籍の40％、テレビ放送の43％がロシア語であった。ジャブコの著書には、在日ウクライナ人から聞き取った証言が多く引用されており、それを読むと、いかにロシア語がオフィシャルな場面、都市部や知的空間において優勢であったか、人びとがどのように使い分けていたかが具体的に分かる。

その数年後には、『国民の僕』というドラマで大統領を演じた俳優が本当に大統領になるが、このドラマも基本的にロシア語で進行していたし、主役のコメディアンは南東部出身のロシア語話者のユダヤ人であった。

こうした社会で、どうしたら「ロシア語話者のジェノサイド」が可能なのだろうか。

ドンバス戦争で兵士として最も多く動員されたのは隣接する東部ドニプロペトロウシク州の兵士たちだった（保坂、前掲）。ウクライナ民族主義極右を政治母体とすることで有名なアゾフ大隊も、兵士として参加しているのは先述のメタリスト・ハルキウやシャフタール・ドネツクといった東部・南部のサポーターグループ出身者が多い（モンタギュー『ウルトラス』）。当然、彼らの多くもロシア語話者だ。その中には、この地域の2割から4割を占めるロシア系住民も当然、含まれているだろう。

一方、この戦争を「内戦」と見るか、事実上のロシア・ウクライナ戦争と見るかについては議論が分かれているようだ。だが、そもそも「内戦」と「国家間戦争」は二律背反ではないだろう。ベトナム戦争は、南北ベトナムの内戦であると同時に、アメリカと北ベトナムの国家間戦争でもあった。これを「内戦」と呼ぶか「国家間戦争」と呼ぶかは、例えて言えば麻婆丼と麻婆定食の違いを議論するに等しい。大事なのはその中心に麻婆豆腐＝ロシアの軍事介入があったという事実である。

5　ウクライナをNATOへと追いやったのはロシア

ロシア擁護論による2014年の語り方についての検証は以上である。擁護論はウクライナへの「アメリカの介入」を針小棒大に語りながら、その比ではない規模の「ロシアの介入」を無視し、広範な大衆運動であったマイダン革命を「クーデター」として否定的に描き出し、その後の混乱と戦争の始まりを、すべてウクライナの新政権やウクライナ民族主義極右の責任に帰すという語り方をしている。そこでは状況のど真ん中にあった「ロシアの介入」がなかったことにされているのである。

ロシアの経済的恫喝も、クリミアへの軍事展開と併合も、東部への民兵や正規軍の派遣も「なかったこと」にするこうした説明によって初めて、親米右翼政権であるウクライナ政府がNATOに接近してロシアを脅かしているという話が可能になる。「米国の『レジーム・チェンジ』戦略のターゲットは、ロシア正面のウクライナにまで及ぶ。14年2月の『マイダン革命』がそれである」（水島、前掲）とか、「2014年、米国とEUはウクライナのクーデターに深く関与し、反ロシア・親欧米政権を誕生させた。この政権はNATO加盟を積極的に目指し、NATOとの合同軍事演習に参加し、米国から数億ドル相当の高性能兵器を受け取っている」（マルティネス、前掲）というわけだ。しかしなぜ、ウクライナがあえてNATOに接近してロシアを脅かしに行く必要があるのだろうか。それはアメリカの利益のためであり、ウクライナはそれに利用されているのだというのであれば、ではなぜウクライナは進んでアメリカに利用されたがるのかという話になるだろう。結局、「傀儡政権だから」「極右だから」といった無内容な「説明」に帰着せざるを得ない。これは何の答えにもなっていないし、自らの社会を変えるために極寒の路上で闘い続けたウクライナ民衆を心底馬鹿にした主張である。

では実際のところ、なぜウクライナはＮＡＴＯに接近するのか。

「私たちがＮＡＴＯ加盟を目指すのは、ロシアが侵略国だからだ。ＥＵ入りを目指すのも、ロシアが資源エネルギーなどを道具に圧力をかけてくるからだ。他に道はない。力で勝るロシアからウクライナは逃れようとしている」（真野『ルポ・プーチンの戦争』）

ウクライナ初代大統領クラフチュークの言葉である。

これはクラフチュークだけの思いではない。エマニュエル・エルマンドン『ウクライナの地政学』（クセジュ文庫）は、マイダン革命までは基本的に好意的だったロシアへの視線が、クリミア併合や東部への介入を経て根本的に変わったことを指摘している。

「この国を好意的に見る国民の割合は長年にわたって80パーセントから93パーセントの間を揺れ動いていたのに、２０１４年９月には48パーセントに急落し、２０２１年12月にはたった34パーセントになった」

ロシアの侵略への拒否は、日常生活のほとんどがロシア語で行われている東部でも変わらなかった。2016年に東部の中心都市ハルキウ市で行われた世論調査では、ロシア軍のウクライナ派遣を「支持しない」と答えた人が92％であった（平野高志『ウクライナ・ファンブック』）。

NATO加盟については、2014年までは「不支持」が上回っていた。14年3月の時点で支持が34％、不支持が43％である。これが同年11月には支持が51％、不支持が25％となる。以後、一貫して支持が上回り続け、全面侵攻後の2022年10月には、支持83％・不支持25％に至った（数字はウクライナ国営通信『ウクルインフォルム』2022年10月3日付から）。

2013年から14年にかけて、ロシア政府は経済、政治、メディアという手段を通じてウクライナに激しく介入し、民衆の選択を左右しようとした。それでもなお、人びとがプーチンの望まない道を選んだ時、ロシアは軍隊を侵攻させてクリミアを奪った。もちろん、クリミアのロシア系住民の中には異なる思いがあっただろうが、それを軍事力によって「解決」する権利など、ロシアにはなかったはずである。それは国連憲章や国連友好関係原則宣言の否定であり、ロシア自身が締結したブダペスト覚書とロシア・ウクライナ友好協力条約の否定であった。ドンバス戦争も同じだ。

これこそが、ウクライナの人びとがNATO加盟を求めるに至った理由である。

彼らを圧力でねじ伏せ、武器と兵士を公然と持ち込み、領土を軍事力で次々と切り取っていく隣の大国から逃れるために、小国の人びとがNATOに庇護を求めるのは理解できることだ。責められるべきは軍事同盟に助けを求める小国ではなく、そうさせた大国の侵略の方である。

本書では、宇山智彦の言葉を借りて「ロシア擁護論」を「論理的なつながりや釣り合いを欠いた話でありながら、ウクライナや欧米の非を言い立ててロシアの責任を相対化させる議論」と定義したが、まさにその典型がここにある。2014年をめぐるロシア擁護言説は、一連の政治的過程とその帰結に対して最大の責任を負っているのがプーチンであることを隠蔽している。

ゴルバチョフのブレーンであったアンドレイ・グラチョフは、クリミア併合後にこう語ったという（『ウクライナの地政学』）。

「ロシアは数世紀の間二つの国民を結び付けてきた緊密で真に兄弟的な関係に決定的な一撃を加えた」「長きにわたり、数世代にわたり、ウクライナを失った」

これがまっとうな「2014年」総括だろう。

第8章　「マイダン革命」をウクライナ人自身はどう見ているのか

第6章、7章と、ロシア擁護言説が「2014年」をどう語っているかを見てきた。では、ウクライナ人自身は2014年を、特に「マイダン革命」をどう見ているのだろうか。その国の出来事については、まずはその国の人の思いを聞くべきである。そもそも私がこの本を書いているのは、ウクライナ人の言葉を聞こうとせず、主体としてのウクライナ人を無視し、否定する言論に対する怒りがあるからであった。

1　3つに分かれた左翼の反応

ただし、「ウクライナ人」といっても4000万人もおり、一人ひとりが別々の運命を生きていることを思えば、「ウクライナ人はこう考えている」とひとくくりに断定できないのは当然である。それでも、さまざまな言説をとおして、ウクライナ社会のメインストリームや、そこにある構図といったものを浮かび上がらせることができるだろう。そうすれば、メインストリームに対する異論がどのような位置からあり得るかも想像できる。

そのために、まずはウクライナの「左翼」がマイダン革命をどう評価したかを見てみようと思う。今の日本では、人権を擁護したり、差別に反対したり、民主主義を尊重したりする人がまとめて「左翼」と呼ばれることもあるが、ここで私が「左翼」という言葉で指し示すのは、単に民主主義を志向するだけでなく、人間性の解放や社会変革を資本主義に批判的な視点から考える人たちのことである。つまりオーソドックスな意味での左翼だ。

マイダン革命の現場には、リベラル派はいても、その意味での左翼はかなりの少数派であった。アナキストのアレクサンドル・ヴォルダルスキーが、「マイダンには左翼がいなかったとも、『完全に追放された』とも言えない」と言っているほどだ（「マイダンと反マイダンの間で揺れるウクライナの左翼」『ウクライナ2014～2022』）。

にもかかわらず、なぜここで左翼の声を取り上げるかと言えば、どこの国であっても左翼は普遍的な人間解放の視点、民衆の解放の視点からその国の状況を批判的に検証しているはずだからである。もちろんそうではないこともたくさんあるが、その場合でも、そうした建前の痕跡を言説の中に見いだすことはできる。また彼らは、ナショナリズムではなく、人びとの経済生活の現実を重視する。それが表面的でジャーナリスティックな議論から距離を取った視点を保証する。そうした理由から、ある国の状況を知るときに、その国の「左翼」の視点は補助線になる。

さて、マイダン革命に対する左翼の立場は3つに分かれたようである。①マイダンに合流したアナキストや「左翼反対派」などの新左翼（後の「社会運動」）、②一定の距離をとって懐疑的に見ていた理論家のイシュチェンコのような立場、そして③最終的に反マイダン―親ロ派に合流していった「ボロトバ派」である。私が読むことができた数少ない文章から判断するに、前2者の距離は当時、決して遠くなかったようだ。実際、2014年9月の「社会運動」発足時にはイシュチェンコもコミットしている。そこにあるのは、批判的視点を持ちつつ介入する実践の視点と、批判して距離を置く理論家の視点の差異のように思える。ただし、両者は、その後の8年で大きく分岐したようではある。ボロトバ派についてはあとでまとめて触れよう。

2 ウクライナ左翼のマイダン批判

ウクライナ左翼のマイダンへの批判は、第1にそれが社会的、経済的問題を提起していないという点にある。もっぱら民族主義や、あるいは親西欧といった地政学的な主張がなされているというのである。この運動は当初、ヤヌコビッチによるEU連合協定締結延期に対する抗議として始まったわけだが、イシュチェンコなどは、ヤヌコビッチの選択を評価している。EUとの協定はウクライナ経済の新自由主義化を進めるものであり、労働者の利益にならないというのだ。

EU加盟への懐疑は、左翼の中で広く共有されていたようだ。しかしこうした懐疑は、前述した

11月30日の弾圧以降の運動の進展によって後景に下がることになる。激しい弾圧への抗議から、マイダンはEU加盟をめぐる政策要求の運動からヤヌコビッチ政権打倒運動へと変わった。そこには、ヤヌコビッチ一族の寡頭支配への批判を超えて、オリガルヒ支配そのものの否定がはっきりと示されていた。マイダンがこうした政治的、経済的要求を含むようになったとき、多くの左翼はこれに合流するようになった。

ただし、ここで第2の批判が出てくる。この運動が、ウクライナ社会が抱える経済的、社会的問題への視点を曖昧にしか持たないがゆえに、政党政治に不信をつきつける一方で極右の存在を容認してしまったことである。警察に対して発揮されるその戦闘性によってマイダンで地歩を固めた極右は、左翼やアナキスト、フェミニストのマイダン登場を暴力的に妨害した。新左翼はもともと、ウクライナ社会において少数派である。少なくない人びとが、ソビエト時代の暗い記憶や親ロ派と左翼を結びつけて排除に同調したようだ。

それでも、学生組合、フェミニスト、左翼反対派といった人たちは、「ウクライナの家」という施設を占拠して、そこで民衆の市民的、社会的権利についての講義を開き、後には文部省にも乗り込んだ。アナキストはベルクト（内務省治安部隊）との衝突に積極的に参加し、一人の死者を出している。

マイダン革命さなかの2月3日に社会学者のアナスタシア・リャブチュク（現在は国立キーウ大学モヒラ・アカデミー社会学部准教授）が書いた文章は、この時点での左翼によるマイダン評価を総括した内容になっている。

リャブチュクは、マイダンでは「共産主義対民主主義」といった、ユートピア的／反ユートピア的イメージが語られていたと言う。人びとが問題が「共産主義」から来ていると考えたのは、政治経済エリートの多くが「（体制の）『移行』を利用して私腹を肥やした旧共産党の特権層出身だからであった」。「『民主主義』が意味するのは、単純によりマシな生活なのである」。

リャブチュクは、マイダンに至る数年間にウクライナで大規模に展開した主要な社会運動が、いずれも社会的、経済的な課題をめぐるものであったことを指摘し、さらに世論調査を引用して、「（マイダンに集った）人びとの関心にはバラつきがあるが、そのほとんどが社会経済的問題、彼らの市民的権利や福祉に関連することを明らかにしている」とした。

にもかかわらず、実際の運動の議論では、「対立を煽るようなイデオロギー的、地政学的問題が誤った二項対立を作り出し」ているとリャブチュクは指摘する。民族主義や「西欧かロシアか」といった対立軸が社会的問題を覆い隠してしまったということだ。

「（マイダン運動には）楽観的な側面と悲観的な側面が指摘できる。楽観的と言えるのは、人びとが生活水準の向上と法の支配を自覚的に求め必要としていること、また政治家の関与の有無にかかわらず、彼らが社会経済的権利、市民的権利を守るために積極的に行動していることである。それはいまだ相当に曖昧なものであり……自らを『ノンポリ』とみなし、いかなる政党や市民団体にも属さない人びとにさえ、集団的行動が可能であることを示している」「悲観的と言えるのは、こうした集団的要求や不満が、ますます民族主義的、保守主義的

文脈に流し込まれていく傾向が存在することである」（リャブチュク「正しい革命?」『現代思想』2014年7月号）

ウクライナ左翼を代表する理論家であるヴォロディミール・イシュチェンコは、2014年の春から6月にかけての2つのインタビューで次のように語っている（『ウクライナ2014〜2022』）。

「私は、（マイダンを）エリートの交代をもたらした民衆蜂起と表現しています。民衆蜂起は、革命的な変革、つまり社会的・政治的制度の構造的・根本的な変化が起こることを意味しません。現時点では、ウクライナのオリガルヒ資本主義の根幹を変えるものは何もないと私は考えています」

「さまざまな政治勢力が混ざり合い、社会的、経済的な関心事が非常に弱く、右派的な考えや言説が優勢になったのです」

革命と呼ぶには値しないとしつつ、しかし「民衆蜂起」だったこと自体は否定していない。実際、彼はロシア擁護論で語られる「クーデター」という呼び方には同意していないことは、第7章で紹介したとおりだ。

後に「社会運動」となる「左翼反対派」の一員で経済学者のザハール・ポポビッチは、やはりマイダン革命のさなかに、イシュチェンコより楽観的な評価を強調している。

「この行動はウクライナ人の、そしてさまざまな民族とエスニック集団たちの、ウクライナにおける民主主義を求める大衆的反乱だったのです。極右がいたのは確かですが、それは広範な運動の中でのことでした」

「困難な情勢にもかかわらず、左翼はマイダンで以前よりもはるかに受け入れられるようになっており、おもに左翼と進歩的活動家が組織した学生センターである『ウクライナの家』で系統的な働きかけを行っています。……左翼の書籍やリーフレットがここで配布され、私たちは大衆的討論に参加しています」

ちなみにポポビッチも、ＥＵとの協定（とロシアとの協定）には批判的である。

「主要な問題は、わが国内にあるのです。『オリガルヒ』による政治の掌握は、大企業への課税ゼロといった結果をもたらしました。労働者と中小企業がすべての税金を負担しているのです……どちらかのブロックへの統合という選択は、こうした問題を解決しません」

極右についても、「ウクライナの反政府運動の中に存在し、実際のところネオナチである極右への不寛容を示すことがもちろん重要です」と釘を刺している（「マイダン蜂起は民主主義を求めた」『ウクライナ２０１４～２０２２』）。

「左翼反対派」が当時、マイダンの現場で配布したマニフェストは次のように訴えている。

「私たちは、ほとんどの社会問題の原因は、抑制されない資本主義と腐敗の結果として形成されたオリガルヒにあると信じている。結果的にいずれかのナショナリズムへと依存することになるロシアやＩＭＦの援助に頼るのではなく、オリガルヒ政治家のエゴイスティックな利益を制限することが重要である。私たちは、ユーロへの統合の要求に私たちのプランを重ねることは有害だと考えている。その代わりに、普通の市民、特に雇用労働者の利益を支援するために必要な変革を明確にする必要がある」

彼らはまた、極右ファシストを除くすべての人の結集を呼びかけた。

ちなみに、オリガルヒとは単なる財閥や大資本、大富豪といった存在ではない。旧ソ連圏全域に存在する彼らは、「国家の援助を受けて旧ソ連の産業を特売価格で買収し、投資や改良というよりも、キプロスなどのオフショアへイブンに資本を移して手っ取り早く儲けることによって巨額の富を手に入れた」のである（イシュチェンコ、「ソ連邦崩壊からマイダンまで」『ウクライナ２０１４～２０２２』）。かつての国有財産を私物化して富を集中しているだけでなく、経済的な障害物でもあり、政界やメディアにも支配的な影響を及ぼすなど、政治的にも問題のある存在なのである。

最後に、明確な反マイダン派となった「ボロトバ派」に触れておこう。彼らについては、詳しく紹介した文章を私はまだ見つけることができていない。ウクライナ共産党の青年組織に出自をもつ組織で、イシュチェンコによれば、彼らはEU加盟はウクライナの労働者の利益にならないと考え、またウクライナ民族主義極右よりはロシア右翼の方が相対的にマシだという考えから、南東部の親ロ派運動に合流していったようだ。アナキストのアレクサンドル・ヴォルダルスキーによれば、ボロトバ派は徹頭徹尾マイダンに反対していた唯一の左翼グループである。彼らはロシア民族主義右翼運動と手を組み、3月には反マイダン派とロシアから来た右翼がハルキウで詩人のセルヒー・ジャダンなどに重傷を負わせた事件にも参加した。これによって多くの左翼グループが彼らと距離を置く旨の声明を発表。さらにオデーサ労働組合会館事件において親ロ派の一員として衝突を煽動したことで、その決裂は決定的になったという。ボロトバ派のメンバーはその後、分離派の「人民共和国」に参加したり、ドイツに逃れたりしているそうだ（ヴォルダルスキー、『ウクライナ2014~2022』）。

ちなみにウクライナ共産党は、90年代には新自由主義への抵抗勢力として民衆の一定の支持を集めていたが、マイダン革命までには左派政党としての性格を失っていたとイシュチェンコは書いている。

「今日のCPU（共産党）は、反動的でブルジョア的、文化的に保守的なロシア民族主義政党である」

「ウクライナの左派の中で、この党を左派政党と見なす者はいない」

共産党は、マイダンをつぶすために制定された弾圧法にも全党一致で賛成した（イシュチェンコ「ウクライナ共産党追放の可能性」『ウクライナ2014年～2022年』）。

ただ、東部の紛争が激化する中で共産党の党員が地域における反マイダン運動やさらには分離主義者の蜂起に参加したことを理由にポロシェンコ政権がその解散を命じたことについては、イシュチェンコは明確に反対している。

3　それは精神的・文化的革命だった

まとめると、（ボロトバ派を除く）ウクライナ左翼のマイダン革命への評価は、それが民主主義を求める民衆蜂起であり、オリガルヒ支配の解体という社会的、経済的課題への要求をもっていたことを認め、しかし同時に民族主義的な要求が前面に出るなどしてそれがあいまいに終わったことを惜しむというところだろう。

実際、マイダン革命はイシュチェンコの言う「エリートの交代劇」に終わったと言えるだろう。そこには、目に見える大きな社会変革という成果はなかった。その後、汚職の状況などは徐々に改善していったものの、クリミア併合とドンバス戦争というロシアの介入が与えた打撃もあって、経済的低迷も続いた。

それでも、ウクライナの人びとの多くが、マイダン革命は時代を画する大きな出来事であったと考えているのは確かだ。

生田泰浩は、「現代ウクライナ社会の『分裂』に関する考察」（「ロシア・東欧研究」２０１４年）という論文の中で、彼が２０１４年9月にウクライナの市民を対象に行った世論調査結果を紹介している。それによると、「ウクライナ社会における人びとの雰囲気、感覚は大きく変わったと思うか」という問いを、１９９１年（独立時）から現在と、マイダンから現在についての２つについて尋ねると、独立から今までについて「大きく変わった」という意見に同意する人が57％であるのに対して、マイダン以降については72％が同意している。つまり、独立から２０２２年の変化よりもマイダン以降の半年間の社会的雰囲気の変化の方が大きいというのである。変化したと思う項目として「市民意識」「連帯」「独立国家という意識」「パトリオティズム・ナショナリズム」が挙げられている。

ここに透けて見えるのは、マイダン革命が、すぐに改革に結びつかなかったものの、ウクライナの人びとにとって大きな精神的・文化的革命の経験だったのではないかということである。実際、マイダン革命を描いた『ウクライナの夜』は、国民的バンド「オケアン・エリズィ」リーダーのスラヴァ・ヴァカルチュクのこんな言葉で締められていた。

「マイダン革命は、ぼくの魂を変えたんだよ」

どこの国の歴史の中にも、政治体制や経済構造を変えることはできなくても人びとの意識を変えた「革命」がある。

日本で言えば、例えば60年安保である。自らも全学連の一人としてデモに参加していた保阪正康は、この巨大な大衆運動は岸信介に象徴される戦前回帰への断固たる拒否の表明であったのであり、それによってその後の経済立国・日本という路線が確立したのだと総括している（『60年安保闘争』）。

1968年のフランス五月革命は、ドゴール政権を少しも動揺させなかったが、思想的な転換点として世界史に刻まれている。

巨大なデモによって李承晩政権を倒した1960年の韓国四一九学生革命は、1年後には朴正熙のクーデターによって独裁の復活を許すことになるが、1987年に改正された大韓民国憲法前文に「不義に抗拒した四一九民主理念」として刻まれた。

これらの出来事は、いずれも政治体制や経済構造をすぐに変えることはできなかったが、歴史をその前に戻すことができない精神革命、文化革命となった例である。

ヴァカルチュクの魂を「永遠に変えた」というマイダン革命もまた、ウクライナにとってそうした精神革命、文化革命だったのではないだろうか。

4　「尊厳の革命」はウクライナ人をどう変えたのか

では、それはウクライナ人の魂をどう変えたのか。ここからは、市井の人から芸術家に至る、様々な声をランダムに聞いてみよう。

以前、NHKで「世界ふれあい街歩き」という番組が放映されていた。世界のさまざまな街を散策しながら紹介する内容だが、2019年にはキーウを歩く回があった。その中に、「汚職博物館」に行く観光客を待つ二人の男が出てくる。「汚職博物館」とは、かつてヤヌコビッチの豪華絢爛な公邸だったものだ。二人は自分たちの商売について説明しながら、こう語る。「(ヤヌコビッチは)図々しい男さ。私腹を肥やして家を建てたんだ」「ロシアに逃げた。ウクライナが嫌になったんだろ」「俺たちウクライナ人は大統領だって追放するんだ」。また、番組中でキーウを案内する女性は「私も抗議活動に参加していました。怖かったけれど、このときにウクライナは真の独立を果たしたのだと思います」と語る。この短いセンテンスの中で、「大統領を倒した」ことの自負とウクライナ人としての「真の独立」という誇りが結びついている。

キーウに暮らす元日本経済新聞記者の古川英治は、マイダン革命当時に取材したデモ参加者のこんな言葉を記している。「自由で、正直な国に住みたい」「ここで引き下がったら、ソ連に逆戻りしてしまう」(古川英治『ウクライナ・ダイアリー』)。

東部ドニプロ市出身で、全面侵攻が始まって以降、国外に避難しているサーシャという若い女性がウクライナを紹介する『サーシャ、ウクライナの話を聞かせて』という本では、彼女はマイダン革命をこんなふうに説明する。

「ユーロマイダン革命は、内閣による政治腐敗、そして、警察や特別警察による恣意的な取り締まりに反発し、欧州寄りの外交路線を支持する愛国主義的抵抗運動です」

「私たちは、民主主義の文明国の仲間入りをしたかったのですが、プーチンの傀儡政権であるヤヌーコヴィチ大統領がこれを阻止したのです。私たちウクライナ人は独立と民主主義のためならいつでも戦う心構えがあります」

松里の言う「野党三羽烏」の一人で、マイダンでデモ参加者に非難されることもあった中道右派政治家のヴィターリ・クリチコ（その後、キーウ市長に）は、2014年末に、アメリカのジャーナリストであるデイヴィッド・パトリカラコスにこう語っている。

「マイダン革命は、ウクライナ社会の強さを証明した。市民はこう言ったんだ。未来のない暮らしはうんざりだ、と」

「それが前例となった。もしも国民の声に耳を傾けない者が次に政権に就こうものなら、同じことが起きるに違いないね」（パトリカラコス『140字の戦争』）。

ここには「生活を変えたい」という要求も見える。

ウクライナ出身の東欧思想史研究者アンドリー・ポルトノフは、一定の距離感を置いてマイダンを見つめながら、それをこう総括している。

「大衆による抗議行動は最終的にヤヌコーヴィチと側近をウクライナから追い出すことに

なったわけだが、そこでは長らく待たれていた生活の全領域での根本的な改革の必要性が訴えられた。汚職や、政府による独裁的な法の押しつけと自由の制限に対しての抗議がなされた。ウクライナのナショナリズムの要素が、法の支配、社会的正義、移動の自由といったヨーロッパの神話に溶け合わされたのである」(『アステイオン』2014年8月号)

キーウ大学で日本学を教えるオリガ・ホメンコは、マイダン革命がどのような経験だったのかを語っている。

「あるウクライナの歴史家に言わせれば、キエフでデモに参加した人、またナターリアさんのようにほぼボランティアとして一生懸命働く人たちは、『何かの反対のためではなく、何かのために戦った』のだ。自由のために、自分自身で自分や自分の国の行方を決めるために」

「ウクライナのある美術評論家は『革命でアートのエネルギーが非常に盛り上がった。それまでにはなかった自由なアートがたくさん生まれた』という」

「昨年の11月から今年の2月までのことは、ウクライナでは『自尊心の革命』と名づけられた。そう、自尊心が傷つけられた中で、生まれ変わった国民(ネーション)一人一人の挑戦。自尊心というものを見直すときとも言える時期だった」(「女性たちのもうひとつの革命」『婦人之友』2014年10月号)

「自尊革命はウクライナ人女性にとって自分の社会的役割、居場所などを改めて確認し、また自立する場でもあって、ウクライナのフェミニズムにとって重要なイベントだったのだ」(「女性の顔を持つウクライナ」『神戸学院経済学論集』第52巻、2021年)

「ロシア帝国がウクライナ語は『いなかっぽい言葉』でウクライナ人は『なまけもの』と言うイメージを植え付けたのは、この150年くらいの間です。だから逆に言えば、この数ヶ月の大変つらい経験から色々学んだ結果それを乗り越えて、その否定的な自己イメージを自ら破る必要がある。新しく生まれ変わったネーションにとって最初の大きな課題の一つです」(「キエフの大変な1年の記録」『ユーラシア研究』51号、2014年12月)

「自尊心」という言葉が強調されている。マイダン革命は今日のウクライナでは「尊厳の革命」とも呼ばれている。ホメンコは、それが主体としての市民の尊厳であり、同時に民族的尊厳でもあると語っているのだ。

5　マイダン以降のポップ・カルチャー

ホメンコが言及する、アートと「14年」の関係は、ウクライナ国営通信『ウクルインフォルム』日本語版編集者の平野高志(キーウ在住)が書いた『ウクライナ・ファンブック』でも言及されている。ミハイロ・フルボーキーという芸術家へのインタビューだ。彼はドネツク市で社会的なアート空間をつくっていたが、分離主義者の蜂起でキーウに逃れた(ドネツクのアート空間は、分離派によって拷問室に転用された)。

「マイダン以前も、芸術はありましたが、その規模は小さく、政府からの実質的な検閲がありました」

「マイダン革命以降は、国による検閲はなくなり、自己表現、文化に関わりたがる人が増えました。芸術だけでなく、全体の動きとして、文化や教育、色々なことに参加したい、より理解したいと思う人が増えました」

「2014年の戦争開始までは、東部では歴史的に多くの人が工場労働者であり、新しいイニシアティブや考えに触れる機会がなく、彼らが新しい考えや変化を求めることはあまりありませんでした。ところが、戦争が始まり、工場が閉鎖されると、多くの人が、自分の人生を自分でコントロールしないといけないことを理解し始めました。その中で、皆が集まり、自分たちの将来を自分で作ること、現在ある問題について他の人と話すことの大切さを理解し始めたのです」

フルボーキーは、マイダン以降、人びとの社会参加への意欲が高まったと語っている。「検閲がなくなった」とはどういう意味で言っているのかよく分からないが、後段で語られているのは、マイダンというよりはドンバス戦争がもたらした東部の雰囲気の変化の話だ。もちろん、あくまでも現代アートの芸術家から見た風景であることには留意すべきだろう。「革命」に加え、ロシアとの

「戦争」が社会を変えたことが見えてくる。

革命と戦争の影響を受けて、ポップミュージックの世界も大きく変わった。「ローリングストーン」の記事がそれを伝えている（日本語版サイト。2022年3月、「絶体絶命のウクライナ音楽シーン、カルチャーを破壊された当事者たちの怒りと絶望」）。

同記事は、「ウクライナはインディーズレーベルの聖地でもあり、キエフを始め国内各地でライブ・シーンが盛り上がりを見せている」「2014年以降、ウクライナでは独自のフェスティバルやインディーズレーベル、ライブハウスが次々と誕生した」としたうえで、「2014年の後、この国では今まで経験したことがないくらい、いい時代が来たと思った。ある意味、すべてが花開いたんだよ」「すべてはあの時、革命の後から始まった」というミュージシャンの言葉を伝えている。

2014年から「すべてが始まった」理由は少し複雑だ。

クリミア併合以降、ウクライナ政府は併合を支持するロシア人アーティストの入国を禁止するようになった。ウクライナの興行者は、リスクを恐れてロシア人アーティストを呼びたがらなくなる。そのため、それまで機会を得ることがなかったウクライナのアーティストにも門戸が開かれるようになったのだ。

あるサイケデリック・バンドのメンバーは、「まだ若いバンドだったけど、突然大きな会場でやらせてもらえるようになった。半分しか埋まらなかったけどね。でも大きなステージで、ちゃんとした音響、ちゃんとした機材で演奏できた。観客もとても気に入ってくれたよ」と語る。クリミア併合とドンバス戦争によって、ロシアとの間にビジネス上の障壁ができたことが、ウクライナのロックやポップスに大きな飛躍の機会を与えたというわけだ。

この記事では触れられていないが、ウクライナのミュージシャンがロシアでツアーを行うことに対しても、次第に批判的な視線が向けられるようになった。ロシアの方が市場が大きいので、それまでウクライナのポップスの世界にとってはロシアの市場やレーベルの比重は大きかった。だが戦争は、それを狭めていったということだ。

「ローリングストーン」はまた、ミュージシャンの次のような言葉を伝えている。

「革命の後、人びとは自分たちの言葉、民族の伝統、音楽、国全体を称賛するようになりました。自分たちはロシア世界やロシア文化、ロシアのバンドの一部だと考えるのを止めたんです。自分たちのアーティスト、自分たちの独自性があちこちで開花してゆきました。その前に素晴らしい音楽がなかったわけではなく……昔よりずっとウクライナ人はもちろん、海外の人たちの目にも留まるようになったんです」

6　韓国、アイルランド、台湾と同じ「脱植民地」

2014年以降、民謡をはじめウクライナの民族文化や各地域の個性を取り入れた楽曲が増えたことは、ほかの報道でも伝わってくる。そしてそれは、独自の個性をもったウクライナ・ポップスを国外にも知らしめ、その隆盛を導くこととなった。

この経緯は、私に2つの国の歴史的経験を思い出させる。1つは韓国である。韓国は独立後、日本文化の流入に制限をかけた。それは、植民地支配のもとで日本文化に従属させられ、独自の自立した文化を発展させることができなかった韓国にとって脱植民地化という意味で一定の意義をもつ政策だった。

「戦争と違って植民地支配は、その実質的な支配が終了すればすぐ新しい秩序が形成されるというものではない。……植民地支配は、社会や文化、人びとの思想といった内面にも色濃くその影響を残すことになる。具体的にいえば、植民地時代に形成された権力・政治構造、経済社会構造、文化・思想体系が根強く継続する。植民地後の国家においてそれを克服し、政治的、経済的、社会的、文化的に自立と独立を確立することを求める政治目標が設定されるのは当然といえよう」（クォン・ヨンソク『「韓流」と「日流」』）

こうした政策を行った国としては、ほかにアイルランドがある。

ウクライナは、ロシア帝国と、その後のロシア中心主義的なソ連体制の中で、文化的にも言語的にも独自の民族的発展を抑えられていた。都市の文化はそのままロシア語文化であり、文学からポップスに至るまで、それはロシア中心の空間の中にあった。戦争が生んだ上記のような制約は、たくまずもウクライナ・ポップスの独立した発展を促したのだろう。

もう1つ、思い出すのは台湾である。台湾においては、民主化はすなわち台湾化であったが、その過程で、それまで振り返られることがなかった台湾各地の文化や歴史が注目された。その文脈で台湾語ポップスが民主化の象徴として人気を博した。ウクライナ・ポップスが民族的なモチーフを取り入れ、そこから霊感を得ていったことは、台湾のそうした過程と同様の意味をもつだろう。

マイダン革命がウクライナのポップスに与えた影響はそれだけではない。「ローリングストーン」には、ミュージシャンのこんな言葉も出てくる。

「2014年以前は、僕も含め大勢がただ毎日をやり過ごすだけだった。こういうことが起きてから意識が変わって、自分たちのアイデンティティを模索し始めた。それが音楽にも影響を与えたんだよ」

「単にクラブに行くだけじゃなく、警察や汚職、人権、自由に対する自分の立場を表明することでもある。ウクライナのダンスフロアは楽しむだけの場所じゃないんだよ」

ここには、脱植民地化――ロシアからの民族文化的な自立だけでなく、市民的な主体性の発見がポップスやサブカルチャーをインスパイアしてきたことがうかがえる。

7 映画「ソルジャーズ／ヒーロー・ネバー・ダイ」

2017年に公開されたウクライナ映画「ソルジャーズ／ヒーロー・ネバー・ダイ（原題

Kiborgy)」という戦争映画も興味深い。ドンバス戦争時にドネツク空港で分離派と戦った義勇軍兵士たちを主人公にしたものだ。軍の協力のもと、戦意高揚を目的にした作品なのだろうが、意外なことに戦闘場面は地味で少ない。多いのは兵士たち同士の会話であり、特にその中で交わされる議論である。彼らは、「自分たちは何のために戦うのか」を延々と議論する。

そこには、マイダン革命以降に交わされていたであろう無数の対話が投影されている。若い兵士は将校に「あなた方の世代が何の犠牲もなくこの国を手に入れて、台無しにした」と抗議する。小隊指揮官は「祖国を守るために志願した」という初老の男に「お前の言う『祖国』とは何だ。お前にはシェフチェンコの詩に出てくる庭も何もないじゃないか」と貧困と格差の現実を突きつける。リベラル派の若者と民族主義者の男は、ロシア語で小説を書いたゴーゴリをめぐる議論から始まって、民族主義とリベラルな価値の相克について激論する。

白眉なのは、分離派兵士の捕虜と指揮官の問答だ。捕虜はドンバスの炭鉱労働者家庭の出身で、彼を動かしているのはドンバスを「搾取する」ウクライナ国家への怒りだ。一方で指揮官は、自らも西部の炭鉱労働者家庭の出身であることを打ち明けて、こう呟く。「この25年間、話し合ってきたなら……思いは同じと気づいたかも」。捕虜の「この25年でお前の政府は何か変えたか？」という問いかけには、指揮官はこう答える。

「だからデモが起きた。変わらなかったがゆえに、マイダンが起きた。家族の長生きのためにな」

カウンセラー出身の衛生兵もマイダン革命を振り返る。

「長い間、ユーロマイダンを無視していたが、デモが弾圧され、考えが変わった。広場は閑散としていると思って行ったら、予想とは全く反対の光景が広がっていた。人で溢れ返ってて、みんな何かしらしてた。車いすの人が歩道の雪かきをしてたから、手伝いに走った。なぜか分からないが、そのとき突然、涙が出て、心が叫んだ。『それだよ、とうとう決断したな』と」

兵士たちの問答の中には、ウクライナ社会がこの時期、何を課題としていたかが示されている。それは、国民（ネーション）としての連帯の実現であり、連帯を通じた問題解決である。そしてマイダン革命は、そこに向かう意志の起点として位置付けられているのである。

こうした「マイダン革命」評価は、すでにウクライナ社会の中に一定程度、定着しているようである。ウクライナ政府が行った2021年の建国30周年式典では、有史以来のウクライナの歩みを見せる映像作品が流されたが、この中でも「『マイダン』という言葉は世界に知られるようになった」という台詞とともに、マイダン革命の場面が描かれていた（YouTubeで観ることができる）。そこでは、敷石をリレー式に運ぶ市民や負傷者に手当てする市民側の医療班、そして殺された人びとの遺影が並ぶさまなどが表現されている。私はそこに、市民の連帯が前面に押し出されていると感じた。

この映像作品は、例えばホロドモールについて麦が枯れるさまとして間接的に表現し、ソ連時代の平和と豊かさについても肯定的に言及するなど、決して激烈にナショナリズムを鼓吹する内容ではなかった。そうした中でも、マイダン革命は肯定的な歴史の一幕としてしっかりと描かれていたということだ。

このことは、「マイダン革命」を肯定的に受け取る層がそれなりに社会のマジョリティになっていることを物語っているだろう。２０１４年2月の段階では、4割の賛成（西部で8割）と2割の反対（東部で5割）、残りは回答困難という構図だったが、若い世代ほど支持する比率が大きかったことが分かっている。２０２２年の全面侵攻後、マイダン革命への評価はさらに広がった。ウクライナのラズムコフ・センターなどによる世論調査によれば、これを「独裁政権に対する国民の公正な蜂起」と解釈する人の率は、戦前の54・1％から66・8％に上昇し、これを「クーデター」と捉える人は30・7％から12・3％となったという（ウクライナのニュースサイト「ZN．UA」２０２３年1月21日付）。ロシアの侵略が、遡及的に「マイダン革命」の意義を評価させているのである。

マイダン革命をウクライナ人の誇りとする表現は、ロシアの全面侵攻以降に様々な立場のウクライナの人びとの「日記」を集めた『ウクライナ戦争日記』にも出てくる。川崎在住の在日ウクライナ人でプログラマーの若者（キーウ出身）が、花見の席でロシア人女性たちと会話を交わす場面だ。

「民衆による抗議とそれがもつ影響力についても（女性たちとの間で）意見の違いがあった。

私は警察を恐れずにどんどん街頭に出るべきだと主張した。……大衆による抗議は政権を打ち破ることができると説得したかったのだ。２０１３年から２０１４年に起きたマイダン革命は、どんなふうに民衆が指導者を打ち破ることができるか、私たちに教えてくれたじゃないか。一方ロシア人女性たちは、ロシアではそれは不可能だと主張した。私にとっては、なぜ不可能なのか、何が問題なのかよくわからない」

ここでは、マイダン革命の記憶は、独裁に屈しないウクライナ人の誇りとして掲げられている。それはまた、侵略に抵抗する自負でもあるだろう。

『ウクライナ戦争日記』には次のような一節もある。

「私たちがひとつの国民であるだと理解するため、２００４年、２０１４年と、二度も大きな革命を経験しなければならなかったのだ…。みんなが革命を経験した今、ロシアとともに歩むシナリオを受け入れられるわけがない。彼ら（ロシア人）にはそれが分からないのだろうか？」（キーウ在住の29歳の女性）

ここでは、ウクライナが一つのネーションであることを確認する経験としてオレンジ革命、マイダン革命が語られており、それがロシアの侵略への抵抗の根拠として語られている。

8 「人びとが歴史の参加者になった日」

最後に、ウクライナの左翼グループ「社会運動」がマイダン革命開始10年に当たる2023年11月に発表した声明を紹介しておこう。彼らは10年前にマイダン革命に参加した「左翼反対派」の延長線上にあるグループである。

ウクライナの路上が、正義、自由、尊厳という民衆の深い願望を表現する場となった日から10年が経過した。この間、ウクライナは漸進的な民主化の道を歩み始めたが、その道のりは決して平坦ではなかった。

世界の他の多くの地域と同様、ウクライナでも、人びとは不公正、不平等、警察による暴力、政治的代表性や民主主義の欠如に憤慨している。

「社会運動」は、ウクライナの人びとが汚職、ロシアの経済的抑圧、オリガルヒ支配との闘いを開始することを決定した時期として、「尊厳の革命」（マイダン革命）の時期を定義している。第一の目標は、犯罪的手段によって支配を維持する体制を変えることだった。

多くの左翼組織が人びとの蜂起に参加し、歴史的価値のある多くの行動を組織した。

病院警備隊（http://surl.li/nrely）を結成したのはアナキストで、警察が負傷したデモ参加者を病院から拉致するのを阻止し、プロリズナ通りのバリケードを維持した。アナキストのセルヒー・ケムスキー（http://surl.li/nrelu）は、インスティトゥツカ通りでベルクトに撃たれた。その後、活動家となる人びと、あるいは後に「社会運動」を結成することになる人びとは、2013年から2014年の冬の抗議行動における大衆の反オリガルヒ的・民主的感情にプログラムを与えようとした。彼らは社会権的要求が書かれたビラを配り、デモ参加者の中にある保守主義的思想、あるいは新自由主義的な思想へのオルタナティブを提示した。

人びとの願いは真の構造的な変化には結実しなかったが、ロシアやベラルーシのような権威主義的な警察国家の登場を阻止することには成功した。人びとは革命的な自己組織化と泥棒的権力の打倒において経験を積んだ。

「尊厳の革命」はウクライナに新たな展望をもたらした。この記念日を、ウクライナの人びとが尊厳の精神とより良い未来への願望に導かれ、歴史の目撃者にとどまらず参加者となった日として記念すべきだろう。

彼らにとっての「マイダン革命」の意義を、過不足なく語っている。それは、成功した「革命」ではなかったが、民衆が歴史の主体として歩み始める起点となったということだ。

さて、私たちはここまで、マイダン革命を語るさまざまなウクライナ人の声を通じて、それが何らかの精神革命、文化革命であったことを見てきた。ではそれは、どのような精神革命、文化革命だったのだろうか。「反ロシア／親西欧」という地政学的な志向についてはここでは考えない。むしろ、そうした志向の根底にあるものを考えてみたい。

私は、こうした言葉の中にあるのは、「民主主義」「脱ソビエト」の実現と「ナショナリズム」と整理できるように思う。

「民主主義」は、市民が主体となって政治を動かすことへの希求であり、「脱ソビエト」とは、汚職やオリガルヒ支配に代表されるようなポスト・ソビエトの構造的困難からの脱却への希求である。「ナショナリズム」は、後述するようにその意味するところは一定の幅をもつが、最も大きな幅で捉えれば、ウクライナを自らの国とすることへの希求と言える。そこには、エスニックな「ウクライナ系」「ロシア系」という規定を超えた市民的ネーションへの志向が確かに宿っている。

そして、その実現の方法論としてマイダン、つまり広場に誕生したのが、「社会運動」の声明にも出てくる「自己組織化」だと言えるのではないだろうか。耳慣れない言葉だが、マイダン革命以降のウクライナについて語る文章にはたびたび現れる。

次章は、この「自己組織化」も含めたウクライナ・ナショナリズムの意味について考えてみたい。

第9章　ウクライナ・ナショナリズムは「危険」なのか

突き詰めていくと、ロシア擁護言説において否定の対象となっているのは、ウクライナのナショナリズムである。それは恐ろしい怪物として描かれたり、溜息や冷笑の対象にされたりする。ウクライナ・ナショナリズム否定の元祖は、言うまでもなくプーチン政権である。2022年2月の開戦時の演説で、プーチンは「ウクライナの極右民族主義者やネオナチ」の脅威を訴え、ウクライナの「非ナチ化」の必要を主張した。この「極右民族主義者やネオナチ」は、ウクライナのナショナリズムそれ自体を指していると見るべきだろう。

ロシア擁護言説では、ウクライナ・ナショナリズムとはレーニンあるいはソ連によってつくられた人工的なものであり、ナチスドイツに協力した過去を持つ危険な運動であり、独立したウクライナの国家建設を挫折させ、ロシアの侵攻を招いて破滅させた思想であるということになる。

これは本当だろうか。つまり、ウクライナ・ナショナリズムは人工物であり、危険な運動であり、ウクライナを破滅させる思想なのだろうか。

1　ナショナリズムとは何か

そもそもナショナリズムとは何か。平凡社『世界大百科事典』の坂本義和による項目解説によれば、それは「自己の独立、統一、発展をめざすネーションの思想と行動」のことだという。

ネーション（国民）という概念が登場したのは1800年前後である。それはフランス革命に始まり、次第に世界に広がっていった。革命時に人びとを鼓舞したシィエスのパンフレット『第三身分とは何か』には「国民（ネーション）とは何か。共通の法律の下で生活し、同じ立法府によって代表される等の条件を満たす人びととの団体である」とある。ここでは、ネーションとは法的に均質な政治的共同体であると定義されている。

ナショナリズムは「民族主義」とも訳されるが、ネーションは即自的な意味での民族、つまり言語や習俗を共有している「エスニシティ」とは違う。エスニシティは、お雑煮に味噌を入れる地域と入れない地域があるというのと同じで、それ自体では単なる地域的な個性にすぎないが、ネーションは政治的な主権を持った共同体という意識を意味している。

19世紀フランスの歴史家エルネスト・ルナンは、『国民とは何か』において、ネーションを血統や人種（エスニシティ）、言語、利害や地形によって定義する試みを一つひとつ否定した上で、こう定義する。

「国民とは魂であり、精神的原理です」
「過去においては共通の栄光を、現在においては共通の意志を持つこと、ともに偉業を成し遂げ、さらなる偉業を成し遂げようとすること」
「国民とは、したがって、人びとがこれまで払ってきた犠牲、これから払うつもりでいる犠牲の感情によって成り立っている大いなる連帯です」
「国民の存在は日々の人民投票である」

ネーションについては、さまざまな定義があるが、基本的には、身分や宗教などによる区分を否定した均質な成員で構成される、主権を有した政治的共同体だと言える。また、ルナンによれば、過去についての神話と未来への望みを共有するものだ。

そして、どの地域の誰があるネーションの成員であるのかを決めるのは、人びとの想像と意志であって、何か客観的な根拠があるわけではない。だからこそ、イギリスとアメリカのように、エスニシティを共有しながら別のネーションが形成されることもあれば、スイスのように複数言語のネーションもある。

端的に言えば、エスニシティが「である」ものなのに対して、ネーションとは「つくる」「なる」「する」ものである。

ナショナリズムとは「ネーション」を形成しようとする思想と運動である。そして一つのネーションに正統性の根拠を置く国家が成立したとき、それが「国民国家」と呼ばれる。

ただし、イギリス、アメリカ、フランスといった地域以外の後発ナショナリズムにおいては、ナショナリズムはその根拠をエスニックな要素に求め、それと強く結びついたものになっていった。フランスなどでは、すでに存在する身分制国家を国民国家に置き換えることがネーションの課題だったのに対して、これらの地域では、エスニシティ集団をもとにネーションを想像し、形成していく必要があった。さらに植民地支配、帝国支配、封建諸侯の分立といった現状を変えて、国家そのものがない状況から国家をつくらなければならなかった。

19世紀から20世紀にかけてオーストリア、オスマントルコ、ロシアといった広大な「帝国」の支配下にあった東欧諸民族の運動もそうである。それはそれぞれのエスニックな文化的個性の発見を起点とする知識人主導のエスニックなナショナリズム運動として展開され、帝国が解体される過程では、それぞれのネーションの領域の線引きをめぐって互いに争った。

2　ウクライナはレーニンがつくったのか？

ウクライナ・ナショナリズムも、そうした東欧・スラブ圏の民族運動の一つである。それは、19世紀初のハリコフ・ロマン主義と呼ばれる知識人の運動から始まる。ロシア化によってウクライナ語の近代的な発展が押しとどめられ、「田舎の言葉」として追いやられていくなか、ハリコフ（ハルキウ）大学の教員と学生たちが担い手となってウクライナの民族的習俗や言語を収集し、ウクライナ民族の姿を明らかにしようとしたのである。１８４５年にはキリル・メトディー団という政治性を帯びた秘密結社が結成される。メンバーは、今日ではウクライナの国民的詩人であるタラス・シェフチェンコなど知識人12人。彼らはスラブ諸民族の対等な連邦を構想したが、ロシア帝国に弾圧され、シェフチェンコは流刑された。ロシア帝国はウクライナ語による出版や研究、教育、芸術活動そのものを厳しく弾圧するようになった。

しかし1905年の第一次ロシア革命後に国会が開設されると、多くのウクライナ人議員が参加して自治を要求するようになり、さらに1917年のロシア革命時には、ついに「ウクライナ人民共和国」が独立を宣言する。しかしこの独立運動は、ボルシェビキの赤軍をはじめドイツやオーストリアといった外国の干渉と戦った末に潰滅した。ウクライナの大部分はソビエト連邦内の「ウクライナ・ソビエト社会主義共和国」としてモスクワの共産党の支配下に置かれ、西部はオーストリア帝国領からポーランド領となった。

列強を相手に独立運動が数年間も戦い得た事実は、ウクライナ民族運動の根強さを示している。赤軍がキーウに進撃した際は、キエフ大学の学生数百人で構成された部隊が数千人の赤軍を相手に戦って全滅するクルーティの戦いが起きているが、これも、ウクライナ独立という理念が若いエリートたちの心をそれだけ強く掴んでいた証拠だろう。

「ウクライナはレーニンがつくった」という主張は、「ウクライナ人民共和国」が潰えたあとの1922年、レーニンの「民族自決」原則に従ってソ連の中に「ウクライナ・ソビエト社会主義共和国」が創設されたことを指している。しかしそれに先立って民族運動の長い歴史があり、「人民共和国」の独立宣言と独立戦争にまで到達していたことを思えば、歴史的説明として公正とは思えない。

ソ連体制の下でもウクライナ民族運動と弾圧は続いた。30年代から50年代初まではテロやパルチザンという形態でポーランド、ドイツ、ソ連と戦った西部の民族運動があり、「国際主義かロシア化か」というスローガンの下で展開した60年代キーウの知識人・学生の運動もあった。50年代にはソ連の強制収容所の囚人の半分はウクライナ人だったという話を読んだこともある。そうした抵抗運動の系譜が、ペレストロイカの始まりとともに復活し、1991年の独立を実現したのである。

こうした大雑把な歴史的展開を見るだけでも、ウクライナ・ナショナリズムを「人工物」とみる評価が全くの間違いであることが分かるだろう。そもそも「人工物だ」というのであれば、すべてのネーションが人為的な産物なのである。

3 「帝国」とは何か

では、それが危険な運動であるとか、ウクライナを破滅させるものだといった評価についてはどうだろうか。これについては腰を据えて考える必要がある。

ウクライナ・ナショナリズムの歴史を見る時、そこには「帝国と植民地」「帝国と国民国家」というテーマが貫かれている。

「帝国」とは何か。「ネーション」や「国民国家」と同様に、「帝国」についてもさまざまな定義があるが、ロシア史研究者の池田嘉郎は「一定程度の広大な領域を擁し、コアな地域、ならびに、それとは文化的・歴史的に異質な、複数の周縁からなる。コア地域とは、帝国の政治的中心（首都）を擁し、帝国の統治エリートと相対的に近い文化をもつ住民の暮らす地域である。第二に、帝国の統治エリートと周縁住民の間には、支配―被支配の関係がある」国家と定義している（「帝国、国民国家、そして共和制の帝国」）。

また池田は、「帝国」を規定できるのは「国民国家」との対比においてだとする。国民国家モデルにおいては、主権は均質な成員で構成される「国民（ネーション）」に属し、その領域は明確な境界線をもつ。一方、「帝国」モデルにおいては、統治は被治者の合意に由来するのではなく、「臣従関係ないし強制」に基づき、領域内の住民についても「多元性は単に維持されるのみならず、領域の拡大や支配の強化の過程で再生産される」。「多様な集団と地域をどのように編成し、序列化するかが帝国支配の要」である。多様な集団とは、身分、宗教、エスニシティなどを指す。それぞれの集団が異なる政治的資格や権利をもっているのである。

帝政ロシアがそうした帝国であったのはもちろん、それを倒して建国されたソビエト連邦も、「帝国」と見なし得る。池田はこれを「共和制の帝国」と呼ぶ。各民族の領域を設定してそれぞれの共和国を創設し、その自治と連邦を建前としつつ、実際には被治者の合意に基づかないモスクワの共産党独裁下にそれを置いているからだ。

「帝国」は明らかに民主的な国家ではない。しかし一方で、その多様性は豊かさとも言えるから、単に抑圧・被抑圧という構図だけで見ることはできない。国民国家の建設が、時に民族浄化や戦争に結びついてきた歴史を思えば、帝国を一面的に否定することはできない。「帝国」論はそのようにも語られてきた。

だが池田は、全面侵攻が始まった後にこう自問する。「我々のようなロシア史研究者がこれまで帝国論のなかで用いてきたロシア帝国やソ連における多民族の共生という側面を、ロシア政府がウクライナ侵攻の正当性を主張するために使っている」「帝国中枢からの抑圧・暴力の側面を過小評価してこなかったか」「ロシア史研究者自身が、帝国の中心であったペテルスブルクやモスクワの見方と同一化してしまい、帝国中枢の見方をトレースしていたのではないか」(『講義ウクライナの歴史』)。

帝国には暴力的な側面がある。その中でまどろんでいる集団には寛容だが、ひとたび主体として目覚めた者に対しては残酷なのである。

ロシアとウクライナの関係を「植民地関係」と呼び、ウクライナ・ナショナリズムを帝国から分離して国民国家を建設しようとする運動として、一貫して肯定的に評価しているのが、日本のウクライナ史研究の第一人者である中井和夫であり、その集大成が大著『ウクライナ・ナショナリズム』だ。その中で彼はこう書いている。

「ウクライナ人は帝国中央から『永遠の弟』と見られ、永遠に成熟することのない、独立した存在となる権利をもたない者であった。ロシア人だけが創造的な思想家、詩人、学者、政治家となれるのであった。オリジナルなものはウクライナにあっては不要な悪であり、『民族主義』として容赦なく罰せられたのである」

「こうした植民地支配の関係は遅かれ早かれ清算されなくてはならない」

ロシアにとってのウクライナは、「帝国」ならぬ「帝国主義」が国外につくる、収奪や資本投下を目的とした植民地とは異なる。しかし、ロシア民族とは異なるウクライナ民族という主体を認めず、それをロシアの歴史的な一部と捉え、ウクライナ語をロシア語の方言とするその同化思想、同化政策が「植民地」的だということだ。

私たちの歴史的経験に引き付ければ、それは沖縄と日本の関係に似ている。沖縄にかつて琉球王国という政治主体があったように、ウクライナにも17世紀以降、コサックによるヘトマン国家があった。にもかかわらずそれらは日本の／ロシアの歴史的一部と目されている。琉球諸語と日本語の距離は英語とドイツ語ほどにも違うとされるのに、それは日本語の方言とされている。同様にウクライナ語もむしろポーランド語に近い別の言語なのに「ロシア語の方言」とされた。

ウクライナはロシア民族の原郷としてエキゾチックな憧憬を向けられる一方で、ウクライナ人は時に「ホホール」という蔑称で呼ばれ、自らの言語や習俗を劣った恥ずかしいものと考えるようになった。「民族自決」の建前を掲げたソ連時代になってもそれは同じで、30年代以降は学校でのウクライナ語教育の実施率は1991年の独立まで一貫して下降線を描いた。経済、政治、研究などのオフィシャルな分野はロシア語の世界だった。

4 「コサック神話」から見えること

19世紀のウクライナ民族運動にとっては、自らをロシア人とは異なるものとして発見していくことが課題となった。そのときに中心に据えられたのが「コサック神話」である。

コサックとは、周辺諸国の支配が十分に及ばない辺境の地であった16世紀のウクライナに逃亡農奴たちがつくった戦士共同体である。剛の者であることを証明できれば、エスニシティを超えて誰でもコサックとして認められた。血筋や身分による差別はなく、重要なことは民主的に決定された。ヘトマンと呼ばれる頭領や役員を、成年男子の全員が参加する年1回の総会（ラーダ）で選出し、全体に関わる重要な事項もラーダで決めた。

彼らは17世紀のフメリニツキーの乱でリトアニア・ポーランド公国と戦って勝利し、キーウを含むウクライナ中部に、後に「ヘトマン国家」と呼ばれる自治空間を作り出した。ただし、ポーランドに勝つためにロシア皇帝との間で臣従関係を誓うペレヤスラフ協定を結んだことで、次第にロシアに自治権を奪われていき、マゼッパの乱を経て18世紀末には完全にロシア領の一部とされてしまった。

コサックは、民主的で自由を重んじ専制を嫌うウクライナ人の理想像として、近代ウクライナ民族運動の神話となった。タラス・シェフチェンコは「コサックの魂はウクライナにとどまらせよ」「かの地にコサックの自由が誕生し、野を駆け巡ったのだ」とうたい、彼の同志である歴史家ニコライ・コストマーロフは、ロシア人を「規律、組織、政府を重んじ、集団主義的特徴をもっている」民族として、ウクライナ人を「自由、自治、民主主義を重んじ、個人主義的特徴をもっている」民族として描き両者を差異化してみせた（中井和夫「ウクライナ人とロシア人」『講座世界史5』）。ロシア人を他者としてウクライナ人像が形成されていったさまが見える。

また、ロシア帝国が「キエフ・ルーシの末裔」とか「第三のローマ」といった「帝国」的な神話を正統性の根拠にしているのに対して、ウクライナ民族運動はあくまでもウクライナという一つの「ネーション」の存在を主張し、それによって構成される「国民国家」の建設を求めるものであった。当たり前のようだが、ウクライナ・ナショナリズムには他民族を支配するべきだといった志向性はないのである。

たとえば天皇を軸とする日本の近代ナショナリズムの場合、記紀に始まる朝鮮支配の（文字通りの）神話を持ち、それが明治以降、征韓論から韓国併合に至るイデオロギーとなるわけだが、ウクライナ・ナショナリズムにはそうした侵略思想は内包されていない。むしろコサック神話は、大国の支配に抵抗したという神話でもある。

つまり、ウクライナ・ナショナリズムは、帝国の同化に抗する抵抗民族主義であり、その目指すところは帝国ではなく国民国家であった。そして「ウクライナ人」とは「ロシア人＝専制」の反対のものであると想像されていた。ここに見えるウクライナ・ナショナリズムは、専制的とも侵略的とも思えない。実際、１９１７年の人民共和国独立に至るまで、民族運動の担い手となった知識人たちの多くは、非マルクス主義の穏健な社会主義者であった。シェフチェンコもそうだが、そこにはウクライナ人の大部分を占める農民の苦境に対する共感があり、人民共和国は成立してすぐ、8時間労働制や死刑廃止とともに、土地解放を掲げている。

5　エスニック・ナショナリズムの危険

では、ウクライナ・ナショナリズムを「危険」と見る視線に歴史的根拠はないかと言えば、それはある。それが民族排外主義としてあらわれたことが、確かにあったのだ。

ウクライナ民族運動も東欧諸民族のそれの一つだと先に書いた。様々なエスニック集団が混在している「帝国」下で、東欧の諸民族の運動はエスニックな要求に従って自らの領域を確定しようとし、当然、民族間の多くの紛争を生んだ。ウクライナ西部では、こうした衝突が激しく繰り広げられている。

この地域はオーストリア帝国の支配下にあった。オーストリアはロシアと違ってウクライナ人の民族文化を否定しなかったので、ロシア支配下のキーウから多くの民族的知識人が亡命し、この地で研究や運動を続けていた。

第一次世界大戦が始まると、この地域ではポーランド人、ロシア人、ウクライナ人がエスニックな争闘を繰り広げた。ユダヤ人は全ての勢力に迫害された。

オーストリア帝国が第一次世界大戦の敗戦で崩壊した後、この地域は独立を取り戻したポーランドの領土となる。復活したポーランドは、ウクライナ人が住む広大な地域を支配していたかつての

「歴史的ポーランド」を取り戻そうとする。当局はウクライナ人の民族性を否定し、ポーランド人農民を入植させることもした。

これに対するウクライナ民族主義の抵抗は、ポーランド人やユダヤ人に対するエスニックな暴力としてあらわれた。それを指導したのが、ウクライナ民族主義者組織（ＯＵＮ）であり、その指導者の一人がステパン・バンデラである。彼らは思想的には極右であった。

その後、独ソ秘密協定によってポーランドが分割され、ウクライナ西部はソ連支配下に置かれる。当初、ウクライナ人はポーランドの支配からの解放を喜んだが、すぐにソ連支配の暴力性に気づいて反発に転じた。

独ソ戦が始まってナチスドイツがウクライナに侵攻すると、ＯＵＮはドイツに協力してウクライナに凱旋した。その際に、彼らは、多くのユダヤ人を虐殺している。しかし勝手に独立を宣言したバンデラらをドイツ当局は逮捕する。ドイツはどのような形であれウクライナの独立を認める気はなかった。彼らはウクライナ農民からの過酷な収奪に加え、数百万人の若者たちを強制連行してドイツで強制労働に従事させた。農民たちは怒り、ＯＵＮの流れをくむウクライナ蜂起軍（ＵＰＡ）が率いる山岳パルチザンに結集する。その勢力は３万人を超えるものであった。

ＵＰＡはまた、戦争末期にはポーランド人入植者の村を襲って数万人を虐殺するという最悪の行動をとった。ドイツ敗北後にこの地が再びポーランド領となることを阻止する目的であった。この虐殺事件は今も、ウクライナとポーランドの関係の棘となっている。

さらにＵＰＡの闘争は戻ってきたソ連に対しても続く。ソ連もまた、農村の収奪者だったからだ。周辺諸国がすべてソ連の衛星国となり、孤立無援となっても、山中のゲリラは50年代まで続いた。また、この過程を通じて多くの移民がアメリカやカナダに渡り、彼らはそこで反共、反ソ連的な遠隔地ナショナリズムを育てていった。

こうしてウクライナ西部では、エスニックな色の濃い、右翼的かつ戦闘的なナショナリズムの伝統が形成されたわけである。

加えて、戦後処理の過程でポーランドとウクライナ・ソビエト社会主義共和国が住民交換を行い、国境に合わせて民族の住み分けを実現するという荒療治を行った結果、西部ハリチナ地方ではウクライナ系住民が9割という民族分布となった。

6 市民社会の不在

こうした歴史がなぜ今もアクチュアルなのか。それは1991年に独立したウクライナという国が抱える課題と関わっている。

1991年のウクライナ独立は、住民投票で90%以上の賛成を得て実現した。しかしこの支持率は、全土を挙げての熱いナショナリズムの高揚の結果というよりは、独立がより経済的に豊かな生活につながるだろうという漠然とした希望によるものだった。

だが独立したウクライナは、すぐに様々な難問に向き合うことになる。

まずは経済的な困難である。ウクライナ東部はソ連体制下においては重工業地帯であったが、ソ連が崩壊すると、そこで生産されていたものが時代遅れの代物であり、世界市場での競争力を持ち得ないことがすぐに分かった。そしてソ連時代にはシベリアから「輸送」されていた天然ガスや原油を、ウクライナはロシアから「輸入」しなければならなくなった。以後、ロシアはウクライナを従属下に置くための手段としてこれを活用し続ける。

また、これは旧ソ連圏全体で起きたことだが、経済の無秩序な民営化の過程で、国営企業を無法なかたちで手に入れたオリガルヒと呼ばれる新興財閥が現れた。彼らはもともとまともな資本家ではないので、古い設備を刷新したり、新しい事業に投資したりするよりは、投機や税金逃れに精を出し、また自分の利益のために政治に介入する（一方で、各地のオリガルヒが地方閥と結びつくことでウクライナに多元的な政治空間ができたという面もある）。

ウクライナ経済はすぐに壊滅状態となり、90年代の数年間、天文学的なハイパーインフレに陥った。

しかし先述の中井和夫は、１９９９年に書かれたエッセイの中で、より深刻な問題はこうした難問に取り組むべき「市民社会」がウクライナでは育っていないことだと指摘している（「警官強盗と黄金の修道院」）。国家と対峙する自立した市民社会が、70余年のソ連時代によって未発達なままに押しとどめられているというのだ。

「現代のウクライナ社会を考える上でもっとも重要なのはソ連時代70年余の経験である……ロシア帝国が革命によってソ連社会に移行することによって、ロシアもウクライナも『市民社会』を経験することがなかった」

「スターリン時代に工業化が進み、都市化も進んだが、それは市民層の成長をもたらさなかった。それは国家に完全に依存する労働者・大衆を大量に生み出したのである」

「（スターリン時代には）警察は人びとを互いに見張らせ、密告させあうように仕向けた。今でもウクライナの警察官の数は多い。キエフやリヴィウで、普通のアパートの一階には必ずミリツィア（警察）が住んでいて人びとの出入りを見張っている」

「どんな国家、社会、集団にも未来はある。ウクライナにとってそれが明るい未来となるためには『市民社会』の創出が必要であり、そのためには、国民の多くのメンタリティーが変わっていく必要がある」

中井の指摘からは、まだソ連の雰囲気が濃厚に残る90年代ウクライナの様子が見える。そこには政治権力に仕える警察の監視があり、国家に依存するばかりで政治的に受動的な人びとがいた。人びとが自立的に考え、発言し、行動する「市民社会」が欠如していたのだ。

東欧史研究者の伊東孝之も、ウクライナの困難の起源をソ連時代の70年間に起因する「国民（ネーション）」形成の弱さに見る（「ウクライナ――国民形成なき国民国家」）。ロシア政府が危険なウクライナ民族主義の台頭を喧伝していた2014年6月に、彼はむしろウクライナにはネーションが不足していると主張していた。

その端的な証左として伊東が挙げるのは、クリミア併合や東部での紛争の初期段階で、ウクライナ軍がなすすべもなかったという事実である。原因の一つは汚職だ。当時、国家予算の30％が汚職で消えていたという。特に国防予算がひどく、そのために、たとえば防弾チョッキは１００人に１着しか支給されないというありさまだった。そんな中で兵士たちの士気が上がらないのも当然だ。また兵制は実質的に契約制で、それも地元で務めるものだった。地元の兵士が地元の分離派と向き合うわけで、兵士たちが軍務を放棄してしまう事例が相次いだ。

警察を含む官僚たちも、地域ボスに従属していた。このことも東部での分離派の行動を容易にした。伊東はニューヨークタイムズ紙の記事を引用する。「ウクライナ人自身がウクライナのために戦わないなら、結果は前もって決まったようなものだ」。

ドンバスの前線で戦う司令官の言葉も出てくる。「問題は実際にウクライナ軍というものがまったく存在しなかったということだ。トップの将官も、たいていの上級将校も、独立して20年経った今でも、ウクライナを真に別個の主権国家とは見ていない」。

２０１４年次点で、伊東はこう書いている。

「ウクライナのような兵役体験しかもたないような国民は、（外敵の侵入を受けても）おそらく事態を他人事のように迎えるのではないだろうか」

7　国民形成が弱い理由

独立から20数年後でさえ、ウクライナの国民形成がかくも弱いのはなぜか。伊東は歴史的な２つの理由を挙げる。

まずはエスニシティの問題である。

独立したウクライナは、ソ連時代の「ウクライナ・ソビエト社会主義共和国」の領域をそのまま引き継いだ。

ソ連においては、各共和国はエスニック集団の領域を確定して線引きすることで創設されたが、実際には、70年の間に工業化や都市化、植民、労働者の移動に加えて強制移住や戦争による国境の移動などによって、それは意味をなさなくなっていた。

ウクライナの場合、（エスニックな意味での）ウクライナ民族が多数民族である地域以外に、ロシア系住民が多いクリミア半島やドンバス地方、ルーマニア人やハンガリー人が多い西部の国境地帯などを包摂するようになったから、なおさらだ。プーチンはこうした事実を指して、ウクライナはいろいろな国からの寄せ集めだと嘲笑している。

伊東は、ウクライナではエリート層にも多様な民族がいることを指摘する。たとえばマイダン後の暫定政権では首相のヤツェニュクがルーマニア人で内相はアルメニア人。マイダン革命前に親西欧派・ウクライナ民族主義派の間で人気を集めたティモシェンコはユダヤ人の父とベラルーシ・

ポーランド系の母を持つ。ティモシェンコと衝突したユーシェンコ大統領の下で首相を務めたエハヌロフはブリヤート人（モンゴル系）、ウクライナ最大のオリガルヒであるアフメトフはタタール人でイスラム教徒である――。

20世紀中盤までのウクライナ・ナショナリズムは、エスニックな意味でのウクライナ民族を基盤にネーションを形成しようとするものであったが、独立したウクライナが多様なエスニシティを包摂した国となった以上、単にエスニック・ナショナリズムをごり押しすれば、それはむしろ国民統合を危機に追いやることになる。

ウクライナはもはやエスニック・ネーションとしてではなく、シヴィック（市民的）・ネーションとしての統合を図らなくてはならないということだ。この場合の市民的とは、進歩的とかリベラルという意味ではない。エスニシティを原理とするのではなく人びとの営みを通じてつくられるネーションという意味である。ルナンが言う「魂」「精神的原理」「共通の意志」、つまり「日々の人民投票」としての「国民」だ。

ところがそういう次元での統合を推進する力も、ウクライナには不足していた。これが第2の問題である。ソ連時代のウクライナ共和国は空間として囲い込まれてはいても民衆の自治は存在しなかった。ウクライナの統治は、モスクワのソ連共産党の指導下に置かれたウクライナ共産党が行っており、大多数の人びとはそれに従うだけだったのである。人びととウクライナの関係は、「たまたまそこに居住していた」だけだった。先の中井の表現を使えば、そこには「市民」は存在しなかった。同じ「国民」であるという意識が育たず、「市民」が存在しなければ、当然、民主化も進まない。

しかし伊東は、だからウクライナの国民統合は無理だと言うのではない。

「むしろその逆であって、どのような過去を背負っていても努力次第では、制度の作り方次第では一つの国民になることができると考えている」

シヴィック・ネーションとは、つくっていくものだからだ。では、ウクライナの国民形成のために何が必要か。伊東は法の支配の強化や全国的な官僚制や兵制の整備といったことだけでなく、自分が住む地域だけでなく全国を知ろうとする意識的な動き（「たとえば日本の修学旅行のような」と伊東は言う）や、国民神話を意識的に生み育てる努力が必要だとして、かなり具体的な提言を並べている。

「たとえば出来事や英雄の名を冠した街路、公園、記念碑、大学、劇場……が全国津々浦々に作られる必要がある。あるいはそれを顕彰する歌謡、催し物、国民的祝日でもよい。……（現状では）ソ連共通あるいはロシア共通の出来事や英雄を顕彰するものが多いように思われる」

「スポーツ……は国民形成に大いに役に立つ」

「新生ウクライナにおいてサッカーのサポーター組織が全ウクライナ的意識をはぐくんできたことについては、すでに服部倫卓が指摘している」

伊東はテレビの重要性も指摘する。ウクライナを含む旧ソ連圏では、モスクワのキー局がもつ影響力が大きく、技術的レベルの低い自国政策の番組は「面白くない」と言ってあまり歓迎されない状況がある。「そこで放映されるのはロシアの国民的ドラマである」。専らロシアのテレビを見ていれば、ウクライナ国民としての意識はつくられないだろう。だから、ウクライナ自身の「国民的ドラマ」が必要だ。「国民的ドラマとは、必ずしも芸術的水準は高くないが、多くの国民がその国固有の事情で登場人物と自己同一視できるような大衆ドラマである」。

こうしてみると、その後、つまりマイダン革命後の8年間に実現したものが多い。ウクライナの歴史上の人物を名前に冠した街路は全国に現れ、ウクライナ・ポップスは民族性から霊感を得るようになった。テレビからはロシアの宣伝は排除された。私はウクライナのテレビドラマについてはほとんど知らないが、平凡な高校教師が大統領選に当選してしまうという物語が大ヒットして「国民的ドラマ」になったことは知っている。

伊東の提言が予言となったのは、彼の問題意識がまさにマイダン革命の底流にあったものだからだろう。

8 「自己組織化」の出現

ただし、伊東も「ウクライナも独立後20数年の間にかなりの国民形成の成果を挙げてきた。それは随所に見ることができる」と書いているように、ウクライナの国民統合の進展と市民社会の発展が、ずっと停滞していたとまでは言えない。90年代末以降、それは少しずつ進展してきた。その表れが、権威主義的な傾向をもったクチマ政権に対して起きた2000年の「クチマのいないウクライナ」運動であり、2004年のオレンジ革命だった。

中井和夫は当時、興奮を隠さない文章を『世界』に寄稿している（2005年2月号、「ウクライナの『オレンジ革命』」）。

「今回の選挙の最大の争点は、ソ連型強権政治の継続か、民主化を進めるか、であった。大規模な不正をしてまで強権体質の政治を継続しようとした現政権に対する批判が人びとの怒りとなってあらわれたのである」

「警察が現政権側に立たず、中立を保ったのは画期的なことであり、これもソ連時代からの決別のあらわれだと言えよう」

「最高裁判決で、メディアは、選挙戦において機会均等の原則に反した、と断罪された。決選投票の直後から、国営放送も民間テレビ局もその姿勢を一変させ、野党候補支持者の集会を中継するなど、より客観的な報道に転換した」

「『ウクライナ未だ死なず』という歌があるが、『ウクライナの民主主義未だ死なず』と言えるのではないだろうか」

この引用にも垣間見えるように、ウクライナの国民形成、市民社会の発展を妨げていたのはソ連時代の空白だけでなく、独立後も残ったその負の遺産であった。それは政治、社会、経済というすべての領域に存在する廃墟のようなものだった。

だからこそ、負の遺産を象徴するヤヌコビッチ政権に「NO」を突きつける「マイダン革命」が必要だったのである。そして政党組織ではなく、普通の人たちの一人ひとりが「主体」となり血を流して闘ったことで、それは精神革命となり、単なるエスニックなナショナリズムの発露にとどまらない、シヴィック・ナショナリズムの「神話」となったのである。

マイダン革命がそれまでにない「精神革命」となったもう一つの理由は、そこに人びとの「自己組織化」があったからである。ウクライナ語やロシア語の原語では何と言うのか知らないが、ウクライナの運動についての文章を読むと、日本語の翻訳では「自己組織化」、英語では「Self-Organization」という言葉がよく出てくる。

２０１３年11月から14年2月、厳冬の中、キーウの独立広場で継続した「自己組織化」の様子は、たとえばフランスの研究者アレクサンドラ・グージョン『ウクライナ現代史』では次のように描写される。

「抗議に立ち上がったのはおもに政治とは距離を置く普通の市民たちで……彼らが占拠した独立広場で日常的に、熱心に活動する姿（除雪、食事の準備、医療の助手、バリケードの建設など）は感動を与える」

「戸外に調理場が設けられ、宿泊用の軍用テントや、簡易暖房器具、セキュリティサービスやバリケードもある」

「SNSを通じた抗議の参加者は大小さまざまな集団を組織している。そのなかの一つ、オート・マイダンはドライバーを集め、クラクションや旗を振って怒りを表明し、さまざまな働きをしている。周辺のパトロールや警察車両の遮断、木材やガソリン、食料品の運搬、政治家の豪華な邸宅への行進などだ。いっぽう、広場と占有者を守るために作られた自衛団(サモロボナ)には1万人以上が参加、全員がボランティアである。医療ボランティアの本部は広場に面した労働組合センターに置かれ、寄付された医薬品を大量にストック、24時間体制の医療サポート部門も7カ所ある」

マイダンのこうした光景は、マーシ・ショア『ウクライナの夜』でも生き生きと描かれているし、映画『ウィンター・オン・ファイヤー:ウクライナ、自由への闘い』でも観ることができる。セルヒー・ケムスキーというアナキストは、2013年12月に、こうした空間に民衆自治の可能性を見る声明を発した(彼は2014年2月、治安部隊との闘いの中で命を奪われた)。

「(マイダンの)コミュニティが要求しているのは、封建制の鞭のような国家を社会の自己組織化の機関へと変える事である。私たちはもう羊飼いは必要としない。必要なのは公共のリソースを共同の目的のために効果的に調整するコミュニティの実行者だ。『マイダン』は、権力を持つ人びとが考えるべきは、公共の価値であって、自分の身内にとっての価値ではない、と要求する」（「マイダン、聴こえるか」、翻訳はサイト「リベラシオン社」）

「自己組織化」という概念に注目してフィールドワークを行ったのが、アメリカの文化人類学者エミリー・チャネル＝ジャスティスだ。彼女はそれを「何かをする必要があり、それをする能力があるのなら、ただそれをすればいい」という考え方とする。ジャスティスはマイダン以降のウクライナ社会の「自己組織化」の広がりについての調査を『without the state』という本にまとめている。

前章で紹介した映画『ソルジャーズ／ヒーロー・ネバー・ダイ』で、衛生兵がマイダン革命を振り返る台詞があったことを思い出してほしい。

「（弾圧を受けて）広場は閑散としていると思って行ったら、予想とは全く反対の光景が広がっていた。人で溢れ返ってて、みんな何かしらしてた。車いすの人が歩道の雪かきをしてたから、手伝いに走った。なぜか分からないが、そのとき突然、涙が出て、心が叫んだ。『それだよ、とうとう決断したな』と」

国家に依存するのではなく、まず自分が動く、自分（たち）が主体として立ち上がる。それが「自己組織化」だ。マイダンで始まった「自己組織化」は、ロシアの軍事介入が始まると、危機に対処する様々なボランティアとして発展していく。

紛争地から避難する人びとを支援する「クリミアSOS」「東部SOS」といったネットワークがつくられて全国各地を結ぶ。軍当局の腐敗と無能によってろくな装備もなく前線に送られる兵士たちに軍服、靴、防弾チョッキまでを送るためのカンパがSNSで集められ、購入から現地への輸送までを個人ボランティアが手がけた。その一連の過程に国家は存在しない。まさにWithout the stateなのである。

「(市民団体の)国家防衛基金によって救急処置の訓練のコースが組織され、軍隊の新兵たちに事態対処医療を教えた。ヴォランティア活動は、本来政府がやるべき仕事をしていた――兵士を訓練し、軍隊に物資を補給し、人質の交換を交渉し、避難民の家や食事の面倒を見たのだ」

「『ウクライナはちゃんと存在していて、消え去っていないのは、政府のおかげではなく、政府の存在にも関わらずなんだ』と(詩人の)セルヒー・ジャダンは私に告げたものだ」(『ウクライナの夜』)

だが、日本で善意の「子ども食堂」が政府の怠慢を補完してしまう危うさをもつように、こうした市民の活動が単に政府の無策・無能を補強してしまう結果にはならないのだろうか。それについて、『ウクライナの夜』に出てくるあるボランティアはこう語っている。

「僕らの国家防衛基金の目的は基金そのものを廃れさせることにあるのだし、実際的で有用かつ有能になるにはどうしたら良いかの例を政府に示すことにあるんだよ」

デイヴィッド・パトリカラコス『140字の戦争』には、仲間たちとともにFBで寄付を集め、外国から軍服、寝袋、暗視ゴーグルといった装備品を購入し、それを自分で前線に運び、兵士たちに提供するキーウの女性の話が出てくる。彼女たちは支援活動をするだけでなく、仲間たちと共に国防省を包囲する抗議行動を行い、腐敗した将軍を名指しで非難することで、国防省に発破をかける。世論は腐敗した軍部より無私の献身を続けるボランティアに味方する。

市民の動きは、政治にも反映していった。

「マイダン革命後の市民参加はまた、政治改革の分野（汚職撲滅、裁判、公開市場……）にも関わっており、多くの組織が創設されている。国家レベルでは、革命の終わりに創設されたNGO連立『蘇生改革パッケージ』が十数個の組織と専門家グループを結集して、法案を策定し、議員に圧力をかけ、改革に関連する法案の採択や活用の監視に当たっている。……公園や歴史的建造物の保護もあれば、環境保護、インフラあるいはレジャー活動の推進、弱者の支援などで、一部の地方自治体にはこれらの活動を促進するために参加型の予算も設置されている」（『ウクライナ現代史』）

ウクライナ国営通信『ウクルインフォルム』編集者の平野高志は、こうした市民の動きを「市民社会」と呼んでいる（「汚職、オリガルヒと闘うウクライナの『市民社会』」、『中央公論』2023年10月号）。平野はそれを、「独立心の強い報道機関や、積極的に行動する市民からなる」と定義する。「市民社会」という単語をこうした意味で使う用語法は韓国におけるそれと同じなので興味深い。

平野によれば、「市民社会」はすでに内政に影響力を持つ5つの勢力の一つとなっているという（あとの4つは政府・政党、オリガルヒ、ロシア政府、西側支援）。そして政府も政党も、「市民社会」がもつ専門性や人気を求めてこれを取り込もうとする。平野によれば、それが「市民社会」が目指す改革を実現させる力学となるという。たとえば2014年時点では最悪の状況だった汚職については、市民社会が提案した汚職対策機関が実現するなどして、急速に改善しつつある。「この市民社会の活躍こそがウクライナ内政の重要な特徴である。そして、その勢いは若い世代の台頭とともにいよいよ強まっている」。

マイダン革命以降、ソ連時代に成長を押しとどめられていた市民社会のウクライナ的な形成が急速に進んでいる様子を、ここに見ることができる。

それは国民形成の進展でもある。実際、「自分は何者だと思うか」という質問に対して「村や町の住人」「旧ソ連人」等ではなく「ウクライナ国民」と答える人が漸増し続け、侵攻後は84・6％に上った（読売2022年9月10日付）。2022年の全面侵攻時にロシア軍に対して人びとが見せた抵抗やウクライナ軍の予想外の善戦は、その表れだろう（この戦争でも、人びとのボランティアは様々に展開されている)。たった8年で、ウクライナは大きく変わったのである。

9 エスニック・ナショナリズムが生む軋轢

ナショナリズムを、ネーション形成を目指す思想と捉えれば、「自己組織化」や「市民社会の活躍」は、ウクライナ・ナショナリズムのシヴィックな側面を見せるものだ。しかし、ウクライナ・ナショナリズムが「危険だ」というとき、問題とされているのはそうした側面ではなく、そのエスニックな側面である。ナショナリズムが強調されるとき、先に示したような西部の傾向、つまりエスニックな純化と言うべき要素が表面化してくる。

2004年のオレンジ革命で成立したユシチェンコ政権は、エスニックな意味でのナショナリズムに訴えることで支持を得ようとした。ナチスドイツと協力した西部の民族運動の伝統を称え、その指導者ステパン・バンデラに「ウクライナ英雄」の称号を与えた。しかし、ナチスに協力し、ポーランド人農民を虐殺した経緯がある右翼的民族運動の称揚は、国内外のユダヤ人やポーランドからの非難を招き、さらにソ連時代のセンシティブな記憶に踏み込むアイデンティティ・ポリティックスは、ウクライナ政治を東西分裂の方向に推し進める結果ともなった。

さらにマイダン革命はその激しい展開の衝撃によって南部や東部の人びとに拒否感を与えた。そのうえ、暫定政権が州での第二公用語を認めた言語法を廃止しようとしたことは住民の反発を買い、親ロ派騒乱の火種をつくった。革命後はウクライナ民族主義極右勢力が英雄視され、彼らがロマを襲ったり、フェミニストやLGBTの集会を破壊したりしても、大目に見られる時期が長く続いた（ただし、彼らの政治的影響力が極めて小さいことは、様々に指摘されている。極右は国会に1議席しかもっていない）。

ロシア支配下で「田舎の言葉」とされてきたウクライナ語を公用語として復権することは、脱植民地国家として当然のことである。韓国でも、漢字を制限したり、日本語的表現を排除したりした。しかしそれが現にある国内の多様性を力業で否定したり、民族運動の歴史の暗い面を否定したりするようなことになれば、やはり禍根を生む。

ウクライナ・ナショナリズムがはらむこうしたベクトルをその本質と見る運命論的な理解に立てば、それは国民統合どころか分裂を拡げ、国内外で紛争を引き起こしてウクライナを破滅させるものだということになるだろう。

ウクライナ政治研究者の松里公孝は、まさにそのように考えているように思われる。彼は90年代に書かれたエッセイの中で、「ウクライナ民族主義は、何十年か前の共産主義に負けず劣らず問題の多いイデオロギー」だと書いている（「ヴォルガ中流域からウクライナへ（その2）」）。

また、ロシア帝国時代のウクライナ地域の多民族性についての彼の論文は、今日のウクライナは「完全にウクライナ化されてしまった」が、かつての帝国支配下のウクライナ地域が「民族解放闘争史学の色眼鏡では捉えきれないほど豊かな多様性を持った空間だったことだけは忘れてはならない」という慨嘆で締められている（「19世紀から20世紀初頭にかけての右岸ウクライナにおけるポーランド・ファクター」）。「完全にウクライナ化されてしまった」「民族解放闘争史の色眼鏡」という表現には、明らかに否定的な響きがある。しかもその否定は、「帝国」への肯定的評価の上に置かれている。

また、2022年に出た岩波「世界」の臨時増刊『ウクライナ侵略戦争』では、「(マイダン革命前の)2013年のウクライナに戻ることができるなら、どんなに素晴らしいか」とため息をつく(「それが無理なこともよくわかっている」と続く)。どこかでは、オレンジ革命前の権威主義的なクチマ政権がよかった、親欧米か親ロシアかといったアイデンティティ政治を回避する知恵があった——という趣旨のことを書いていた。

マイダン革命以降よりはそれ以前が、オレンジ革命以降よりはそれ以前が、さらに言えば独立後よりも「豊かな多様性を持った」ロシア帝国時代の方がよかった——ということになる。つまり松里においては、ウクライナ・ナショナリズムそのものが混乱と悲劇の根源であり、その進展こそがロシアの侵攻という「今日のウクライナの惨状」の要因をつくったのである(『ウクライナ侵略戦争』)。

これは、ウクライナが国民(ネーション)として目覚めず、ずっと「帝国」の中でまどろんでいれば災いは起きなかったという話だ。だが、百数十年にわたって主体としての存在を否認されてきた人びとが、とにもかくにも独立国家を得たのだから、その内実として自らのネーションを形成していくのは時間の問題だったろう。そして、ネーションがないところには民主主義も市民も育たない。ウクライナ・ネーションの目覚めを暴力をもって激烈に否認し、ミサイルの雨を降らせて「今日のウクライナの惨状」をつくっているのは「帝国」ロシアの側ではないか。いったい、誰が誰の国を侵略しているのか。

しかしそれでも、ウクライナ・ナショナリズムがはらむエスニックな志向がはらむ危険性をどう考えるのかという問題は残る。伊東が指摘していたのは、ソ連時代の構成と領域を引き継いだ現在のウクライナは、エスニックな原理では統合し得ず、シヴィックな原理によってのみ統合し得るということだった。

10　ウクライナはシヴィック・ネーションに向かうか

私がここで思い出すのは、台湾という先例である。

台湾もまた、歴史的な経緯から複数のエスニック集団が暮らすようになった島である。そこには多数派民族である閩南人（福建省系）、客家、そして国民党とともに大陸から渡ってきた「外省人」と呼ばれる人びとがおり、さらにこれら漢民族が来る前からこの島に暮らす先住民がいる。

台湾は日本の植民地支配から解放されたあと、長らく「中華民国」の政権としての国民党の独裁下に置かれた。そのため、台湾の民主化運動はそのまま「台湾独立運動」となり、さらにそれは事実上、閩南人のエスニシティを押し出すものになった。

90年代に民主化が進むと、それまで抑圧されていた台湾語や台湾の土着文化の復興が叫ばれるようになるが、そこでいう「台湾語」とは閩南語であり、客家語でも先住民の言語でもなかった。そして台湾独立を掲げる民進党と国民党の選挙戦は、閩南人と外省人のエスニックな対決を煽動する「族群投票」となった（若林正丈『台湾の歴史』）。

複数のエスニシティを抱える国で、政治的対立がエスニックな対立と重ねられることは国民統合を危うくする。客家や先住民の不満も含めて軋轢が起きた。しかし台湾の場合、こうした煽動は次第に消えていき、今では台湾の人びとは、多様な文化の共存を自らのアイデンティティとして積極的に誇るようになった。言語的、民族的多様性の擁護は憲法にも書き込まれた。映画『海角七号』（2008年）は、台湾の多様性を自画自賛して大ヒットした。台湾の民主化運動、「本土化」運動は、閩南人のエスニシティ復興への思いを原動力としつつ、民主主義が定着するなかで次第に多様性の肯定へと移っていったのだ。

もちろん台湾とウクライナでは深刻さの度合いが違う。それでも、ウクライナでも同じ力学が働く可能性はないだろうか。

実際、マーシ・ショア『ウクライナの夜』は、マイダン革命に多様性に基づく市民的なナショナリズムの台頭を見ていた。

同様の主張をしているのが、たとえばウクライナ出身の東欧史研究者アンドリー・ポルトノフだ。

彼は2014年の論考においては、マイダン以降の変化に対して慎重な留保付きの評価を示していた（「ウクライナ・アイデンティティ」『アステイオン』81号、2014年）。

ポルトノフは、90年代から21世紀初のクチマ政権が民族的、歴史的な亀裂を封印する「穏健な中道主義」によって純粋に政治的な国民統合を図ろうとして失敗し、オレンジ革命で誕生したユシチェンコ政権は「ナショナルな物語の伝播」を強調することで地域的分裂を深めたと指摘する。

その上で、マイダン革命がウクライナのナショナリズムを「法の支配、社会的正義、移動と表現の自由」と溶け合わせたことを評価しつつ、次のように述べている。

「ウクライナが真剣に取り組むべきは、その雑種性（ハイブリディティ）が自律的かつ複合的な主体性の根拠であり、ウクライナの多様性が重要な資産であり、さらに多元主義と曖昧性を維持することが、自由と民主主義の前提条件であると認めることであろう」

実際、マイダン革命にはウクライナ蜂起軍（UPA）の旗を掲げた極右を筆頭とするエスニック志向のナショナリズムがある一方で、多民族・多元的な、シヴィックなナショナリズムも存在した。

そもそも11月21日にFacebookでマイダンへの結集を呼びかけたのは、外国人差別問題などをテーマとするジャーナリストのムスタファ・ナイエムであった。彼はアフガニスタン系ウクライナ人である。そして翌年1月22日、治安部隊との路上の衝突で最初に命を落とした2人は、アルメニア系ウクライナ人とベラルーシ人だった。

「ウクライナに住んでいたベラルーシ人のミハイロ・ジズネウシキーと、ウクライナで生まれ育ち、死の数日前にマイダンでシェフチェンコの詩を読んだアルメニア人のセルヒー・ニホヤンがマイダンで亡くなったとき、ウクライナが多民族国家であることが改めて明らかになりました。クリミア・タタール人、ユダヤ人、ロシア人、ブルガリア人、アルメニア人、ガガウズ人、ポーランド人、そしてウクライナの市民である他の民族の人たちは、皆ウクライナ人なのです」（「ウクライナ語とは何なのか」、サイト「ウクライナー」日本語版）

その後の8年間は、シヴィックな面とエスニックな面が絡み合い、せめぎ合いながら国民形成が進んだと言えそうだ。

ポルトノフは全面侵攻後の今、ウクライナ・ナショナリズムをどう見ているか。

「ロシアの攻撃によってはっきりと浮かび上がったのは、ウクライナが言語や宗教の枠に収まりきらない、特定の政治的忠誠心とアイデンティティのモデルを有する主権国家を形成していたということだ。侵攻を受けてもなお、多様性は弱点にならず、宗教と言語の違いは国の団結を阻害しなかった」

「ゼレンスキーはウクライナの多様性を象徴する存在と広く見なされている。南東部に暮らす、ロシア語を話すユダヤ系家庭の出身で、したがって『ナチの権力掌握』というクレムリンのプロパガンダの反証となる存在である」（「ウクライナの抵抗力の源泉」『アステイオン』97号、2022年）

ゼレンスキー政権の登場に、ウクライナのシヴィックなナショナリズムの台頭を見るのは、ユダヤ文化・ウクライナ地域研究の赤尾光春も同様だ（「ロシア語を話すユダヤ人コメディアンvsユダヤ人贔屓の元KGBスパイ」『現代思想』2022年6月臨時増刊号）。

ゼレンスキー当選の背景には、エスニックなナショナリズムを強調して地域の軋轢を強めた前ポロシェンコ政権に対する嫌気もあった。ゼレンスキーはウクライナの全地域で第1位となる得票で選ばれている。彼の与党「国民の僕」は、独立後初めて単独過半数の議席を得た。だが彼は、ウクライナ民族主義右翼からは嫌われていた。

赤尾は、かつてユダヤ人の虐殺が繰り返されたウクライナの地でユダヤ人の大統領が選出されたことや（ただし、今日のウクライナでは反ユダヤ主義への支持は欧州の中では低い水準であるとも指摘している）、彼の祖父がソ連軍兵士としてドイツと戦っていることに注目する。まさに多様性の上にあるシヴィックなネーションを体現しているのがゼレンスキーだということだろう。

また赤尾は、いくつかの印象的なエピソードを示している。

2つだけ示すと、1つは、ゼレンスキーが就任間もなくのFacebookへの投稿で「ウクライナは旧ソ連諸国にとって民主主義の見本として仕える」と書いたこと。もう一つは、街路にステパン・バンデラやタラス・シェフチェンコの名前を付けるのもいいが「新しい時代のヒーロー、芸術のヒーロー、文学のヒーロー、ウクライナのすべてのヒーロー」の名前をつけてもいいのではないかと提起したことだ。

「今日のウクライナを一つにするヒーローたちの名前で。この社会にはこれほどの緊張があるのですから、私たちはウクライナを一つにするためにできることはなんでもしなければなりません」

こうしたゼレンスキーの姿勢が支持されていることに、赤尾は「市民的原理に基づいた多文化主義的な国家像の萌芽」「文化的な差異や政治的立場の違いを超えた包括的なアイデンティティの構築」を見る。

赤尾の指摘で思い出すのは、全面侵攻後の最初の独立記念日となった8月24日、ゼレンスキーが行った演説である。彼はその日、国民に「独立したウクライナの自由な民よ」と呼びかけ、抵抗戦争は独立のための「二度目の国民投票」だと訴えた。

「もう一度、決定的な選択が生じたのだ。しかし、今回独立に対して『賛成』を示すのは、回答用紙においてではなく、魂と良心の中においてだった。投票所へ行くのではなく、軍事委員会、領土防衛部隊、ボランティア運動、情報部隊へ行く、あるいは単に強固かつ勇敢に自分の場所で働くことが必要だった。全力で、共通の目的のために」（ウクライナ国営通信『ウクルインフォルム』日本語版）

ルナンが「国民（ネーション）」の定義として述べた「魂であり、精神的原理」「人びとがこれまで払ってきた犠牲、これから払うつもりでいる犠牲の感情によって成り立っている大いなる連帯」

「日々の人民投票」という言葉を彷彿とさせる。ゼレンスキーは、シヴィック・ネーションとしてのウクライナの団結を呼びかけているのである。

1999年に中井和夫が「市民社会」の不在を慨嘆し、2014年に伊東孝之が「国民」の不在を指摘していたことを思えば、ウクライナの変化には目を見張るものがある。ウクライナがエスニック・ナショナリズムの狭さを超えて、台湾のように多様性を力とするシヴィックなネーションとして民主化と国民形成をさらに進める可能性は、決して小さくないように思われる。

私は昨年、それに関わっていそうな出来事についての報告をツイッターで読んだ。西部リヴィウの大学で、右翼の講師が授業でロシア語話者へのヘイトスピーチを繰り返したことに対して、学生たちがキャンパスに集まって抗議したのだという。講師の主張は「アゾフ大隊のメンバーなのにロシア語を使っている者が多く嘆かわしい」といったことだったらしい（アゾフ大隊は東部出身のロシア語話者が多い）。抗議行動をリードしたのは左翼系の学生組合「直接行動」だ。そして文部省は、講師を解雇すると発表した。

この出来事が示しているのは右翼排外主義の台頭なのだろうか。それとも多様な人びとが参加する抵抗戦争の中で、偏狭な排外主義が追い詰められていくさまなのだろうか。しかし少なくとも戦争が始まる数年前からは、極右によるプライドパレードへの妨害は警察に排除されるようになり、彼らの路上での狼藉も社会的に批判を受けるようになってきていたようだ。

松里公孝は、戦後のウクライナでは右翼はますます強くなるだろうし、民主化は遠のくだろうと断言している。一方、赤尾はその真逆の予測を述べている。多様な人びとがウクライナを自らのネーションと考え、そのために銃を取った経験が、その逆の方向にウクライナ社会を動かしていくのではないかというのだ。実際、ＬＧＢＴ兵士のネットワークが求める同性パートナーシップ制度は、これまでになく実現に近づいていると聞く。

もちろん、戦後のウクライナがどうなるかは、この侵略戦争がどう終わるかにかかっている。戦争が終わっても、国際社会がその安全を保障できなければ、ウクライナはハリネズミのように武装した息苦しい国家になるしかなくなるかもしれない。

ウクライナの人が書いた文章には「反抗的な社会」という言葉が出てくる。また19世紀のコストマロフがウクライナ人について「自由、自治、民主主義を重んじ、個人主義的特徴をもっている」と書いたことは、すでに紹介したとおりだ。私は、一日も早くロシア軍が撤退し、ウクライナの反抗的で自由な市民たちが作り出す多様なウクライナの未来を見てみたい。

10　残る「帝国」にとっての「危険」

しかし仮にウクライナが、ポルトノフの言う「雑種性」を寿ぐシヴィックなネーションとして発展していっても、残る「危険」がある。

ウクライナ史研究の光吉淑江は、ウクライナの歴史学者ヤロスラフ・フリツァークの著書の書評論文の中で、19世紀から20世紀にかけてのウクライナ民族運動についてのフリツァークの主張を紹介している。

「フリツァークは……ウクライナの民族運動はポーランド、ロシアという近隣の大国との対立関係の中で成長していくのと同時にこの二大国を解体していく過程でもあったと論じる。『ウクライナ』という独自のアイデンティティを確立することによって、ウクライナ民族運動はポーランド士族の悲願であった『歴史的ポーランドの回復』、帝政ロシアの大原則『単一不可分のロシア』をなし崩しにしていくのである」（光吉「ヤロスラフ・フリツァーク著『ウクライナ史概略――近代ウクライナ民族の形成』」）

フリツァークによれば、「ウクライナ」というアイデンティティの確立はそのまま、帝国たろうとする近隣大国の解体を意味していたということだ。

そして21世紀の今、プーチン政権のロシアはその「帝国」を回復しようとしている。そのためにはウクライナを従属下に置くことが不可欠である。だとすれば、帝国ロシアと国民国家ウクライナは両立しない。

中井和夫は1998年の時点で、ロシアは帝国であることを断念しなくてはならないと説いていた。

「新しいロシアが建設されるまでには同じように長い時間と困難があるに違いない。そしてそのようなロシアの建設にとってまず、必要なのは、ロシア人が自らのアイデンティティを帝国的ユニヴァーサリズムあるいは植民地主義から切り離し、健全で世俗的な民族意識を作り出すことである、と思われる。ごくふつうの等身大のロシアにロシアがなることがロシア再建の道である」

「帝国」ではなく等身大の国民国家となることが「ロシア再建の道」だというのである。だがその後のプーチン政権は、むしろ「帝国」の夢をますます強く追い求めるようになった。彼らにとって、「ウクライナ」というアイデンティティが確立すること、「ごくふつうの等身大の国民国家」として成功することは、それ自体が極めて「危険」なのである。その「危険」は、ロシアが中井の言う「再建の道」への転換を決意するまで続くだろう。

結局、わびしい認識に行きつくしかない。(かつての)宗主国の目には、(かつての)従属民族のナショナリズムは、その内実がどうであれ「危険」に見えるということだ。「ナチ」はその投影に過ぎない。実際は、単にウクライナ人が他者として、主体として立ち現れることが怖いのである。まどろんでいてほしいのである。日本の私たちは、嫌韓本が積み上がる一時期の書店の光景を通じて、そうした宗主国意識の機微をよく知っているはずだ。

「帝国」にとって、ウクライナのナショナリズムは、やはり「危険」なのである。

終　章「ウクライナの発見」と世界の行方

「自由、果てしない広がり、奇跡のなす枝のような地平線、数々の森や峡谷、ぽつんぽつんとたたずむ集落――その全てが、彩り豊かな身なりの民、丈夫ではつらつとした娘たち、語り部や放浪乞食の一団、馬市、声高らかに歌う農民たちの群れと溶け合い、自由と夢物語の魅惑の地をなしている」

19世紀末ポーランドの画家ユゼフ・ヘウモンスキがウクライナについて記した文章である。小川万海子『ウクライナの発見』は、19世紀ポーランドの芸術家たちがウクライナに魅了されたさまを紹介した興味深い本である。彼らが語るウクライナは、明るい陽光に包まれ、素朴であるとともに色とりどりに美しい夢のような「魅惑の地」である。

ロシアでも、19世紀にはウクライナ＝南ロシアの旅行記がヒットし、ゴーゴリのウクライナ物はエキゾチズムを刺激するものとして歓迎された。

1 「客体」への封印

だがうっとりと草原（ステップ）を見つめる彼らの目に映るのは、ウクライナの「風景」であって、「主体」としてのウクライナ人ではない。これに対して、マヤコフスキーは1926年に「ウクライナへの義務」という詩で警告している。

「人びとを碾《ひ》いてひとつにまとめるのは難しい／調子に乗るなよ／われわれは　ウクライナの夜　を知っているか？／いいや、われわれは　ウクライナの夜　を知ってはいない」（『ウクライナの夜』より再引用）

ウクライナは、その美しさや豊かさを讃えられつつ、「客体」として扱われてきた。そこは第一に豊かな穀倉地帯だった。ウクライナ人とは農民であり、ポーランド人地主のもとで収穫し、ロシア皇帝に統治される者たちだった。1917年の独立は、ボルシェビキとドイツ帝国によって粉砕された。農村はたびたび彼らによって暴力的に収奪された。その最大のものが30年代のホロドモールである。350万人が飢えによって命を落とした。ナチスドイツの侵攻では250万人が「東方労働者（オストアルバイター）」という名で強制連行され、強制労働に従事した。

ポーランド民主化を導いた労働運動「連帯」は、ウクライナの運動との連帯を重要な課題として取り組んできた歴史を持つ。彼らはウクライナのよき理解者である。その「連帯」のズビグニエフ・マルチン・コヴァレフスキは、2014年のマイダン革命直後にこう書いている。

「ウクライナは、主にポーランドとロシアによる数世紀にわたる民族抑圧という異常な重荷を背負っている」

「ウクライナのプロセスを脆弱にしているのは、国家を持たない民族として、長期にわたる抑圧にさらされ、まだ国家形成が完了していないことである」

「国家として存在してからやっと20年、この抑圧がウクライナ社会の中に残した遺産を克服するにはあまりにも短い時間である」(「マイダンの意義と矛盾(2)」『ウクライナ2014〜2022』)

長く「客体」として踏みつけられていたウクライナが、それを拒否して「主体」として歩み始めて20年(2021年で30年)が経つが、依然として困難な道のりを歩んでいるということだ。19世紀ポーランドの芸術家たちは、ウクライナの美しい「風景」を「発見」したが、私が2022年2月以降に「発見」したのは、困難な道を歩む「主体」としてのウクライナの人びとだった。

だが、彼らを「客体」に押しとどめようとする力は今も強く働いている。プーチンは主体を破壊するために戦車を送り込み、日本も含む世界の知識人は様々な歪んだ議論によって主体としてのウクライナ人の存在を封印しようとしている。

2 「ロシアは戦争を持ち帰ってください」

そうした議論の動機も内容も多様だが、なかでも日本の戦後平和主義がウクライナの封印のために動員されたことは、私にとってショックだった。「憲法9条を持つ国の人間として、ウクライナの軍事的抵抗は支持できない」などという言葉を気の利いた台詞のつもりで書き込むSNS投稿などを見て、「いったい日本人の『戦争反対』とは何だったのか」と虚しい気持ちになった。現在進行中の侵略に抵抗する人びとに「戦争やめろ」と要求する。もはや「加害責任」といった言葉も虚しい限りだ。

もちろん、いかなる戦争であっても戦争は戦争である。殺人である。しかも国家が命令する殺人である。殺した兵士は殺したことによって苦しみ、殺された人の遺族、傷を負った人びとは、それによって苦しむ。その苦しみはトラウマとなり、世代を継いで続き、時に生き残った人やその家族の人生を破壊する。私自身、そうしたことを身近に見聞きしてきた。戦争の苦しみそのものは、侵略戦争においても抵抗戦争においても変わらない。

自動翻訳を使ってウクライナ人のツイートを読む。そこには戦時下に生きる苦しみ、悲しみ、怒り、恐怖がつづられている。私は彼らの思いを知っていたいと考えて、それを読み続けている。息子が戦地で死んだ。職場の同僚が死んだ。幼なじみが死んだ。毎日のように、絞り出すような声のツイートが流れてくる。愛する故郷が破壊される痛み。住んでいた街区、通っていたレストランや図書館がドローンやミサイルによって破壊されたという報告。ドローンの羽音が聴こえるたびに部屋の中で「今日の自分は運がいいか悪いか」と自問する若者。大学院で社会福祉を学ぶ女性が志願して衛生兵となって多くの仲間の死を経験し、自らもPTSDとなったという告白。

あるトランスジェンダー女性の兵士は、こう書いていた。

「私は戦争を声高に語ることが嫌いだ。戦争はクソだ。昨日、砲撃でロシア軍陣地を制圧したあと、森の中に足を踏み入れた。あたり一面に、ロシア兵の手や足、頭が転がっていた。戦争はクソなんだ」

戦争はクソである。だが、彼らはそう叫びながら、しかし抵抗戦争を否定しているわけではない。いつか、「これ以上は無理だ」と領土の割譲を認める日が来るかもしれないが、ロシアの侵略と自分たちの抵抗が道義的に等価だったと思うことはないだろう。

どこかでウクライナのごく普通の女性が語ったという言葉を思い出す。

「ロシアが戦争を私たちの国に持ち込んだ。ロシアは戦争を持ち帰ってください」

持ち込まれたのはミサイルや戦車だけではない。併合、拉致、拷問、虐殺。ウクライナ人が抵抗をやめるわけにはいかない理由はいくらでもある。

20世紀に先祖帰りしたような野蛮な侵略に対して、ウクライナの人びとは野蛮な手段で抵抗することを強いられている。そもそも人は自分の状況を自由に選べない存在である。一方的に状況に投げ込まれる。それに立ち向かうための選択肢も、無限に開かれているわけではない。親鸞の言葉を思い出す。「わが心の善くて殺さぬにはあらず、また害せじと思うとも百人千人を殺すこともあるべし」(『歎異抄』第十三章)。日本の私たちが銃を持って侵略者に向き合わないで済んでいるのは、私たちの心がけが善いからでは決してない。

「全ての戦争は悪である」という言葉は正しい。そうした言葉は絶対に必要である。だがそれは、政治そのものを批判する原理的な地点から発せられる限りにおいてである。侵略と抵抗を等価にして侵略の責任を相対化するのであれば、最悪の政治の言葉になる。

3 「猫を見習ってください」

ウクライナ戦争では、それは政治そのものを撃つ「理念」ではなく、戦争を忌避する「情緒」として、「最悪の政治」に動員された。「即時停戦」運動は、その声明をウクライナ語に翻訳することもなく、「どこが国境線なのかは時期によって違うから」という理由で「撤退」という言葉の使用を拒否し、ロシア軍の「撤退」を求めないと明言している(サイト「今こそ停戦を」内、「よくある質問と回答」)。そうした驚くべき運動に、多くの高名な文化人、知識人、そして多くの「名誉教授」らが賛同する。そこにある傲慢さに誰も気が付かない。
その戯画的な、しかし本質を表した表現が、「即時停戦」を特集した「通販生活」2023年冬号の表紙だろう。それは、テレビに映るウクライナ兵の画像を猫が見つめる写真にこんなコピーを添えた。

「プーチンの侵略に断じて屈しないウクライナの人びと。／がんばれ、がんばれ、がんばれ。／守れ、守れ、守れ。／殺せ、殺せ、殺せ。／殺されろ、殺されろ、殺されろ。／人間のケンカは『守れ』が／『殺し合い』になってしまうのか。／ボクたちのケンカは／せいぜい怪我くらいで停戦するけど。／見習ってください。／停戦してください」

ウクライナ人は日本の猫を見習えと言う。「プーチン」を「日本」に、「ウクライナ」を「中国」に置き換えてみれば、そのグロテスクさが分かるはずだ。
猫の後ろに隠れた日本人たちは、「社会運動」活動家のタラス・ビロウスの次の言葉を聞くべきだ。

「ウクライナ人にとって、占領された領域の放棄は、彼らの仲間の市民や親類を裏切ること、そして占領者がしでかしている日常的な拉致や拷問を我慢する、ということを意味する」
「ウクライナに暮らすわれわれ以上にこの戦争の終わりを熱望している者は誰もいない。しかしウクライナ人には、まさにこの戦争がどのように終わることになるのか、もまた重要なのだ」(「私はウクライナ人社会主義者として抵抗する」)

占領の容認か、抗戦の継続か。いずれを選んでも誰かの血が流れる。そこには高度な当事者性があり、第三者が「こうすべき」などと言えることではない。ましてや、このジレンマにともなう痛みを理解しようともしない傲慢な第三者に、口を出す資格はない。

声明をウクライナ語に訳すことでウクライナ人に向かって「停戦受け入れ」を訴える覚悟がないまま、「一人でも多くの生命を救うため」に当事者の思いや選択を無視して停戦を強制するのだとするその論理を、他の紛争に当てはめたらどうなるか。

ベトナムが抵抗しなければ枯葉剤を撒かれずに済んだだろう、パレスチナ人の生命を「一人でも多く」救おうと思うなら彼らをイスラエルの狙い通りにシナイ半島に移住させた方がいい――こうした「人命尊重」は、生物としての個体を「保護」しようとするものだ。「人間」に対する態度ではない。人間は、自らの選択を行う権利をもった「主体」なのである。

日本の平和主義は、自国の侵略戦争への反省のうえにこそ立つべきである。「加害責任」とは「侵略責任」だったはずだ。かつての日本が行ったような侵略を受けて、それを防ぐために銃を取らざるを得ないウクライナの人びとのジレンマに向き合う姿勢がなければ、侵略国日本の平和主義が国際的な道義性を持つことはないだろう。

そして、歴史を知っていれば、大国の侵略と小国の抵抗がどのような結末を迎えるかをあらかじめ予想することなどできないことが分かる。だとすれば、私たち市民は「侵略をやめろ」「撤退せよ」という原則的なことを言っていくしかない。

もし市民や知識人が、平和主義の立場からそれ以上の何かをしたいのであれば、ロシアによる占領の容認ではなく、平和裏の撤退を実現するための国際的な働きかけをするべきだ。それが非現実的だと言うのであれば、停戦の後に占領地に「中立国」で構成される国連平和維持部隊を展開して帰属を決めるなどといった思い付きは、それ以上に非現実的である。

平和運動の錯誤だけでなく、この2年間、様々なレトリックによって「主体」としてのウクライナの「発見」は阻止されてきた。結局、多くの知識人のウクライナ観は2022年1月までと何ら変わらない。それは1917年のウクライナ「主体」の圧殺と地続きだ。

4　プーチンが主張する「米欧主導秩序に対する挑戦」

ウクライナ戦争についての議論では、米欧のダブルスタンダードへの批判も大きな焦点となる。かつてイラクやアフガニスタンへの侵略を行ったアメリカとそれに協力した欧州諸国に「力による現状変更だ」とか「国連憲章に反する侵略だ」などとロシアを非難する資格があるのかという、もっともな批判である。それはそのまま、米欧主導の世界秩序や理念に対する思想的な批判につながる。

こうした米欧批判を、プーチン自らも行っている。プーチンは開戦演説で、アメリカのイラク侵略やNATOのユーゴ空爆などを批判した。そしてそれ自体は間違った主張ではない。
しかしプーチンは、自らの侵略を偽善的な米欧主導秩序に対する挑戦として正当化する。キーウ攻略が電撃的に成功した暁にロシア国営通信に掲載されるはずだった評論家による論説のタイトルは「ロシアの攻勢と新世界の到来」である。そこでは「反ロシアとしてのウクライナの歴史にピリオドが打たれた」「ウクライナはロシアに戻ってきた」ことを寿ぐだけでなく、「多極的世界は最終的に現実となった」と宣言している（池田嘉郎「『ロシアの攻勢と新世界の到来』解題」、池田ブログ2022年3月8日）。

「中国とインド、ラテンアメリカとアフリカ、イスラム世界と東南アジア―誰も西側が世界秩序を指導しているとも、ましてそれがゲームのルールを定めているとも考えてはいない。ロシアはもはや、単に西側に挑戦しただけではない―それは、西側の世界支配の時代が完全かつ最終的に終わったことを示したのだ。新しい世界はすべての諸文明と、諸勢力中枢とによって築かれるだろう」

米欧主導の秩序は終わり、多極的な世界が実現するという。それは単に地政学的な意味ではなく、西欧的な進歩思想や価値基準が世界を支配する時代の終わりであることも示唆されている。
もちろん、「進歩」をめぐる米欧諸国のダブルスタンダードは誰もが知っていることである。かつてアメリカは「アフガニスタンでは女性が抑圧されている」と叫びながら、アフガニスタン女性の頭上に爆弾を降らせた。反米的な諸国に対してはその人権状況を声高に批判しながら、アメリカの庇護のもとにある国々の人権抑圧については沈黙を守る。「人権」や「民主主義」を普遍的価値観として掲げ、時に武力で押しつける彼らの偽善は明らかだ。

そのアメリカが今や衰退しつつあり、その一方で中国やインドなどが台頭し、ブラジルやインドネシアといった「新興国」が政治的、経済的発言力をもつようになっている世界の趨勢も、誰もが認識している。そして、米欧のダブルスタンダードを批判する人びとは、これを「世界の多極化」として歓迎してきた。

だが私は以前から、世界の多極化は、米欧中心の世界秩序とは別の、いわば世界的公共性とでも言うべきものをつくる必要を示しているのではないかと考えていた。そうでなければ、アメリカのような専横を行う国が一つから複数に増えるだけであり、世界無秩序のはじまりになってしまうのではないか。

果たしてロシアの侵略は、それを実証してしまったわけだが、にもかかわらず、これをプーチンの主張どおりに米欧主導秩序への思想的挑戦として捉える人が多く現れた。そのムードがロシア擁護論の背景にある。

5 「近代の超克」という迷い道

中島岳志は、ロシアが掲げる保守的な反欧米の思想を「近代の超克」と呼び、近代としてのアメリカと対置してみせた（「週刊金曜日」2022年4月29日号）。中島は、近代批判は大事なので、日本は近代の超克＝ロシアと、近代＝アメリカを楕円形に結べという。中島は決してロシアの侵略を評価しているわけではないが、「近代の超克」への評価が曖昧であることで、ロシアの侵略が「近代」に挑戦する何かであるという認識自体は前提にしてしまっている。

「近代の超克」とは何か。直接には、1942年に雑誌『文学界』に掲載されたシンポジウムのタイトルだが、遡って41年から42年にかけて『中央公論』に掲載された座談会「世界史的立場と日本」も含む、当時の知識人による一群の論考を指している。様々な次元の議論を含んでいるのだが、全体としては、西欧「近代」の行き詰まりを指摘し、それを「超克」するのが日本の対米英戦争であるという論調であった。

彼らは超克すべき「近代」を日本の外、米欧に見いだす一方、まごうことなき近代国家日本のアジア侵略については「大東亜共栄圏」として近代を克服するものであるかのように描いた。共産主義者から転向した林房雄は対英米戦争を「近代文明のもたらしたかかる精神の疾病の根本治療」だと唱えた。こうした論調において英米とは異なる中国という他者が全く問題にされていないことを指摘したのは戦後の竹内好である。彼は、「近代の超克」議論が米欧「近代」を「超克」すると叫ぶ一方で、日本が東亜の盟主たる資格を持つのは日本がアジアにおける唯一の「近代」国家だからだとしている二重性を指摘している。

大日本帝国もナチスドイツも、英米主導の世界秩序に挑戦すると宣言したが、実際には、そこには何らかの意味で進歩的なものもなければ、新しいもの、普遍的なもの、肯定的なものもなかった。「近代の超克」は、壮大な思想的迷い道だったのである。竹内はこう書いている。「帝国主義によって帝国主義を倒すことができないのは自明である」。

こうして見て来れば、中島がロシアの侵略思想にかつての日本の「近代の超克」を重ねて見るのであれば、それは全く正しい。しかしそれがなんらかの意味で実際に「近代」の克服であるかのように考えるのだとすれば、それは全くの間違いである。ロシアの侵略は、米欧のダブルスタンダードに対して別のダブルスタンダードを対置し、アメリカのイラク侵略に自国のウクライナ侵略を対置しているだけだ。「ジェノサイドの犠牲となるドンバス住民の解放」と「フセイン政権によって虐げられた人びとの解放」はどう違うというのか。ロシアの主張は、米欧が唱える普遍性、進歩性のまがいものにすぎない。

残るのはスラブ民族の統一といった空虚で饒舌な掛け声に満ちた「大ロシア主義」だけである。実際、ウクライナで手兵を率いて騒乱を起こしたイーゴリ・ギルキンの帝国思想と朝鮮で狼藉を働いた右翼の大陸浪人・内田良平は瓜二つだ。大ロシア主義は日本右翼の大アジア主義や大東亜共栄圏と同じく迷い道であり、まがいものである。

米欧批判が「近代の超克」的な迷路に迷い込む気配は、ロシアをめぐってだけ存在するわけではない。私は「イランの女性たちは現状に満足しており、ヒジャブ着用の是非などには興味がない」として、まるでヒジャブ着用を拒否する女性たちの運動が、ごく一部の現象であるとか、西側の宣伝によるものでイラン社会に根差した運動ではないかのように主張する文章を見たことがある。

ここでは、米欧のダブルスタンダードに反対するとはすなわち反近代、反人権を称揚することであるという構図になっている。それは米欧を批判するようでいて、当のイランの女性たちをその操り人形と見て客体化する錯誤に陥ることになる。イラン民衆の内在的な「進歩」を否定することでもある。米欧主導の「進歩」に対置されるべきなのは、イラン支配層の「保守」なのだろうか。

米欧のダブルスタンダードという問題の本質は、突き詰めれば進歩と帝国主義の関係の問題である。帝国主義は、常に「進歩的」だった。彼らは「進歩」を掲げて侵略を行った。人権、民主主義、女性の権利、あらゆる近代的な進歩の尺度が、そのまま侵略を正当化してきた。日本の帝国主義も同様である。日清戦争の大義は「朝鮮の独立」であり、清国との戦いは文明と野蛮の戦いだと主張された。

実際には、そうした「進歩」は、侵略される側の社会の人びとの主体を否定し、その生命と尊厳を奪うものだった。自らを「進歩」とすることで他者を客体化する。帝国主義は確かに「進歩」的であり、同時に明らかに野蛮なのだ。この構図はイラク戦争まで引き続く。これが「ダブルスタンダード」の根源である。それは単に米欧諸国（加えて日本）の政策的な欺瞞ではなく、進歩と帝国主義の深い関係に根差すのである。この難問をどう解くのか。

6 「方法としてのアジア」と「普遍的普遍主義」

先に触れたように、これにまがいもので答えたのが1940年代の「近代の超克」であった。その時代を経験し、戦後も「近代の超克」と向き合い続けた竹内好が出した回答が、60年代初めの講演録のタイトルでもある「方法としてのアジア」である。竹内はこう語る。

「自由とか平等とかいう文化価値が、西欧から浸透する過程で、タゴールが言うように武力を伴って——マルキシズムから言うならば帝国主義ですが、そういう植民地侵略によって支えられた。そのために価値自体が弱くなっている、ということに問題があると思う。たとえば平等と言っても、ヨーロッパの中では平等かもしれないが、アジアとかアフリカの植民地搾取を認めた上での平等であるならば、全人類的に貫徹しない……西欧的な優れた文化価値を、より大規模に実現するために、西洋をもう一度東洋に包み直す、逆に西洋自身をこちらから変革する、この文化的な巻返し、あるいは価値の上の巻返しによって普遍性をつくり出す。東洋の力が西洋の生み出した普遍的な価値をより高めるために西洋を変革する。……その巻き返す時に、自分の中に独自のものがなければならない。それは何かというと、おそらくそういうものが実体としてあるとは思わない。しかし方法としては、つまり主体形成の過程としては、ありうるのではないか」

「アジア」とか「東洋」といった単語を何か文化的、人種的な意味合いとして読むと誤読になる。竹内は、「進歩」を掲げる米欧諸国の侵略を受けた世界の諸民族が、主体的な抵抗の中から、より普遍的な「進歩」を創り出す、侵略や従属支配、植民地化と一体であった「進歩」がそれによって止揚されていくという筋道を示しているのである。しかもそれは、西洋が生み出した「進歩」と全く別の実体的な価値観ではなく、「方法」「主体形成の過程」としてあるのだという。

この竹内の言葉は、西洋の側に身を置きながらこの問題を考えたエマニュエル・ウォーラーステインの次の言葉と響き合っている。

「いま基準として用いられているのは、グローバルな普遍主義ではなく、ヨーロッパ的な普遍主義である」

「グローバルな普遍主義などありえないというわけではない。むしろ、われわれはなにがそういった価値観であるのかを、まだまったく知らないということである。グローバルな普遍的価値は、われわれにとって所与ではない。それはわれわれが創造すべきものである」

「われわれは、長く続いた時代の終わりに立っている。その時代の呼び方はいろいろだが、適切なひとつの呼び方として、ヨーロッパ的普遍主義の時代ということはできよう。われわれは、ポストヨーロッパ的普遍主義の時代に突入しつつあるのである。ヨーロッパ的普遍主義にかわるものとしては、普遍主義の多元性が可能性としてあげられよう。それは、（いくつもの）普遍的普遍主義のネットワークのようなものである。またそれは、サンゴールの『与えることと受け取ることが一致する場』のような世界ともなろう。われわれがそこに必ずたどりつくという保証はまったくない。これは、今後20年から50年にわたる闘争である」（『ヨーロッパ的普遍主義』）

竹内とウォーラーステインが共有しているのは、西洋と世界を貫く普遍的な「進歩」は確かに存在するという信念と、しかしそれは抵抗と応答を通じて形成されていかなくてはならないという信念だろう。そしてそれは、実際に続いているプロセスである。

ホーチミンが読み上げたベトナム独立宣言は、冒頭でフランスの人権宣言とアメリカ独立宣言に言及している。韓国の民主化は、帝国主義が与えたものではなく、むしろそれへの抵抗のなかからつかみ取られたものだった。今、光州事件のなかで生まれた「ニムのための行進曲」は北京の農民工運動や香港自治の運動の中で歌われている。言語的・文化的多様性を尊重する台湾のアイデンティティは、様々な国家の暴力がもたらした傷の中から生まれた。

国単位だけの話ではない。ジェンダーをはじめ、様々な領域で「植民地化」され、「客体化」されてきた人びとが「巻返し」、「進歩」を包み直す営みを重ねつつある。

先述したイランの女性たちの運動にしても、アメリカから密輸入された人権思想にかぶれた結果などではなく、西洋に対する思想的抵抗と応答が織りなすイランの歴史が内在的に生み出したものだろう。それを否定することはイランの民衆と女性たちの「主体」の否定である。こうして、世界各地の、それぞれの歴史的・政治的な地形の中を縫うように、多様な形で、「包み直し」の営みが「普遍的普遍主義」に向かって続いているのだ。

一群の新興国を中心に「グローバルサウス」が台頭する時代は、「進歩」において「与えること」と受け取ることが一致する場」の可能性を拡大させている（世界のポップカルチャーにおいては英米を頂点とする文化的ヒエラルキーはとっくに解体されている）。

私たちは、米欧主導の「進歩」を否定し、非米欧諸国の中にある保守的、反動的な要素をそれに対置して「多極化世界」を讃えるのではなく、世界各地、各領域で続く具体的な抵抗の中に、多様な道筋を通る「進歩」の「包み直し」を見出していくべきだ。

7 「フリー・ガザ」から世界的公共性へ

そのことをあらためて突きつけているのが、２０２３年10月以降のイスラエルによるパレスチナへのジェノサイドである。イスラエルのレイシズム的な暴力とシニシズムはもちろん、それを支持する米欧諸国政府の醜悪さは、ダブルスタンダードという表現さえ生ぬるいものとしている。もはやそこに、偽善的な「進歩」さえ存在しないと感じる。世界の多くの人が米欧のイスラエル支援に憤激し、「もはや米欧主導の世界秩序の正当性は崩壊した」と叫んでいる。

その怒りは間違っていない。しかし、だからこそ問題はその先にある。米欧中心の「進歩」が吹き飛び、米欧主導の世界秩序が崩壊したとしても、私たちはグローバルな当事者として、この世界をなんとかしていかなくてはならない。そのときに、普遍性も人権も国際法もいらないという話をするのだろうか。プーチン政権とともに、強者（プーチン政権の表現では「諸勢力の中枢」）にはすべてが許される「新世界の到来」を寿ぐのだろうか。それとも本当に普遍的なものに向かって「進歩」を「包み直し」、鍛え直し、それを通じて世界的公共性を構築していくのだろうか。アパルトヘイトを解体した南アフリカがイスラエルを国際司法裁判所（ＩＣＪ）に提訴し、ＩＣＪがジェノサイドを防ぐ仮保全措置命令を出したことは、その方向を示しているのではないか。

私が昨年10月以降、希望を感じたのは、世界各地で若い世代が「フリー・ガザ」の声を上げた事実だった。アメリカを筆頭に、米欧諸国でも政府や主流言論に真っ向から逆らうように若者たちがデモに集まった。グレタ・トゥーンベリがその象徴だ。

さらに、世界注視の中で進行する無差別的で一方的な虐殺に対して、それぞれに「主体」であることを否定された世界各地の人びとの中から、特に若者の中から、「やめろ」という声が上がった。私はツイッター上で、台湾独立左派としてパレスチナに連帯し、台湾独立運動の歴史の中から台湾人によるパレスチナ連帯の経験を掘り起こす若者たちを見た（彼らは台北でパレスチナ連帯行動を重ねている）。欧州のパレスチナ連帯デモに参加するウイグル人女性も見た。果ては「フリー・ガザ」と壁に書いて示すニューヨーク在住のチベット人の若い女性も見た。ロジャヴァのクルド人たちもパレスチナへの連帯を表明した。彼らがネット上で、「西側」的な、あるいは反「西側」的な陣営主義者から攻撃されたことは言うまでもない。

もちろん、パレスチナ問題と台湾、ウイグル、チベット、クルドは、それぞれ別の問題であり、それぞれに解決策を模索するしかない。それでも、この世界の歪んだ構造の中で、それぞれに「主体」を否定された人びとが、その痛みを通じて「フリー・ガザ」と共に叫ぶとき、そこには新しい国際主義の萌芽があり、新しい世界的公共性への希求が示されている。

8　パレスチナに連帯するウクライナの若者たち

ウクライナの若い活動家たちの動きも、その一つだ。ハマスのイスラエル攻撃のあと、ゼレンスキーは早々にイスラエル支持を打ち出して世界の人びとを失望させた。その背景には、アメリカの支援をつなぎ止めたいという実利と、ウクライナの主流言論がはらむヨーロッパ中心主義が、そのパレスチナ観まで内面化してしまったということがあるだろう。

しかしウクライナの若い左翼活動家たちはこれに激しく反発した。「私たち（＝ウクライナ人）が何者なのか分からなくなった。祖母と電話で話して泣いた」「本当に悲しく、申し訳なく思う。パレスチナの人びとが経験していることは、私たちが２０１４年以降に経験していることと同じじゃないか」といったツイートがあったのを覚えている。

２０２３年11月２日には、ウクライナの活動家や芸術家たちを中心に「パレスチナの人びとへの連帯を表明するウクライナからの書簡」という声明が発表される（２０２４年１月末時点で４５０人が賛同。同タイトルで日本語訳もネット上にあり）。これはアラビア語を含む11か国語に翻訳され、アルジャジーラでも報道された。その内容は、旗幟鮮明にパレスチナの人びとの尊厳、自決、抵抗を支持するものであり、「どっちもどっち」的な曖昧さの余地がない素晴らしいものだった。

「私たちの連帯は、不正義に対する怒りと、私たちが自らの郷土で経験している占領とインフラへの砲撃、人道的封鎖の壊滅的な影響への深い痛みから生まれるものだ」

「この経験に伴う痛みと連帯から、私たちは世界中のウクライナ人同胞たち、そしてすべての人びとに、パレスチナの人びとを支持する声を上げ、現在進行中のイスラエルによる民族浄化を非難するよう呼びかける」

声明の最後の一節はこう結ばれている。

「私たちは、世界がウクライナの人びとのために連帯するのを目の当たりにした。私たちは、同じことをパレスチナの人びとのために行うよう、全ての人に呼びかける」

この言葉には本当に胸を打たれた。彼らの仲間たちが戦場で侵略軍と戦っており、彼らの生活圏が常にドローンやミサイルの攻撃にさらされていること、そして侵略への抵抗が米欧の支援に支えられていることを思えば、自らの現実を超えて普遍的な国際主義、国際連帯を掲げた彼らの理想主義は、並大抵のことではない。

思えば侵攻直後の2022年3月時点で、「社会運動」活動家のタラス・ビロウスはすでにこう書いていた。

「左翼は、ふたつの帝国主義間の新しい均衡を探す代わりに、国際的な安全保障秩序の民主化のために闘わなければならない」

「国連の民主化とつくり変えに関する左翼のビジョンが必要だ」(「西側左翼へのキエフからの手紙」、サイト「週刊かけはし」)

ウクライナにおいて、左翼は少数派である。しかしウクライナには、過酷な状況に「投企」しながら普遍的な国際主義を手放さない人びとが、確かに存在するのだ。小さくでも、これは世界にとっての希望である。

パレスチナ問題にしろ、トランプの台頭にしろ、もはや米欧の「進歩」そのものが怪しくなってきている。必要なのは、普遍性を騙る米欧の「進歩」に普遍主義の拒否と非米欧の保守的支配層を対置することではない。米欧と非米欧のいずれにも見られる退廃と反動――その先頭にあるのがトランプとプーチンの同盟である――に、米欧と非米欧を貫く普遍的普遍主義への前進を対置することである。これはもちろん、そうした「陣営」があるとか、それをつくるという話ではなく、竹内の言う「主体形成の過程」の問題である。それは各地で主体的に、多様な道筋をたどって行われるものであり、そこに出来合いの地政学的、冷戦的な線を引くと見誤ることになる。「ウクライナ」がまさにそうした躓きの石になった。

8 「帝国の狭間」から東アジアの課題を考える

帝国主義と結びつき、誰かを「植民地化」し、客体化する「進歩」に対して、それを「包み返す」ことで普遍的普遍主義へと高めていくこと。そして世界的公共性を下から構築していくこと。それが世界中の「私たち」の課題である。もし2022年2月にそうしたものが確固として存在していれば、私たちはNATO対ロシアという軍事対決構図ではなく、例えば中国やインドの強い介入によるロシアの平和裏の撤退を見ることができたかもしれない。そうすれば、私たちは今、「新冷戦」構図に呑まれていく世界ではなく、侵略戦争と植民地主義の否定と民族自決という国際社会の原則があらためて確認された世界を見ていたかもしれない。そこでは、多極世界は真に寿ぐべきものになっただろう。

もちろんそれは夢物語である。実際には、そうした世界的公共性はいまだ存在せず、私たちは大国の権力者たちが推進する「新冷戦」秩序とそれを「左」から補強する陣営主義という思想的構図の中にいる。

東アジアにおいても、そうした力学が働き、事態を致命的な方向に押し流そうとしている。朝鮮半島、沖縄、台湾、香港という「帝国の狭間」を焦点としつつ、東アジアの各国・各地域で今、様々な軋みが起きている。そこにはそれぞれの地域の固有の文脈があり、同時に東アジア全体を重層的に貫く植民地支配と冷戦という歴史的文脈とつながっている。それをケーキにナイフを入れるように「新冷戦」的な二元的構図へと切り分けることは、結局は「狭間」の人びとへの抑圧につながる。軍事緊張の重圧が彼らを押しつけられ、さらには戦争に至るかもしれない。

東アジアで戦争を起こさせてはならないのはもちろんのこと、軍事緊張を緩和し、「新冷戦」的対立構図を解体していくことは、東アジアの私たちの課題である。だが東アジアの平和は、「大国」の都合、「大国」間の友好、「大国」間の取引では実現しない。「狭間」からの視点が重要だ。私が本書でロシア擁護論の根底にある「大国」の視線を批判したのは、そのためだ。

資料　パレスチナの人びとへの連帯を表明するウクライナからの書簡

私たちウクライナの研究者、芸術家、政治・労働活動家、市民社会の人びとは、75年にわたりイスラエルの軍事占領、分離、入植者による植民地支配、民族浄化、土地の剥奪、アパルトヘイトにさらされ、それに抵抗してきたパレスチナの人びとと連帯する。私たちはこの手紙を民衆として、民衆に宛てて書いている。政府レベルや、ウクライナ人とパレスチナ人の闘いを支援する連帯グループの間でさえ、主流の言説はしばしば分断を生み出す。この手紙によって、私たちはそのような分断を拒絶し、抑圧され、自由のために闘っている全ての人びととの連帯を確認する。

自由、人権、民主主義、社会正義にコミットする活動家として、また両者の力の差を十分に認識した上で、私たちは、ハマスによるイスラエル人への攻撃であれ、イスラエル占領軍や武装入植犯罪者によるパレスチナ人に対する攻撃であれ、民間人への攻撃を断固として非難する。民間人を意図的に標的にすることは戦争犯罪である。しかし、それはガザの全住民をハマスと同一視することや、パレスチナ人に対する集団的懲罰、パレスチナの抵抗勢力全体に「テロ」という言葉を無差別に使用することを正当化しない。また、現在進行中の占領の継続を正当化するものでもない。一連の国連決議にもあるように、パレスチナの人びとのための正義なくして、永続的な平和はあり得ないことを私たちは知っている。

10月7日、私たちはイスラエルの民間人に対するハマスの暴力を目の当たりにした。多くの人びとが、この出来事に焦点を当てることで、パレスチナの抵抗を悪魔化し、非人間化している。ハマスは確かに反動的なイスラム主義組織である。だがこの組織が1980年代後半に生まれるずっと以前から、イスラエルがパレスチナの土地を侵食してきた。私たちは、この出来事を、数十年間にわたる、より広い歴史的背景の中で見る必要がある。

1948年のナクバでは、70万人以上のパレスチナ人が残酷に家を追われ、村々は破壊された。イスラエルは建国以来、植民地支配の拡大を決して止めなかった。パレスチナ人は亡命を余儀なくされ、分断され、異なる政権の統治下に置かれた。イスラエル国籍者として構造的な差別や人種差別を受けている人もいる。占領されたヨルダン川西岸に住む人びとは、数十年にわたるイスラエルの軍事支配のもと、アパルトヘイトの対象となっている。ガザ地区の人びとは、２００６年以来、イスラエルによる封鎖に苦しみ、人や物資の移動が制限され、それにより貧困と困窮が拡大している。

10月７日以降、本稿執筆時点（注：２０２３年11月２日）で、ガザ地区での死者は８５００人を超えている。死者の62％以上が女性と子どもで、負傷者は2万１０４８８人以上にのぼる。ここ数日、イスラエルは学校、住宅地、ギリシャ正教会、いくつかの病院を空爆した。イスラエルはまた、ガザ地区のすべての水、電気、燃料の供給を停止した。食料と医薬品の不足は深刻で、医療システムは完全に崩壊している。

欧米やイスラエルのメディアの多くは、これらの死をハマスとの戦いの単なる巻き添え被害として正当化しているが、占領下のヨルダン川西岸地区で標的となり殺害されたパレスチナ市民に関しては沈黙を守っている。２０２３年に入ってから、10月７日以前だけでも、パレスチナ側の死者はすでに２２７人に達していた。10月７日以降、占領地ヨルダン川西岸では１２１人のパレスチナ市民が殺害された。現在、１万人以上のパレスチナ人政治囚がイスラエルの刑務所に拘留されている。持続的な平和と正義は、引き続く占領の終結によってのみ可能となる。ウクライナ人がロシアの侵略に抵抗する権利を持つように、パレスチナ人には自決権とイスラエルの占領に抵抗する権利がある。

私たちの連帯は、不正義に対する怒りと、私たちが自らの郷土で経験している占領とインフラへの砲撃、人道的封鎖の壊滅的な影響への深い痛みから生まれるものだ。ウクライナの一部は2014年以来占領されている。国際社会は当時、ロシアの侵略を止めることができず、その軍事暴力の帝国的・植民地的性質を理解しなかった。その結果、2022年2月24日へとそれはエスカレートした。

ウクライナの一般市民は毎日、家でも、病院でも、バス停でも、パンを買うための行列のさなかにも砲撃を受けている。ロシアの占領によって、ウクライナでは何万もの人びとが水も電気も暖房も使えない生活を送っている。重要インフラの破壊の影響を最も受けているのは、最も弱い立場にある人びとである。マリウポリが包囲され、激しい砲撃を受けた数カ月間、人道回廊は存在しなかった。イスラエルがガザのインフラを標的にするのを目にするとき、イスラエルによる非人道的封鎖と占領は、私たちに強い胸の痛みを引き起こす。この経験に伴う痛みと連帯から、私たちは世界中のウクライナ人同胞たち、そしてすべての人びとに、パレスチナの人びとを支持する声を上げ、現在進行中のイスラエルによる民族浄化を非難するよう呼びかける。

私たちは、イスラエルの軍事行動への無条件の支持を表明するウクライナ政府の声明を非難する。民間人の犠牲を避けるべきだというウクライナ外務省による呼びかけは、遅きに失した不十分なものであると考える。これは、国連での投票を含め、ウクライナが数十年にわたって貫いてきたパレスチナの権利への支持とイスラエルの占領に対する非難という立場からの後退である。ウクライナ政府が西側の同盟国と同調した背景には、私たちが生き延びるためにこれらの諸国に頼っているという実利的な地政学的理由があることは理解していいるが、イスラエルを支持し、パレスチナ人の自決権を否定することは、ウクライナ自身の人権に対する責任と自らの領土と自由のための戦いと矛盾していると考える。私たちウクライナ人は、抑圧者とではなく、抑圧に抵抗する人びとと連帯すべきである。

私たちは、一部の政治家が西側のウクライナへの軍事援助とイスラエルへのそれを同一視することに、強く反対する。ウクライナは他国の領土を占領しているのではなく、ロシアによる自国への占領と戦っているのであり、国際援助は正しく、国際法の防衛に役立っている。一方、イスラエルはパレスチナとシリアの領土を占領・併合しており、これに対する西側の援助は不公正な秩序を認めるものであり、国際法との関係において二重基準を示している。

私たちは、米国イリノイ州でパレスチナ系の家族が襲われて6歳児が殺された事件に表れているような、新たなイスラム嫌悪の波に反対し、イスラエルへの批判をすべて反ユダヤ主義と同一視することに反対する。同時に私たちは、イスラエル国家の政治責任を世界中のすべてのユダヤ人に対して問うようなことにも反対し、ロシアのダゲスタン共和国における暴徒による航空機襲撃のような反ユダヤ主義的暴力を非難する。

また私たちは、米国とEUが戦争犯罪や国際法違反を正当化するために用いてきた「テロとの戦い」というレトリックの復活を拒否する。このレトリックは、国際安全保障システムを弱体化させ、数え切れないほどの死をもたらし、ロシアによるチェチェンでの戦争や中国によるウイグル人へのジェノサイドなど、他の諸国によって転用されてきた。そして今、イスラエルは民族浄化のためにそれを利用している。

行動への呼びかけ

――私たちは、国連総会決議が提示した停戦の呼びかけの実施を強く求める。

――私たちは、イスラエル政府に対し、民間人に対する攻撃を直ちに停止し、人道援助を提供するよう求める。私たちは、ガザに対する包囲を即時かつ無期限に解除し、民間インフラを復旧するための緊急救援活動を行うことを主張する。また、イスラエル政府に対し、占領に終止符を打ち、パレスチナの避難民が自分たちの土地に戻る権利を認めるよう求める。

――私たちは、ウクライナ政府に対し、ガザの民間人に対する国家公認のテロ行為と人道的封鎖を非難し、パレスチナ人の自決権を再確認するよう求める。また、ウクライナ政府に対し、占領下のヨルダン川西岸地区におけるパレスチナ人に対する計画的な襲撃を非難するよう求める。

――私たちは、国際的なメディアに対し、パレスチナ人とウクライナ人を対置することをやめるよう求める。苦しみの順位付けが、人種差別的なレトリックを永続させ、攻撃を受けている人びとを非人間化する。

――私たちは、世界がウクライナの人びとのために連帯するのを目の当たりにした。

私たちは、同じことをパレスチナの人びとのために行うよう、全ての人に呼びかける。

（２０２３年12月10日現在、４３５人の国内外のウクライナ人が署名している。原文は https://commons.com.ua/en/ukrayinskij-list-solidarnosti/）

あとがき　いかなる爆弾も砕くことはできない、その水晶の精神は

本文で紹介したい三人のエピソードがあったが、うまく収まらなかった。

一人は、ロマン・ラトゥシュニという若者について。彼は16歳でマイダン革命に参加し、その後、キーウの緑地地区のマンション開発に反対する住民運動を主導した。開発業者の背後には政権と結びついたオリガルヒがおり、業者は「お前をドンバスの前線に送ってやる」と恫喝したが、彼はこれに対して、「自分にとって祖国を守ることは罰ではない」とはね返したという。彼は冤罪で逮捕もされている。

彼はロシアの全面侵攻が始まると軍に志願し、同年6月9日、ハルキウ州イジュームで戦死した。24歳だった。キーウで開かれた葬儀には数百人が集まったという。キーウ市長のクリチコは弔辞で「彼は強くて民主的なウクライナの未来だった」と述べた。

様々な資料から推測するところ、彼はウクライナ民族主義右派といった政治的位置の人物のようだ。それでも、残された彼の言動から伝わってくるのは、「市民」として民主的な国を求める思い

だ。

もう一人は、「ウクライナ・プラウダ」で紹介されたオレクシィ・ファンデッキーという人物である。彼はマイダン革命時にはベルクト（内務省治安部隊）の機動隊員であり、マイダンやそれに連なるものを嫌悪していた。ヤヌコビッチ政権崩壊後、行き場を失った彼は生活のために軍隊に入る。ドンバスに送られるのだが、そこで彼は地元のお年寄りとの交流の中で、「私たちは皆で一つの国なのだ」という思いに目覚め、SNSに国旗を掲げた写真を掲載するに至る。その後、重傷を負った彼は、軍のいい加減な対応によって補償もなしに解雇されるが、軍や行政機関の腐敗と自分にとっての「祖国」を別のものとして考えられるようになっていた。

彼は全面侵攻後、軍に復帰して、中隊長として占領下のブチャから民間人を避難させる作戦を成功させて勲章を得る（この記事の存在を、私は「じゅん」という名のツイッター・アカウントに教えてもらった。全く知らない人だが、この場を借りて感謝する）。

最後の一人は、南東部ドニプロペトロウシク州クリヴィー・リフの政治的、経済的有力者であるオレクサンドル・ビルクルだ。クリヴィー・リフは鉄鋼の街で、ロシア革命時にはボルシェビキの拠点ともなったソビエト色が強い工業都市である。ビルクルはもともと親ロシア的とみなされる政治家で、ヤヌコビッチ政権では閣僚も務めた。

全面侵攻が始まった日、彼のもとにマイダン革命時にロシアに亡命したかつての仲間から電話がかかって来る。「大きなポストを用意している」から協力しろというのである。だが彼はその場で拒否する。彼は住民たちに号令をかけ、滑走路をトラックや建設機械で埋め尽くして空挺部隊の着陸を阻止し、街への侵入ルートに鉱山で使う巨大車両を置いてロシア軍の進撃を防いだ。市民たちは挙げて街の防衛に参加したという。今では彼は、クリヴィー・リフの軍政部長として戦時下の市政を指揮している。

興味深いのはその先である。彼が市民を鼓舞するレトリックがソ連式だったということだ。「親愛なる友人たちよ、すべての世代に『ブレスト要塞』があり、『スターリングラード』がある」。

この三人のエピソードをつなげると、ウクライナの人びとが分断を超えて「皆で一つの国」をつくろうとしている歴史の流れが見えてくる。

もちろん、ネーションという意識や「国民国家」といったものが、常に良いものであるわけではない。国家はあらゆる罪悪の根拠にもなる。それでも、植民地化され、主体を否定されていた人びとが国民国家の主権者として主体となり、民主主義を追求することは、世界史の中で否定することができない「進歩」だ。たとえば韓国の民主化とはそうしたものだった。

そのウクライナという国民国家に社会的な公正を求めているのが、たとえばウクライナの左翼グループ「社会運動」の活動家でドンバスに生まれ育ったハンナ・ペレコーダである。

彼女はマイダン革命以来の流血を、「ロシア語を話す人が自信をもって『私たちはウクライナ人です』と言えるようになるため」だったと言い、「ウクライナが真実の探求において自由になることを望む」と訴えている。

いずれにしろ、ウクライナの人びとは困難な中で歴史をつくり続けている。大国の権力ではなく、彼らの模索がウクライナという国の未来をつくっていくのである。

本当は、論文や書籍、インターネットを通じて出会ったこうした人びとのことをもっと書きたかった。現代だけではなく、歴史についてもそうである。たとえば60年代に「国際主義か、ロシア化か」というイワン・ジューバの呼びかけに応えたキーウの学生や知識人たちの運動とその顛末を、私は国会図書館で見つけた名も知らぬ「ソ連問題研究家」の文章で知った。ワシル・シモネンコやヴァシリ・ストゥスといった当時の反体制詩人のことも、もっと調べてみたかった。

詩人と言えば、タラス・シェフチェンコの悲しみとともに力強い詩も素晴らしい。絵画ではマリア・プリマチェンコの胸を締めつける美しさと純粋さ。YouTubeでウクライナ・ポップスを聴き続け、その水準の高さに驚いた。「カルパチアン・ラップ」と呼ばれるアリーナ・パッシュの土着性と洗練を兼ね備えた楽曲と声が、私は好きである。そんなことを書ければどんなによかったかと思う。

しかし実際には、私は様々な言説に対する批判を中心とした本を書いた。それは、これだけの歴史と文化をもち、たった今、過酷な運命に直面しているウクライナの人びとに対し、にもかかわらず敬意を払わず、「主体」として無視する議論への怒りがあったからだ。

こうした論争的な本を門外漢の私が書くのはみっともないことだと自分で分かっている。「書きたいこと」でもない。それでも、あまりに歪んだ議論が横行している中で、私の立場から言わなくてはいけないことがあると思ったのである。平和を掲げる人びとが、侵略されている国の人びとを侮辱し、軽視し、さらには無視するという倒錯が、私には耐え難かった。

そうした言説に触れるたびに心が冷え切り、ペシミズムに沈んでいく私を叱咤したのは、ネットを通じて聴こえてくるウクライナの若い活動家たちの言葉だった。苦難の中にあっても普遍的な人間性に対する信念と感受性を失わない彼らは、もちろん世界においてもウクライナにおいても少数派であろうが、それでも人間の希望である。私は「社会運動」への募金を呼びかけて約84万円を100人ほどの皆さんから集め、キーウに送ることができた。できることがあったのは私自身にとっての救いだった。

特に彼らが、2023年10月以降のイスラエルによるパレスチナへのジェノサイドの始まりを受けて連帯声明を発し、それを「私たちは、世界がウクライナの人びとのために連帯するのを目の当たりにした。同じことをパレスチナの人びとのために行うよう、全ての人に呼びかける」と結んだとき、私はそこに、確かに存在する国際主義と普遍的なヒューマニズムを見た。思い出したのは、ジョージ・オーウェルの詩だった。スペイン市民戦争に義勇兵として参加したオーウェルがそこで出会った労働者出身のイタリア人義勇兵についてうたった詩であり、その結びである（『オーウェル評論集〈1〉象を撃つ』平凡社ライブラリー）。

しかしぼくが君の顔に見たものは
いかなる権力も奪うことはできない
いかなる爆弾も砕くことはできない
その水晶の精神は

私はウクライナという国について多くを教えてくれた彼らに感謝して本書を終わりたい。あなた方の水晶の精神を、誰も砕くことはできない。私はあなた方の苦難が一日も早く終わることを望む。侵略から解放されたのちに、今度は西側が押し付ける新自由主義的な改革との対決が始まるのかもしれないが、私はあなた方とウクライナの人びとが平和のうちに素晴らしい社会をつくっていく日が来ることを願っている。

引用資料一覧

浅井基文「ロシア・ウクライナを見る視点」『「市民の意見30の会会報』１９１号、２０２２年6月3日　https://www.ne.jp/asahi/nd4m-asi/jiwen/thoughts/2022/1469.html
アナスタシア・リャブチュク「正しい革命?」『現代思想』２０１４年7月号、青土社、２０１４年
アムネスティ・インターナショナル英文サイト、２０１８年年7月13日付「westandwithOlegSentsov」https://www.amnesty.org/en/latest/campaigns/2018/07/oleg-sentsov/
アメリカ国務省ＨＰ「RemarksattheU.S.-UkraineFoundationConference」、２０１３年12月13日 https://2009-2017.state.gov/p/eur/rls/rm/2013/dec/218804.htm
アレクサンドラ・グージョン（鳥取絹子訳）『ウクライナ現代史』河出新書、２０２２年
アンドリー・ポルトノフ「ウクライナ・アイデンティティ」『アステイオン』81号、ＣＣＣメディアハウス、２０１４年
アンドリー・ポルトノフ「ウクライナの抵抗力の源泉」『アステイオン』97号、ＣＣＣメディアハウス、２０２２年
アンドレイ・クルコフ（吉岡ゆき訳）『ウクライナ日記　国民的作家が綴った祖国激動の１５５日』ホーム社、２０１５年
生田泰浩「現代ウクライナ社会の『分裂』に関する考察」「ロシア・東欧研究」２０１４年　https://www.jstage.jst.go.jp/article/jarees/2014/43/2014_121/_pdf/-char/ja
池田嘉郎「帝国、国民国家、そして共和制の帝国」『Quadrante』東京外国語大学海外事情研究所、

２０２１年３月31日　https://tufs.repo.nii.ac.jp/records/3173
池田嘉郎「『ロシアの攻勢と新世界の到来』解題」、池田ブログ２０２２年３月８日　https://researchmap.jp/blogs/blog_entries/view/108227/8427b5b7c42c9a7d3544e08382c6bb15?frame_id=561056
板橋拓己（東京大学）、三牧聖子（同志社大学）「〈対談〉転換期の世界をどう見るか——ウクライナ侵攻以降の国際秩序」『世界』２０２２年12月号、岩波書店
伊東孝之「ウクライナ　国民形成なき国民国家」２０１４年６月、サイト『スラブ・ユーラシア研究センター』　https://src-h.slav.hokudai.ac.jp/center/essay/20140609-j.html
猪口孝編「破綻国家」『国際政治事典』弘文堂、２００５年
イマニュエル・ウォーラーステイン（山下範久訳）『ヨーロッパ的普遍主義』明石書店、２００８年
「ウクライナ語とは何なのか」『Ukrainer』日本語版　https://www.ukrainer.net/ukuraina-go-ttenandesuka/
「欧州人権裁判所、マイダン時の人権侵害を認める判決」『ウクルインフォルム』日本語版、２０２１年１月21日　https://www.ukrinform.jp/rubric-polytics/3175290-ou-zhou-ren-quan-cai-pan-suomaidan-shino-ren-quan-qin-haiwo-renmeru-pan-jue.html
「私たちにとっての戦争の終わりとは【勝利】　ゼレンシキー大統領、ウクライナ独立記念日に演説」『ウクルインフォルム』日本語版、２０２２年８月24日　https://www.ukrinform.jp/rubric-polytics/3557051-zerenshiki-yu-da-tong-lingukuraina-du-li-ji-nian-ri-ji-nian-yan-shuo.html
「ウクライナのＮＡＴＯ加盟支持率、過去最高の83％」『ウクルインフォルム』２０２２年10月３日付　https://www.ukrinform.jp/rubric-society/3584900-ukurainano-jia-meng-zhi-chi-lu-guo-qu-zui-gaono.

html
映画『海角七号　君想う、国境の南』ザジフィルムズ、マグザム、２００８年
宇山智彦「なぜプーチン政権の危険性は軽視されてきたのか」サイト『スラブ・ユーラシア研究センター』２０２２年４月　https://src-h.slav.hokudai.ac.jp/center/essay/PDF/20220413.pdf
ウラジーミル・プーチン「ロシア人とウクライナ人の歴史的一体性」２０２１年年7月13日　訳は「訳注」も含め駐日ロシア大使館Ｆａｃｅｂｏｏｋページによる　https://www.facebook.com/317708145042383/posts/2654867514659756/
江口圭一『十五年戦争小史』ちくま学芸文庫、１９８６年
ＮＨＫ「ロシアに消された文字『Ｇ』とウクライナ独立の３００年」　https://www3.nhk.or.jp/news/special/international_news_navi/articles/feature/2023/01/23/28508.html
海老坂武「ウクライナの戦争に思うこと」『市民の意見30の会会報』１９１号、２０２２年６月３日　https://www.iken30.jp/wp/wp-content/uploads/202206/882cc3a2f27465c38abec20cfc572ca2.pdf
エマニュエル＝ジョゼフ・シエイエス（稲本洋之助、伊藤洋一訳）『第三身分とは何か』岩波書店、１９５０年
エマニュエル・トッド（大野舞訳）『第三次世界大戦はもう始まっている』文春新書、２０２２年
エルネスト・ルナン（長谷川一年翻訳）『国民とは何か』講談社学術文庫、２０２２年
遠藤誉「２０１４年、ウクライナにアメリカの傀儡政権を樹立させたバイデンと『クッキーを配るヌーランド』」Yahoo、２０２２年５月12日　https://news.yahoo.co.jp/expert/articles/087fd5204f4dd44820b6c490ec8ff92c03be266f
大串敦「ウクライナの求心的多頭競合体制」２０１５年11月　https://researchmap.jp/read0054279/

published_papers/3365972
大槻重信「ウクライナ戦争と『新世界秩序』構想」『社会主義』２０２２年7月号
小笠原高雪ほか編『国際関係・安全保障用語事典』、「破綻国家」ミネルヴァ書房、２０１７年
小川万海子『ウクライナの発見』藤原書店、２０１１年
「オバマ氏と「ウクライナでのクーデター」『ロシア・ビヨンド』日本語記事２０１５年２月４日
https://jp.rbth.com/politics/2015/02/04/51911
オリガ・ホメンコ「女性たちのもうひとつの革命」『婦人之友』２０１４年10月号、婦人之友社
オリガ・ホメンコ「女性の顔を持つウクライナ」『神戸学院経済学論集』第52巻、神戸学院大学経済学部、２０２１年　https://kobegakuin-economics.jp/wp-content/uploads/2022/07/202103_52_013.pdf
オリガ・ホメンコ、ユーラシア研究所「キエフの大変な1年の記録」『ユーラシア研究』51号、東洋書店、２０１４年
オリバー・ストーン、（土方奈美訳、鈴木宗男解説）『オリバー・ストーン　オン　プーチン』文藝春秋、２０１８年
オレクサンドラ・スクヴォルツォヴァ／西田孝広『サーシャ、ウクライナの話を聞かせて』雷鳥社、２０２３年
黛秋津編、三浦清美、小山哲、青島陽子、村田優樹、鶴見太郎、池田嘉郎、浜由樹子、高橋沙奈美、松里公孝、山添博史著『講義ウクライナの歴史』山川出版社、２０２３年
カルロス・マルティネス「ウクライナ危機の責任は、モスクワではなく、ワシントンとキエフにある」（原題「Responsibility for Ukraine crisis lies in Washington and Kyiv, not Moscow」）、サイト『ＣＧＴＮ』
https://news.cgtn.com/news/2022-02-26/Responsibility-for-Ukraine-crisis-lies-in-Washington-and-

Kyiv-17XM8pCbw6A/index.html
聴濤弘『マルクスならいまの世界をどう論じるか』かもがわ出版、２０１６年
喜田尚「プーチン氏はなぜウクライナ侵攻を決断した　過去をたどると見える、開戦への一筋の道」朝日ＧＬＯＢＥ＋、２０２２年８月14日　https://globe.asahi.com/article/14693366
「クーデター」『日本大百科全書』小学館（サイト「コトバンク」）
クォン・ヨンソク『「韓流」と「日流」文化から読み解く日韓新時代』ＮＨＫブックス、２０１０年
「言論ＮＰＯ」のイベント「大国関係と国家主権の未来　ウクライナ問題を考える」同サイト、２０１５年５月８日　https://www.genron-npo.net/society/archives/5932.html
小泉悠『プーチンの国家戦略　岐路に立つ「強国」ロシア』東京堂出版、２０１６年
小泉悠『「帝国」ロシアの地政学』東京堂出版、２０１９年
小泉悠『現代ロシアの軍事戦略』ちくま新書、２０２１年
公益財団法人日本国際問題研究所ロシア部会「アジア太平洋地域における経済連携とロシアの東方シフトの検討」『平成27年度　外務省外交・安全保障調査研究事業　ポストＴＰＰにおけるアジア太平洋地域の経済秩序の新展開』２０１６年　https://www2.jiia.or.jp/pdf/research/H27_Russia/H27_Examination_of_Russia_s_eastward_shift.pdf
国際ＮＧＯ「トランスペアレンシー・インターナショナル」サイト　https://www.transparency.org/en/cpi/2022
国際問題研究会訳『ウクライナ２０１４〜２０２２』柘植書房新社、２０２３年
佐藤親賢「プーチン『終わらない戦争』の深層」『世界』２０２３年12月号、岩波書店
佐藤親賢『プーチンとＧの終焉』岩波新書、２０１６年

ジェームス・モンタギュー、(田邊雅之訳)『ULTRAS　ウルトラス世界最凶のゴール裏ジャーニー』カンゼン、2021年
下斗米伸夫編『ロシアの歴史を知るための50章』明石書店、2016年
下斗米伸夫『プーチン戦争の論理』インターナショナル新書、2022年
下斗米伸夫「ウクライナ侵攻再考」『国際問題』No.709、2022年
ジョージ・オーウェル（小野寺健訳）『オーウェル評論集』岩波文庫、1982年
ジョン・J・ミアシャイマー（奥山真司翻訳、杉原修編）『新装完全版　大国政治の悲劇』五月書房新社、2019年
杉本稔編『西洋政治史』弘文堂、2014年
Stand With Ukraine Japan, 左右社編集部編『ウクライナ戦争日記』左右社、2022年
Serhiy Kemsky「マイダン、聴こえるか」リベラシオン社　https://0a2b3c.sakura.ne.jp/Ukrainian%20war2.pdf
「総特集＝ウクライナから問う」『現代思想』2022年6月臨時増刊号、青土社
映画『ソルジャーズ／ヒーロー・ネバー・ダイ』(C)UkrainianStateFilmAgencyandIDASFILMLLC、2017年
「ЯК ЗМІНИЛОСЯ СТАВЛЕННЯ УКРАЇНЦІВ ДО МАЙДАНУ ПІД ЧАС ВІЙНИ - ОПИТУВАННЯ」『ZN. UA』2023年1月21日　https://zn.ua/ukr/amp/UKRAINE/jak-zminilosja-stavlennja-ukrajintsiv-do-majdanu-pid-chas-vijni-opituvannja.html?fbclid=IwAR2lhVZRD5TY0cBztiTjvSUEsy6iNLIXqT26B3jgiY6aNZaVU-GcJritI6M
『世界』編集部『ウクライナ侵略戦争——世界秩序の危機』『世界』臨時増刊、岩波書店、2022年

世界大百科事典「ナショナリズム」の項（坂本義和筆）平凡社（サイト「コトバンク」）
大日本百科全書「ベトナム戦争」の項（丸山静雄執筆）、小学館（サイト「コトバンク」）
タラス・ビロウス「ウクライナ人社会主義者として抵抗する」『週刊かけはし』２０２２年　https://www.jrcl.jp/wolrd_revolution/27296-1/
タラス・ビロウス「西側左翼へのキエフからの手紙」『週刊かけはし』２０２２年3月2日　https://www.jrcl.jp/wolrd_revolution/27057-1/
デイヴィッドパトリカラコス（江口泰子訳、安田純平解説）『１４０字の戦争――ＳＮＳが戦場を変えた』早川書房、２０１９年
デイビット・ブラウン「絶体絶命のウクライナ音楽シーン、カルチャーを破壊された当事者たちの怒りと絶望」『ローリングストーン』日本語版、２０２２年3月19日号　https://rollingstonejapan.com/articles/detail/37369
戸部良一『日本陸軍と中国』講談社選書メチエ、１９９９年
富田武「ロシアによるウクライナ侵略戦争、長期化か」『現代の理論』34号、２０２３年　http://gendainoriron.jp/vol.34/feature/tomita.php
中井和夫『ウクライナ・ナショナリズム　独立のディレンマ』東京大学出版会、１９９８年
中井和夫「ウクライナの『オレンジ革命』」『世界』２００５年2月号、岩波書店
中澤英彦「ウクライナにおける言語状況」『ユーラシア研究』２０１４年
中島岳志「風速計　二項対立ではない楕円の時代」『金曜日』２０２２年5月6日号、金曜日
中西寛、時事用語事典「イミダス」の「破綻国家」　https://imidas.jp/genre/detail/D-104-0019.html
ナターリヤ・セメンチェンコ（織田桂子翻訳）『ウクライナの真実』未知谷、２０２３年

永綱憲悟「ウクライナ危機とプーチン　ユーロマイダンとの対抗」『国際関係紀要』２０１５年
西谷公明『通貨誕生　ウクライナ独立を賭けた闘い』都市出版、１９９４年
日本法務省サイトに掲載の仮訳「国別政策及び情報ノート：英国内務省ウクライナ：クリミア、ドネツク、ルハンスク」、２０１７年9月　https://www.moj.go.jp/isa/content/930006247.pdf
服部倫卓「ウクライナのユーロマイダン革命」ロシアＮＩＳ調査月報、２０１４年　https://cir.nii.ac.jp/crid/1522543654808898816
服部倫卓「ウクライナの国民形成とサッカー」京都大学地域研究統合情報センター、２０１５年
https://repository.kulib.kyoto-u.ac.jp/dspace/bitstream/2433/266762/1/jcas_review_16_1_062.pdf
服部倫卓「ロシアとウクライナの10年貿易戦争」『ロシア・東欧研究第51号』、２０２２年。
林克明「『ウクライナ叩き』はなぜ誤りなのか」『イミダス』２０２２年8月1日　https://imidas.jp/jijikaitai/d-40-157-22-08-g895
「パレスチナの人びとへの連帯を表明するウクライナからの書簡」　https://commons.com.ua/en/ukrayinskij-list-solidarnosti/　日本語訳　https://note.com/uarentaibokin/n/nb25bbfae7abd
平野高志『ウクライナ・ファンブック　東スラヴの源泉・中東欧の穴場国』パブリブ、２０２０年
平野高志「汚職、オリガルヒと闘うウクライナの『市民社会』」『中央公論』２０２３年10月号、中央公論新社
古川栄治『破壊戦　新冷戦時代の秘密工作』角川新書、２０２０年
古川英治『ウクライナ・ダイアリー』ＫＡＤＯＫＡＷＡ、２０２３年
藤森信吉「混沌のウクライナと世界２０２２　第6回　ウクライナの『中立』は買えた――ロシア天然資源外交の興亡」日本貿易振興機構アジア経済研究所、２０２２年6月　https://www.ide.go.jp/

Japanese/IDEsquare/Eyes/2022/ISQ202220_012.html
保坂三四郎「ロシアメディアはウクライナをどう報道したか」『中央公論』２０１４年8月号、中央公論新社
保坂三四郎「ドンバス戦争はウクライナの『内戦』か？」『神戸学院経済学論集』、２０１９年12月 https://cir.nii.ac.jp/crid/1520009407198471168
保坂三四郎『諜報国家ロシア　ソ連ＫＧＢからプーチンのＦＳＢ体制まで』中公新書、２０２３年
保坂正康『六〇年安保闘争』講談社、１９８６年
北海道大学スラブ研究センターの報告集「『民主化革命』とは何だったのか：グルジア、ウクライナ、クルグズスタン」北海道大学スラブ研究センター、２００６年　https://src-h.slav.hokudai.ac.jp/coe21/publish/no16/contents.html
マーシ・ショア著、池田年穂訳、岡部芳彦解説『ウクライナの夜　革命と侵攻の現代史』慶應義塾大学出版会、２０２２年
松岡完『ベトナム戦争――誤算と誤解の戦場』中公新書、１５９６年
松里公孝「史上最大の非承認国家は生き残るか『ドネツク人民共和国』」『ｋｏｔｏｂａ』第18号、２０１５年　https://cir.nii.ac.jp/crid/1520010380628759040
松里公孝「ヴォルガ中流域からウクライナへ（その2）」『スラブ研究センターニュース』№86、北海道大学スラブ・ユーラシア研究センター、２００１年　https://src-h.slav.hokudai.ac.jp/jp/news/86/matsuzato.html
松里公孝『ウクライナ動乱　ソ連解体から露ウ戦争まで』ちくま新書、２０２３年
真野森作『ルポ　プーチンの戦争』筑摩選書、２０１８年

「水島朝穂早大教授と考える：今夏の『8月ジャーナリズム』は別の趣　戦後77年は新たな戦中と戦前に…武器供与ではなく、即時停戦求める声を！」『金曜日』２０２２年8月5日号、金曜日
ミハイル・シーシキン「ウクライナとロシアの未来」『すばる』２０１４年6月号。集英社
山口隆『尹奉吉（ユンボンギル）　暗葬の地・金沢から』社会評論社、１９９４年
山形浩生編『プーチン重要論説集』星海社新書、２０２３年
山田敏弘「なぜウクライナのスパイがこぞってロシアに寝返りまくっているのか」『ｃｏｕｒｒｉｅｒ』２０２２年9月12日　https://courrier.jp/columns/300317/
「日本はウクライナ危機にどう向き合うべきか　山本太郎×伊勢崎賢治（東京外大教授）緊急対談　緩衝国家における平和構築」『長周新聞』２０２２年3月3日　https://www.chosyu-journal.jp/kokusai/22870
U.S.Embassy & Consulates in Russia「Obama's Interview with Fareed Zakaria of CNN」、２０１５年2月1日　https://ru.usembassy.gov/president-obamas-interview-fareed-zakaria-cnn/
「憂慮する日本の歴史家の会」サイト　https://peace-between.jimdosite.com/%E4%BB%A5%E5%89%8D%E3%81%AE%E3%83%9A%E3%83%BC%E3%82%B8/　https://peace-between.jimdosite.com/
ユーリィ・アンドルホヴィチ（加藤有子訳）「ブチャの後で」『現代思想』２０２２年6月臨時増刊号、青土社
吉田裕『天皇の軍隊と南京事件』青木書店、１９８５年
「戦争とアナキスト――ウクライナにおける反権威主義の展望」『リベラシオン社』２０２２年6月1日

「歴史の針を巻き戻すプーチンの戦争」『法と民主主義』２０２２年5月号、日本民主法律家協会
レーニン「デニーキンにたいする勝利にさいしてウクライナの労働者と農民に送る手紙」『レーニン選集』第5巻、大月書店、１９７０年
「ロシアはウクライナに対して何をすべきか」『ＲＩＡノーボスチ』２０２２年4月3日（内容は英訳で確認）https://ria.ru/20220403/ukraina-1781469605.html
若林正丈『台湾の歴史』講談社学術文庫、２０２３年
和田春樹『ウクライナ戦争即時停戦論』平凡社新書、２０２３年

加藤直樹（かとう なおき）

1967年東京都生まれ。出版社勤務を経てフリーランスに。著書に『TRICK 「朝鮮人虐殺」をなかったことにしたい人たち』（ころから）、『九月、東京の路上で　1923年関東大震災ジェノサイドの残響』（ころから）、『謀叛の児　宮崎滔天の「世界革命」』（河出書房新社）。共著に『ＮＯヘイト！　出版の製造者責任を考える』（ころから）。翻訳にチェ・ギュソク作『沸点　ソウル・オン・ザ・ストリート』（ころから）がある。

ウクライナ侵略を考える 「大国」の視線を超えて
2024年3月20日　第1刷発行
著　者　加藤直樹
発行者　岡林信一
発行所　あけび書房株式会社
〒167-0054 東京都杉並区松庵3-39-13-103
☎ 03-5888-4142　FAX 03-5888-4448
info@akebishobo.com　https://akebishobo.com
印刷・製本／モリモト印刷
ISBN978-4-87154-255-5　C3031